Markus Ludwigs, José Hernán Muriel Ciceri (eds.)

Derecho administrativo y desarrollo sostenible

Markus Ludwigs, José Hernán Muriel Ciceri (eds.)

Derecho administrativo y desarrollo sostenible

Verwaltungsrecht und nachhaltige Entwicklung

Würzburg *University Press*

Impressum

Julius-Maximilians-Universität Würzburg
Würzburg University Press
Universitätsbibliothek Würzburg
Am Hubland
D-97074 Würzburg
www.wup.uni-wuerzburg.de

©2021 Würzburg University Press
Print on Demand

Cover: Silke Korbl

ISBN 978-3-95826-148-8 (print)
ISBN 978-3-95826-149-5 (online)
DOI 10.25972/WUP-978-3-95826-149-5
URN urn:nbn:de:bvb:20-opus-219590

Prólogo

La presente obra colectiva en español (con prólogo e introducción bilingües) surge como resultado de varios años de cooperación en materia de investigación y se basa esencialmente en tres eventos realizados en 2019, que fueron organizados por nosotros (con la conducción de J. H. Muriel Ciceri) en la Pontificia Universidad Javeriana de Bogotá. El punto de partida fue el coloquio "avances del derecho administrativo" celebrado el 10.5.2019 en forma híbrida (presencia y digital). En el marco del desarrollo de la línea de investigación sobre derecho financiero, ambiental y desarrollo sostenible (coordinada por J. H. Muriel Ciceri), le siguieron en septiembre de 2019 un coloquio internacional sobre "avances del derecho administrativo y sostenibilidad" y un seminario sobre "derecho energético y fomento de energías renovables en el sector eléctrico". En los eventos participaron renombrados profesores de Alemania, Colombia y Ecuador, magistrados y abogados, así como estudiantes de la Universidad Javeriana y de Universidades invitadas. Como obra internacional de investigación científica, este libro documenta una parte de las contribuciones realizadas en este contexto. Además de los trabajos de investigación sobre cuestiones generales del derecho administrativo, incluye en particular contribuciones sobre el papel de la administración y el derecho administrativo en el ámbito del desarrollo sostenible.

Tanto la realización de los tres eventos, así como la presente obra colectiva no hubieran sido posibles sin el apoyo de un gran número de instituciones y personas. Agradecemos especialmente a la Facultad de Ciencias Jurídicas de la Universidad Javeriana y sus Departamentos de Derecho Económico y Derecho Público por la disposición de condiciones adecuadas para la realización de los coloquios y seminarios. Hay que agradecer al Servicio Alemán de Intercambio Académico (DAAD) que cubrió generosamente los gastos de viaje (de M. Ludwigs). También debe mencionarse especialmente a la Sra. Alexandra Völlink Castro (Ayudante Científica Estudiantil de la Cátedra de Derecho Público y Derecho Europeo de la Universidad de Würzburg) así como a la Sra. Angela María Urbano Coral y a la Sra. Pamela Rodríguez Tierradentro (ambas miembros del Semillero de Investigación en Derecho Financiero, Ambiental y Desarrollo Sostenible de la Universidad Javeriana). La Sra. Urbano Coral y la Sra. Völlink Castro coordinaron excelentemente el desarrollo del volumen y realizaron un valioso trabajo editorial en colaboración con la Sra. Rodríguez Tierradentro. También queremos agradecer a la Sra. Abogada y Politóloga Anne Marie Lauschus, LL.M. (Georgetown) y la Sra. Abogada Alexandra López Rodríguez, Mag. (Externado), por la tutoría de las dos contribuciones de estudiantes a los eventos académicos de septiembre de 2019, de las cuales, incluso una pudo ser incluida como versión impresa en el volumen. Queremos agradecer a la editorial Würzburg University Press, en particular a la Sra. Claudia Schober y al Sr. Manuel Beck, por su excelente cooperación en la producción de esta obra.

Würzburg y Bogotá, octubre de 2020
Markus Ludwigs y *José Hernán Muriel Ciceri*

Vorwort

Der vorliegende Sammelband in spanischer Sprache (mit bilingualem Vorwort und Einführung) ist aus einer mehrjährigen Forschungskooperation erwachsen und beruht im Kern auf drei zusammenhängenden Veranstaltungen aus dem Jahr 2019, die von uns (unter Federführung von *J. H. Muriel Ciceri*) an der Päpstlichen Universität Xaveriana in Bogotá organisiert wurden. Den Ausgangspunkt bildete ein am 10.5.2019 in hybrider Form (Präsenz und digital) durchgeführtes Kolloquium über „Fortschritte im Verwaltungsrecht" („coloquio avances del derecho administrativo"). Im Rahmen der Entwicklung einer Forschungslinie zum Finanz-, Umwelt- und Nachhaltigkeitsrecht (unter Koordination von *J. H. Muiel Ciceri*) folgten dann im September 2019 ein hieran anknüpfendes Internationales Kolloquium zum Thema „Fortschritte im Verwaltungsrecht und Nachhaltigkeit" („avances del derecho administrativo y sostenibilidad") sowie ein Seminar über „Energierecht und Förderung der erneuerbaren Energien im Strombereich" („derecho energético y fomento de energías renovables en el sector eléctrico"). An den Veranstaltungen haben zahlreiche renommierte Professorinnen und Professoren sowie Wissenschaftler aus der Praxis aus Deutschland, Kolumbien und Ecuador sowie auch Studierende der Universität Xaveriana und anderer eingeladener Universitäten teilgenommen. Das internationale Forschungsbuch dokumentiert einen Teil der in diesem Rahmen präsentierten wissenschaftlichen Beiträge. Es umfasst neben Abhandlungen zu allgemeinen Fragen des Verwaltungsrechts insbesondere Beiträge zur Rolle von Verwaltung und Verwaltungsrecht im Bereich der nachhaltigen Entwicklung.

Sowohl die Durchführung der drei Veranstaltungen als auch die Entstehung des vorliegenden Sammelbandes wären ohne die Unterstützung einer Vielzahl von Institutionen und Personen in dieser Form nicht möglich gewesen. Ein besonderer Dank gilt zunächst der Juristischen Fakultät der Universität Xaveriana und ihren Departments für Wirtschaftsrecht und Öffentliches Recht für die Bereitstellung vorzüglicher Rahmenbedingungen zur Durchführung der Kolloquien und Seminare. Dem Deutschen Akademischen Austauschdienst (DAAD) ist für die großzügige Übernahme der Reisekosten (von *M. Ludwigs*) zu danken. Besondere Erwähnung verdienen des Weiteren Frau *Alexandra Völlink Castro* (Wiss. Hilfskraft am Lehrstuhl für Öffentliches Recht und Europarecht der Universität Würzburg) sowie Frau *Angela María Urbano Coral* und Frau *Pamela Rodríguez Tierradentro* (beide Mitglieder des Forschungsinkubators zum Finanz-, Umwelt- und Nachhaltigkeitsrecht der Universität Xaveriana). Frau *Urbano Coral* und Frau *Völlink Castro* haben die Entstehung des Bandes vorzüglich koordiniert und im Zusammenwirken mit Frau *Rodríguez Tierradentro* wertvolle redaktionelle Arbeit geleistet. Danken möchten wir zudem Frau RA Dipl.-Pol. *Anne Marie Lauschus*, LL.M. (Georgetown) und Frau RA *Alexandra Lopez Rodríguez*, Mag. (Externado), für die Betreuung zweier studentischer Beiträge zu den Veranstaltungen im September 2019, von denen einer sogar als Druckfassung in den Band aufgenommen werden konnte. Dem Verlag Würzburg University Press, namentlich Frau *Claudia Schober* und Herr *Manuel Beck,* sei für die exzellente Zusammenarbeit bei der Entstehung dieses Bandes herzlich gedankt.

Würzburg und Bogotá, im Oktober 2020
Markus Ludwigs und *José Hernán Muriel Ciceri*

Tabla de contenido

Introducción

Markus Ludwigs y *José Hernán* Muriel Ciceri[*]

El presente volumen se caracteriza por dos pilares temáticos. En la primera parte, reúne contribuciones sobre cuestiones generales del derecho colombiano administrativo y de responsabilidad del Estado, en lo cual también se adopta una perspectiva de derecho comparado con el ordenamiento jurídico alemán. La segunda parte está dedicada a las diferentes facetas del debate sobre la sostenibilidad y su marco normativo en la legislación colombiana y ecuatoriana.

A. Contribuciones sobre derecho administrativo y derecho de responsabilidad estatal

El derecho administrativo colombiano, al igual que el derecho de responsabilidad del Estado, se caracteriza por un alto grado de dinamismo. Impulsos decisivos vienen del desarrollo de la jurisprudencia de la jurisdicción de lo contencioso administrativo. Algunos de los planteamientos allí desarrollados fueron adoptados por el legislador y a veces incluso codificados. La recepción comparativa de modelos de otros sistemas jurídicos también desempeña un papel importante en este proceso. En este contexto, los aportes de la primera parte de este volumen trazan el desarrollo de las áreas centrales del derecho administrativo y de responsabilidad del Estado colombiano. Al mismo tiempo, la contribución introductoria sobre el alcance de la toma de decisiones de la administración, documenta un posible campo de recepción, en el que la dogmática alemana podría dar un impulso a la situación jurídica comparativa en Colombia.

El primer capítulo de *Markus Ludwigs* y *José Hernán Muriel Ciceri* está dedicado a la densidad de control de los tribunales administrativos en Alemania. Además de los fundamentos dogmáticos, también analiza el marco constitucional. Al lado de las teorías básicas (como la doctrina de autorización normativa), se explican los desarrollos más recientes, tales como el caso de la conformación de una denominada discrecionalidad regulatoria en las industrias

---

[*] Todos los sitios citados de Internet están disponibles a la fecha de 13.10.2020.

de redes de telecomunicaciones y energía. Uno de los énfasis es el requisito de la garantía de protección jurídica efectiva establecida en el inciso 4 del artículo 19 de la Ley Fundamental. La contribución también incluye referencias comparativas a la situación jurídica en Colombia, para cuyo desarrollo ulterior podrían servir de modelo las estructuras desarrolladas en el derecho administrativo alemán.

En el segundo capítulo, *Milton Chaves García* aborda el problema de una congestionada jurisdicción administrativa en Colombia, que existe desde hace más de dos décadas a causa del gran número de demandas. Esto dificulta tanto el ejercicio efectivo de la función de unificación de la jurisprudencia asignada al Consejo de Estado como la garantía de la resolución judicial de las controversias en un plazo razonable. En este contexto, *Chaves García* analiza la creación de nuevos tribunales administrativos a nivel municipal, la abolición de las cuantías como factor de competencia y el establecimiento del Consejo de Estado como órgano de revisión y de los Tribunales Administrativos como órganos de apelación contra las decisiones de los Jueces Administrativos. De esta manera, se debería garantizar una reducción de la carga del Consejo de Estado y una distribución eficiente de las controversias de los litigios contencioso-administrativos entre los Tribunales Administrativos y los Jueces Administrativos de todo el país.

El tercer capítulo de *Ruth Yamile Salcedo Younes* trata del efecto vinculante establecido legalmente en Colombia, de ciertos conceptos en materia tributaria emitidos por la Dirección de Impuestos y Aduanas Nacionales a sus funcionarios. *Salcedo Younes* se ocupa en particular de la naturaleza jurídica de los conceptos. Para ello, se basa en el desarrollo de los fundamentos legales del carácter auto vinculante de los conceptos para la autoridad tributaria nacional y en la jurisprudencia de la Corte Constitucional de Colombia sobre la constitucionalidad de estas normas. Allí concluye que los conceptos deben calificarse de actos administrativos debido al carácter auto vinculante, su posible examen judicial y su aplicabilidad a los contribuyentes.

En el cuarto capítulo, *José Antonio Molina Torres* examina el marco jurídico de los servicios públicos domiciliarios y su anclaje en el derecho administrativo colombiano. Los servicios contemplados pueden ser prestados tanto por instituciones estatales como por empresas privadas. El artículo explica las condiciones para la prestación de los servicios públicos domiciliarios de acuerdo con la Constitución colombiana y los fundamentos legales. De particular importancia es la cuestión de cuándo se asume una posición dominante del sector público en el caso de la composición patrimonial de las empresas de economía mixta en la esfera de los servicios públicos. Aquí también se explica qué medidas soberanas pueden adoptar las empresas de servicios públicos domiciliarios. La contribución se complementa con una descripción de las tareas y facultades de las Comisiones de Regulación.

El quinto capítulo, escrito por *Ramiro Pazos Guerrero*, analiza las fases de desarrollo histórico del derecho de responsabilidad del Estado colombiano desde el siglo XIX. El punto de partida fue la completa ausencia de responsabilidad y la falta de protección legal contra las acciones ilegales del Estado. Los planteamientos iniciales para la formación de la responsabilidad estatal se desarrollaron con la jurisprudencia de la Sala Civil de la Corte Suprema de Justicia sobre la responsabilidad estatal en el derecho privado, que posteriormente se amplió para incluir la responsabilidad estatal por *culpa in eligendo* con respecto a la selección incorrecta del personal o la *culpa in vigilando* por parte de las autoridades competentes con respecto a las actividades de sus propios funcionarios. Tras un largo período de controversia sobre la competencia judicial, esta se resolvió en 1964 con la asignación de la competencia general en el ámbito del derecho de la responsabilidad del Estado a la jurisdicción contencioso-administrativa, que posteriormente se estableció también en las normas procesales y de procedimiento administrativo de 1984 y 2011. Se alcanzó un hito en 1991 con la introducción explícita de una disposición sobre la responsabilidad del Estado en la Constitución colombiana. Esto proporciona un apoyo constitucional para el desarrollo de la responsabilidad del Estado colombiano, impulsado por la jurisprudencia de la jurisdicción contencioso-administrativa.

B. Contribuciones en Derecho de Sostenibilidad

El concepto de desarrollo sostenible recibió su carácter fundamental en el informe de la Comisión Brundtlandt de 1987.[1] Por este debe entenderse el desarrollo que responde a las necesidades del presente sin comprometer la capacidad de las generaciones futuras para satisfacer sus propias necesidades. Con la declaración de la Conferencia de las Naciones Unidas sobre el Medio Ambiente y el Desarrollo de 1992 en Río de Janeiro (la llamada Declaración de Río), la idea de la sostenibilidad, que tiene sus raíces en la silvicultura, se estableció entonces a nivel internacional.[2] Recientemente, el 25 de septiembre de 2015, la Asamblea General de las Naciones Unidas adoptó la Agenda 2030 para el desarrollo sostenible como un "plan de acción para la gente, el planeta y la prosperidad".[3] Con este fin, se nombran 17 objetivos para lograr un desarrollo económico, social y ecológico sostenible. Posteriormente, el desarrollo sostenible también fue asumido como una demanda básica para la protección del medio ambiente mundial en el marco del Acuerdo de París, que fue concertado por 197 partes en diciembre de 2015 y entró en vigor el 4 de noviembre de 2016.[4]

No por último, la situación actual del planeta debido a la crisis desencadenada por la pandemia COVID-19 genera una reflexión crítica sobre la medida en que la falta de sostenibilidad contribuyó a la crisis y la exacerbó. En este contexto el COVID-19 se considera a veces incluso como una oportunidad y un punto de partida para un "giro de la sostenibilidad" hacia una mayor sostenibilidad ambiental, económica y social.[5] En este sentido, el derecho de sostenibilidad podría allanar el camino para una protección efectiva de los derechos del ser humano y su ambiente en un concepto integral para la protección de nuestro planeta como "casa común".[6]

---

[1]   WCED, Our Common Future, p. 43 y sig.; sobre ello en detalle recientemente Mathis, Nachhaltige Entwicklung und Generationengerechtigkeit, 2017, p. 87 s.; cf. en lo sucesivo también Ludwigs, en: Säcker/Ludwigs (Hrsg.), Berliner Kommentar zum Energierecht, Bd. 2, 2019, Einl. A Rn. 7 s., 15 s.

[2]   Rio Declaration on Environment and Development, 13.6.1992, ILM 31 (1992), 874 (Principle 9).

[3]   UN, A/RES/70/1, 7, Nr. 21; instructivo sobre el tema Huck/Kurkin, ZaöRV 78 (2018), 375 s.

[4]   ABl.EU 2016 L 282/4.

[5]   Cf. Recientemente Bodenheimer/Leidenberger, COVID-19 als Chance für die Nachhaltigkeits-wende? 4.6.2020; consultable en https://www.isi.fraunhofer.de/de/blog/2020/Covid-19-als-Chance-Nachhaltigkeit.html.

[6]   Papa Francisco, Encíclica Laudato Si´ sobre el cuidado de la casa común, 24.5.2015, http://www.vatican.va/content/francesco/de/encyclicals/documents/papa-francesco_20150524_enciclica-laudato-si.html.

En Colombia y otros países de América Latina también se debate desde hace un buen tiempo la cuestión del desarrollo sostenible.[7] La ciencia jurídica retomó este discurso y lo diferenció en una multitud de cuestiones jurídicas individuales. Además, la constitución colombiana, por ejemplo, en el art. 80, inciso 1, establece un mandato de desarrollo sostenible en la planificación ambiental estatal.[8] Además, el inciso 2 del artículo 79 estipula el deber del Estado de proteger la diversidad e integridad del medio ambiente,[9] lo cual, junto con el derecho de toda persona a disfrutar de un ambiente sano,[10] tal como se establece en el inciso 1 del artículo 79, tiene incluso un componente jurídico subjetivo. Uno de los puntos centrales es el uso de instrumentos económicos de control, el cual se aborda en varias de las siguientes contribuciones.

En el sexto capítulo, *Eddy De La Guerra Zúñiga* presenta a través del desarrollo del concepto de sostenibilidad el vínculo entre el principio de sostenibilidad y su aplicación en las esferas del derecho administrativo económico y el derecho de las finanzas públicas. Simultáneamente, a la luz de la situación jurídica ecuatoriana y desde una perspectiva de derecho comparado, llega a la conclusión que las intervenciones del Estado en la economía deben medirse en función de si los objetivos y las tareas aquí asociadas a ellos se logran de manera sostenible y con responsabilidad social y ambiental.

El séptimo capítulo de *Sebastián Solarte Caicedo* trata de las posibles implementaciones de los objetivos de las Naciones Unidas para el desarrollo sostenible y de las llamadas "tecnologías disruptivas" en el sector energético colombiano. Como tales tecnologías pueden señalarse entre otras aquellas innovaciones que "bien es verdad que [modifican] de manera fundamental los pasos de los procesos individuales, [pero] no [dejan] obsoletas las inversiones anteriores de la empresa en conocimientos, procesos e instalaciones"[11]. A este

---

[7]   Cf. *Winchester,* Desafíos para el desarrollo sostenible de las ciudades en américa latina y el caribe, EURE, Revista Latinoamericana De Estudios Urbano Regionales, (2006), 7 s., https://dx.doi.org/10.4067/S0250-71612006000200002; *Eschenhagen Durán,* Evolución del concepto 'desarrollo sostenible' y su implantación política en Colombia. Innovar, (1998), 111 s., https://revistas.unal.edu.co/index.php/innovar/article/view/23826/24498; *Flores,* Covid-19: alimentación, salud y desarrollo sostenible, en: Cordera/ Provencio, Cambiar el rumbo: el desarrollo tras la pandemia, México, UNAM, (2020), 195 s., http://www.pued.unam.mx/opencms/publicaciones/42/cambiar.html; Corte Constitucional de Colombia, Sentencia C-632/11, 24.08.2011, https://www.corteconstitucional.gov.co/RELATORIA/2011/C-632-11.htm.

[8]   Cf. *Timmermann,* Der Schutz der subjektiven Rechte in der kolumbianischen Verfassung, VRÜ 32 (1999), 31 (46).

[9]   Cf. *Timmermann,* VRÜ 32 (1999), 31 (46).

[10] *Timmermann,* VRÜ 32 (1999), 31 (45).

[11] Cf. *Kovacs,* Das Verhalten von Akteuren bei der Einführung des CO2-Emissionshandels, 2005, p. 38, in Bezug auf technologische Innovation, https://epub.wu.ac.at/1920/1/document.pdf.

respecto, subraya que el logro de los objetivos de desarrollo de las Naciones Unidas depende tanto de la participación del sector privado como de la regulación estatal para la promoción del espíritu empresarial en el sector energético. Al mismo tiempo se presentan las funciones de la autoridad de regulación de este sector.

En el capítulo octavo, *Santiago Guerrero Sabogal* examina la inclusión de las llamadas finanzas verdes en el mercado financiero colombiano. En primer lugar, se presentan las iniciativas de la "Red para un sistema financiero más ecológico", una red mundial de bancos centrales y autoridades de supervisión, y de la "Red de banca sostenible", una comunidad voluntaria de supervisores del sector financiero y asociaciones bancarias de los mercados emergentes. A continuación, *Guerrero Sabogal* evalúa y reconoce positivamente un acuerdo entre el Estado y la banca privada para la promoción del desarrollo sostenible a través del sector financiero (el llamado Protocolo Verde).

César Jasith Sánchez Muñoz dedica el noveno capítulo a los llamados "impuestos correctivos" para la protección del medio ambiente. Este es un instrumento de dirección económica de una política sostenible. *Sánchez Muñoz* examina la carga fiscal asociada a estos impuestos a la luz de las disposiciones pertinentes de la Constitución colombiana. El interés se centra en el ámbito de tensión entre los principios constitucionales de libertad económica, eficiencia fiscal y el principio de igualdad.

En el centro del décimo capítulo de *Andrea Valbuena Bernal* se encuentra la introducción a los impuestos ecológicos en Colombia. El análisis se concentra en los objetivos fiscales y su compatibilidad con el principio de sostenibilidad. En particular, *Valbuena Bernal* se ocupa de las medidas tributarias ecológicas adoptadas en los últimos años en Colombia y las considera –al igual que los impuestos sobre el carbono y el plástico– como un primer paso para reforzar la sostenibilidad mediante instrumentos tributarios.

Einführung

Markus Ludwigs und *José Hernán* Muriel Ciceri[*]

Der vorliegende Band zeichnet sich durch zwei thematische Säulen aus. Im ersten Teil versammelt er Beiträge zu allgemeinen Fragen des kolumbianischen Verwaltungs- und Staatshaftungsrechts, wobei auch die rechtsvergleichende Perspektive mit der deutschen Rechtsordnung eingenommen wird. Der zweite Teil widmet sich sodann unterschiedlichen Facetten der Nachhaltigkeitsdebatte und ihres normativen Rahmens im Recht Kolumbiens und Ecuadors.

A. Beiträge zum Verwaltungsrecht sowie zum Staatshaftungsrecht

Das kolumbianische Verwaltungsrecht zeichnet sich ebenso wie das Staatshaftungsrecht durch eine hohe Dynamik aus. Entscheidende Impulse gehen dabei von der sich fortentwickelnden verwaltungsgerichtlichen Judikatur aus. Zum Teil wurden die dort entwickelten Ansätze vom Gesetzgeber aufgegriffen und bisweilen sogar kodifiziert. Eine wichtige Rolle spielt in diesem Prozess auch die rechtsvergleichende Rezeption von Modellen aus anderen Rechtsordnungen. Vor diesem Hintergrund werden in den Beiträgen des ersten Teils exemplarisch zentrale Bereiche des kolumbianischen Verwaltungs- und Staatshaftungsrechts in ihrer Entwicklung nachgezeichnet. Zugleich dokumentiert der Einleitungsbeitrag zu den Entscheidungsspielräumen der Verwaltung ein mögliches Rezeptionsfeld, in dem von der deutschen Dogmatik eine Impulsfunktion für die vergleichend in Bezug genommene Rechtslage in Kolumbien ausgehen könnte.

Das erste Kapitel von *Markus Ludwigs* und *José Hernán Muriel Ciceri* widmet sich der Kontrolldichte der Verwaltungsgerichte in Deutschland. Neben den dogmatischen Grundlagen werden darin auch die verfassungsrechtlichen Rahmensetzungen in den Blick genommen. Neben den grundlegenden Theorien (wie der normativen Ermächtigungslehre) werden dabei auch neuere Entwicklungen erläutert, wie die Herausbildung eines sogenannten Regulierungsermessens in den Netzindustrien Telekommunikation und Energie. Einen Schwer-

---

[*] Alle zitierten Internetfundstellen sind auf dem Stand vom 13.10.2020.

punkt bilden die Anforderung der in Art. 19 Abs. 4 GG verankerten Garantie effektiven Rechtsschutzes. In den Beitrag integriert sind auch vergleichende Hinweise zur Rechtslage in Kolumbien, für deren weitere Entwicklung, die im deutschen Verwaltungsrecht herausgebildeten Strukturen eine Vorbildfunktion haben könnten.

Im zweiten Kapitel befasst sich *Milton Chaves García* mit der bereits seit mehr als zwei Jahrzehnten bestehenden Problematik einer durch die Vielzahl an Prozessen ausgelösten Überlastung der Verwaltungsgerichtsbarkeit in Kolumbien. Hierdurch wird sowohl eine effektive Ausübung der dem obersten Verwaltungsgerichtshof zugewiesenen Funktion einer Vereinheitlichung der Rechtsprechung als auch die Gewährleistung einer gerichtlichen Streitbeilegung innerhalb angemessener Zeit behindert. Vor diesem Hintergrund diskutiert *Chaves Garcia* die Schaffung weiterer Verwaltungsgerichte auf kommunaler Ebene, die Abschaffung der Streitwerte als gerichtlicher Zuständigkeitsfaktor sowie die Etablierung des obersten Verwaltungsgerichtshofs als Revisionsinstanz sowie der Oberverwaltungsgerichte als Berufungsinstanz gegen verwaltungsgerichtliche Urteile. Dergestalt soll eine Belastungsminderung des obersten Verwaltungsgerichtshofs und eine effiziente Verteilung der verwaltungsgerichtlichen Streitigkeiten zwischen den Oberverwaltungsgerichten und den Verwaltungsgerichten im ganzen Land gewährleistet werden.

Das dritte Kapitel von *Ruth Yamile Salcedo Younes* setzt sich mit der in Kolumbien gesetzlich eingeführten rechtsverbindlichen Wirkung bestimmter Gutachten der nationalen Steuerbehörde für ihre Beamten auseinander. *Salcedo Younes* geht insbesondere auf die Rechtsnatur der Gutachten ein. Dabei stützt sie sich auf die Entwicklung der gesetzlichen Grundlagen zur Selbstbindung der Gutachten für die staatliche Steuerbehörde und auf die Rechtsprechung des kolumbianischen obersten Verfassungsgerichtshofs zur Verfassungsmäßigkeit dieser Vorschriften. Sie gelangt zu dem Ergebnis, dass die Gutachten aufgrund der entstehenden Selbstbindung, ihrer gerichtlichen Überprüfbarkeit und Anwendbarkeit auf die Steuerzahler als Verwaltungsakte zu qualifizieren sind.

Im vierten Kapitel widmet sich *José Antonio Molina Torres* dem Rechtsrahmen öffentlicher Grundversorgung und seiner Verankerung im kolumbianischen Verwaltungsrecht. Die erfassten Leistungen können sowohl von staatlichen Einrichtungen als auch durch Private erbracht werden. Der Beitrag erläutert die Rahmenbedingungen der Erbringung von Versorgungsleistungen nach Maßgabe der kolumbianischen Verfassung und der einfachgesetzlichen Grundlagen. Herausragende Bedeutung kommt dabei der Frage zu, wann bei gemischtwirtschaftlichen Unternehmen im Bereich der Grundversorgung von einer beherrschenden Stellung der öffentlichen Hand auszugehen ist. Hier wird auch dargestellt, welche hoheitlichen Maßnahmen die Unternehmen treffen dürfen. Abgerundet wird der Beitrag u. a. durch eine Darstellung von Aufgaben und Befugnissen der Regulierungsbehörden.

Das von *Ramiro Pazos Guerrero* verfasste fünfte Kapitel analysiert die seit dem 19. Jahrhundert durchlaufenen historischen Entwicklungsphasen des kolumbianischen Staathaftungsrechts. Den Ausgangspunkt markierten die Absenz einer Haftung und der mangelnde Rechtsschutz gegen rechtswidrige Staatshandlungen. Erste Ansätze zur Herausbildung einer Staatshaftung entwickelten sich mit der Judikatur des Zivilsenats des Obersten Gerichtshofs zur privatrechtlichen Staatsverantwortung, die in der Folgezeit um eine Staatshaftung wegen Auswahlverschuldens hinsichtlich einer falschen Personalauswahl oder Überwachungsverschuldens der zuständigen Hoheitsträger im Hinblick auf die Tätigkeit der eigenen Beamtinnen und Beamten erweitert wurde. Nachdem die gerichtliche Zuständigkeit lange Zeit umstritten war, wurde diese Kontroverse im Jahre 1964 mit der Zuweisung der allgemeinen Zuständigkeit im Bereich des Staatshaftungsrechts an die Verwaltungsgerichtsbarkeit gelöst, die später auch in den Verfahrens- und Verwaltungsgerichtsgesetzen aus den Jahren 1984 und 2011 festgeschrieben wurde. Einen Meilenstein bildete sodann im Jahr 1991 die ausdrückliche Einführung einer Regelung zur Staatshaftung in der kolumbianischen Verfassung. Hierin findet die von der verwaltungsgerichtlichen Rechtsprechung vorangetriebene Entwicklung des kolumbianischen Staatshaftungsrechts eine verfassungsrechtliche Absicherung.

B. Beiträge zum Nachhaltigkeitsrecht

Das Konzept einer nachhaltigen Entwicklung (*sustainable development*) hat durch den Bericht der *Brundtlandt*-Kommission aus dem Jahr 1987 seine grundlegende Prägung erhalten.[1] Zu verstehen ist hierunter eine Entwicklung, die den Bedürfnissen der Gegenwart gerecht wird, ohne eine Bedürfnisbefriedigung künftiger Generationen zu gefährden. Mit der Erklärung der UN-Konferenz über Umwelt und Entwicklung von 1992 in Rio de Janeiro (sog. Rio-Erklärung) wurde die in der Forstwirtschaft verwurzelte Idee der Nachhaltigkeit dann auf internationaler Ebene etabliert.[2] Zuletzt beschloss die UN-Generalversammlung am 25. September 2015 die Agenda 2030 für nachhaltige Entwicklung als „Aktionsplan für die Menschen, den Planeten und den Wohlstand".[3] Hierzu werden 17 Ziele zur Verwirklichung einer jeweils nachhaltigen ökonomischen, sozialen sowie ökologischen Entwicklung benannt. Aufgegriffen wurde die nachhaltige Entwicklung in der Folge auch als Kernforderung eines weltweiten Umweltschutzes im Rahmen des im Dezember 2015 von 197 Vertragsparteien geschlossenen und bereits am 4.11.2016 in Kraft getretenen Pariser Abkommens.[4] Nicht zuletzt hat die aktuelle Situation des Planeten aufgrund der durch die COVID-19-Pandemie ausgelösten Krise eine kritische Reflektion darüber ausgelöst, inwieweit mangelnde Nachhaltigkeit zur Krise beigetragen und sie verschärft hat. Vor diesem Hintergrund wird COVID-19 bisweilen sogar als Chance und Ausgangspunkt für eine „Nachhaltigkeitswende" in Richtung von mehr ökologischer, wirtschaftlicher und sozialer Nachhaltigkeit begriffen.[5] In diesem Sinne könnte das Nachhaltigkeitsrechts den Weg bereiten für einen wirksamen Schutz der Rechte des Menschen und seiner Umwelt in einem integralen Konzept zum Schutz unseres Planeten als „gemeinsames Haus".[6]

---

[1]   WCED, Our Common Future, S. 43 ff.; ausführlich hierzu jüngst *Mathis*, Nachhaltige Entwicklung und Generationengerechtigkeit, 2017, S. 87 ff.; s. zum folgenden auch *Ludwigs*, in: Säcker/Ludwigs (Hrsg.), Berliner Kommentar zum Energierecht, Bd. 2, 2019, Einl. A Rn. 7 ff., 15 ff.

[2]   Rio Declaration on Environment and Development v. 13.6.1992, ILM 31 (1992), 874 (Principle 9).

[3]   UN, A/RES/70/1, 7, Nr. 21; hierzu instruktiv *Huck/Kurkin*, ZaöRV 78 (2018), 375 ff.

[4]   ABl.EU 2016 L 282/4.

[5]   Vgl. jüngst *Bodenheimer/Leidenberger*, COVID-19 als Chance für die Nachhaltigkeitswende?, v. 4.6.2020; abrufbar unter https://www.isi.fraunhofer.de/de/blog/2020/Covid-19-als-Chance-Nachhaltigkeit.html.

[6]   Papst Franziskus, Enzyklika Laudato Si´ über die Sorge für das gemeinsame Haus, 24. Mai, 2015, http://www.vatican.va/content/francesco/de/encyclicals/documents/papa-francesco_20150524_enciclica-laudato-si.html.

In Kolumbien und anderen lateinamerikanischen Staaten wird die Frage einer nachhaltigen Entwicklung ebenfalls bereits seit Längerem diskutiert.[7] Die Rechtswissenschaft hat diesen Diskurs aufgegriffen und in eine Vielzahl juristischer Einzelfragen ausdifferenziert. Darüber hinaus sieht die kolumbianische Verfassung z. B. in Art. 80 Abs. 1 ein Gebot zur nachhaltigen Entwicklung bei der hoheitlichen Umweltplanung vor.[8] Daneben statuiert Art. 79 Abs. 2 eine staatliche Pflicht zum Schutz der Vielfalt und Integrität der Umwelt,[9] die in Verbindung mit dem in Art. 79 Abs. 1 festgesetzten Jedermannsrecht auf den Genuss einer heilen Umwelt[10] sogar eine subjektivrechtliche Komponente erhält. Einen Schwerpunkt bildet dabei auch der nachfolgend in mehreren Beiträgen adressierte Einsatz ökonomischer Lenkungsinstrumente.

Im sechsten Kapitel stellt *Eddy De La Guerra Zúñiga* anhand der Entwicklung des Nachhaltigkeitsbegriffs die Verzahnung zwischen dem Prinzip der Nachhaltigkeit und seiner Verwirklichung in den Bereichen des Wirtschaftsverwaltungsrechts und des öffentlichen Finanzrechts dar. Dabei gelangt sie im Lichte der ecuadorianischen Rechtslage mit einer rechtsvergleichenden Perspektive zu der Auffassung, dass staatliche Interventionen in die Wirtschaft daran zu messen sind, ob die hiermit verbundenen Ziele und Aufgaben nachhaltig, mit sozialer und umweltpolitischer Verantwortung verwirklicht werden.

Das siebte Kapitel von *Sebastián Solarte Caicedo* beschäftigt sich mit möglichen Umsetzungen der UN-Ziele zur nachhaltigen Entwicklung und der sog. „durchschlagenden Technologien" im kolumbianischen Energiesektor. Als durchschlagende Technologien können u. a. diejenigen Innovationen bezeichnet werden, die „zwar einzelne Prozessschritte grundlegend [ändern], vorherige Investitionen des Unternehmens in Wissen, Verfahren und Anlagen [jedoch] nicht obsolet werden [lassen]"[11]. Insofern betont er, dass die Verwirklichung der

---

[7]   Vgl. *Winchester*, Desafíos para el desarrollo sostenible de las ciudades en américa latina y el caribe, EURE, Revista Latinoamericana De Estudios Urbano Regionales, (2006), 7 ff., https://dx.doi.org/10.4067/S0250-71612006000200002; *Eschenhagen Durán*, Evolución del concepto 'desarrollo sostenible' y su implantación política en Colombia. Innovar, (1998), 111 ff., https://revistas.unal.edu.co/index.php/innovar/article/view/23826/24498; *Flores*, Covid-19: alimentación, salud y desarrollo sostenible, en: Cordera/ Provencio, Cambiar el rumbo: el desarrollo tras la pandemia, 2020, 195 ff., http://www.pued.unam.mx/opencms/publicaciones/ 42/cambiar.html; Corte Constitucional de Colombia, Sentencia C-632/11, 24.08.2011, https://www.corteconstitucional.gov.co/RELATORIA/2011/C-632-11.htm.

[8]   Vgl. *Timmermann*, Der Schutz subjektiver Rechte in der kolumbianischen Verfassung, VRÜ (1999), 31 (46).

[9]   Vgl. *Timmermann*, VRÜ 32 (1999), 31 (46).

[10] *Timmermann*, VRÜ 32 (1999), 31 (45).

[11] Vgl. *Kovacs*, Das Verhalten von Akteuren bei der Einführung des CO2-Emissionshandels, 2005, S. 38, in Bezug auf technologische Innovation, https://epub.wu.ac.at/1920/1/document.pdf.

UN-Entwicklungsziele sowohl von einer Beteiligung des Privatsektors als auch von einer hoheitlichen Regulierung zur Förderung des Unternehmergeistes im Energiebereich abhängt. Dabei werden die Funktionen der Regulierungsbehörde für diesen Bereich dargestellt.

Im achten Kapitel diskutiert *Santiago Guerrero Sabogal* die Einbeziehung von sog. grünen Kapitalanlagen auf dem kolumbianischen Finanzmarkt. Dabei werden zunächst die Initiativen des *„Network for Greening the Financial System",* einem weltweiten Netzwerk von Zentralbanken und Aufsichtsbehörden, sowie des *„Sustainable Banking Network",* einer freiwilligen Gemeinschaft von Aufsichtsbehörden des Finanzsektors und Bankenverbänden aus Schwellenländern, präsentiert. Hieran anknüpfend nimmt *Guerrero Sabogal* eine zwischen dem Staat und dem Privatbanksektor getroffene Vereinbarung für die Förderung der nachhaltigen Entwicklung durch den Finanzsektor (das sog. Grüne Protokoll) in den Blick und würdigt diese positiv.

César Jasith Sánchez Muñoz widmet sich im neunten Kapitel sog. *„corrective taxes"* für den Umweltschutz. Dabei handelt es sich um ein ökonomisches Lenkungsinstrument einer nachhaltigen Politik. *Sánchez Muñoz* beleuchtet die hiermit verbundene Abgabenbelastung am Maßstab der einschlägigen Vorgaben der kolumbianischen Verfassung. Im Fokus steht das Spannungsfeld zwischen den verfassungsrechtlichen Grundsätzen der wirtschaftlichen Freiheit, der steuerrechtlichen Leistungsfähigkeit und des Gleichheitssatzes.

Im Zentrum des zehnten Kapitels von *Andrea Valbuena Bernal* steht die Einführung ökologischer Steuern in Kolumbien. Die Analyse konzentriert sich dabei auf die steuerrechtliche Zielsetzung und deren Vereinbarkeit mit dem Nachhaltigkeitsgrundsatz. Im Näheren beschäftigt sich *Valbuena Bernal* mit der in den letzten Jahren erlassenen ökologischen Steuerreform in Kolumbien und erachtet diese – wie Kohlenstoff- und Plastiktütensteuer – als einen ersten Schritt zur Stärkung der Nachhaltigkeit durch steuerrechtliche Instrumente.

Parte 1: Derecho administrativo general y de responsabilidad estatal

Densidad de control de los tribunales administrativos en Alemania – Fundamentos dogmáticos y marco constitucional

Markus Ludwigs* y *José Hernán* Muriel Ciceri

A. Introducción

Desde la fundación de la República Federal de Alemania, el alcance del control judicial es uno de los temas centrales del derecho administrativo moderno. Ya en 1955, *Otto Bachof*, uno de los fundadores del derecho administrativo después de la Segunda Guerra Mundial, calificó la cuestión de la relación entre discrecionalidad y concepto jurídico indeterminado como el "tema más discutido actualmente del derecho administrativo alemán".[1] Más de 60 años después, *Hartmut Maurer y Christian Waldhoff* continúan refiriéndose en su libro de texto estándar, a una de las "áreas más controvertidas del derecho administrativo".[2] Sin embargo, a pesar de esta caracterización paralela, no debe pasarse por alto que la doctrina del margen de decisión de la administración, se desarrolló aún más en las últimas décadas y da lugar a figuras innovadoras, como la discrecionalidad regulatoria („Regulierungsermessen"), cuya importancia aún no se aclara de forma concluyente. A continuación, se deberán primeramente esbozar y examinar de forma crítica los fundamentos dogmáticos sobre la base de la tipología del ámbito de decisión de la administración (B.). Posteriormente, es necesario establecer los marcos constitucionales para el alcance de la densidad de control judicial en virtud de la Ley Fundamental alemana (C.) y se presentará un acápite de conclusiones (D.).

---

[*] Una versión más extensa y modificada en su contenido de una conferencia del autor Ludwigs fue publicada en alemán en: Die Öffentliche Verwaltung (DÖV) 2020, p. 405-415.

[1] *Bachof*, JZ 1955, 97 (Traducción libre).

[2] *Maurer/Waldhoff*, Allgemeines Verwaltungsrecht, [19]2017, § 7 número de margen 47 (Traducción libre); véase también *F.C. Mayer*, en: v. Bogdandy/Huber/Marcusson (eds.), Handbuch Ius Publicum Europaeum, vol. VIII, 2019, § 129 número de margen 177.

B. Fundamentos Dogmáticos

I. Tipología del margen de decisión de la administración

En el marco de la clasificación dogmática debe en un primer paso esbozarse el sistema clásico de libertad de decisión de la administración en el derecho administrativo alemán antes de presentar la figura moderna de la discrecionalidad regulatoria („Regulierungsermessen") e investigar el sentido de una continuación de la separación categórica.[3]

1. Tríada Clásica

Hasta el día de hoy es fundamental para la tipología de los márgenes de decisión de la administración, la tradicional tríada de discrecionalidad administrativa general („Allgemeines Verwaltungsermessen"), discrecionalidad en la planeación („Planungsermessen") y margen de apreciación („Beurteilungsspielraum").[4] En los tres casos, se concede a la administración la *última palabra* en cierta medida en relación con los tribunales. No obstante, según el punto de vista tradicional, se trata de varios fenómenos que deben ser evaluados en la dogmática jurídica según sus particularidades.[5] En este contexto, la *discrecionalidad administrativa general* debe entenderse como el margen de decisión que existe en el ámbito de la consecuencia jurídica, cuando se cumplan los requisitos de la norma.[6] El trasfondo es la estructura de dos niveles de las normas legales en el sentido de un esquema condicional "cuando-entonces".

---

[3]   Siguiendo y profundizando las explicaciones *Ludwigs,* JZ 2009, 290 (292 y sig.).

[4]   En lugar de muchos *Kment/Vorwalter,* JuS 2015, 193 (195); *Maurer/Waldhoff,* Allgemeines Verwaltungsrecht, [19]2017, § 7 número de margen 55, 63; véase también *Voßkuhle,* JuS 2008, 117, con más referencias.

[5]   *Maurer/Waldhoff,* Allgemeines Verwaltungsrecht, [19]2017, § 7 número de margen 55.

[6]   *Maurer/Waldhoff,* Allgemeines Verwaltungsrecht, [19]2017, § 7, número de margen 7 y sig.; véase también *Detterbeck,* Allgemeines Verwaltungsrecht, [17]2019, número de margen 311 y sig.; *Erbguth/Guckelberger,* Allgemeines Verwaltungsrecht, [10]2020, § 14, número de margen 36 y sig.

En el caso de la administración discrecional, la ley vincula al cumplimiento de los requisitos de la norma no solamente a *una* consecuencia jurídica (como en el caso de la administración vinculada),[7] sino que también faculta a la propia administración para la determinación de la consecuencia jurídica concreta.[8] En este sentido, también se habla de la discrecionalidad de las consecuencias legales por parte de la administración.

Esto puede estar relacionado tanto con la cuestión de si una autoridad en suma intervendrá (*discrecionalidad de decisión* – „Entschließungsermessen"), como con la de la forma en que actúa (*discrecionalidad de elección* – „Auswahlermessen"). La concesión de la discrecionalidad sirve, en particular, a la garantía de justicia en el caso concreto, a la viabilidad y efectividad de la acción oficial, así como a una descarga del legislador.

La discrecionalidad administrativa es asignada, mediante preceptos según los cuales la autoridad puede o esté autorizada o es competente para adoptar determinadas medidas.[9] La discrecionalidad es controlada judicialmente en consideración a las existentes vinculaciones jurídicas (ejercicio prescrito de la discrecionalidad – „pflichtgemäße Ermessensausübung").[10] En este sentido son controlados judicialmente los límites legales del arbitrio, cuando la autoridad elige una consecuencia jurídica que la norma jurídica ya no concede (exceso en el poder discrecional – „Ermessensüberschreitung")[11] o cuando la autoridad no obstante el arbitrio concedido por la Ley, no lo consideró en su discrecionalidad (no uso de la discrecionalidad – „Ermessensnichtgebrauch" o „Ermessensunterschreitung")[12], o no realizó el uso correspondiente del arbitrio con la finalidad de la autorización (uso indebido de la discrecionalidad – „Ermessensfehlgebrauch"

---

[7] En el caso especial de una *reducción de la discrecionalidad a cero*, en el que sólo una de las opciones de actuación resulta libre de error discrecional, de modo que la autoridad está obligada a "elegirla", véase *Maurer/Waldhoff*, Allgemeines Verwaltungsrecht, [19]2017, § 7 número de margen 24 y sig.

[8] Para diferentes casos de control discrecional normativo, véase *Maurer/Waldhoff*, Allgemeines Verwaltungsrecht, [19]2017, § 7 número de margen 12.

[9] Así, *Lorenz*, Verwaltungsprozeßrecht, 2000, número de margen 21, p. 56 (en unión a la jurisprudencia contencioso-administrativa).

[10] Así, *Lorenz*, Verwaltungsprozeßrecht, 2000, número de margen 22, p. 56.

[11] *Maurer/Waldhoff*, Allgemeines Verwaltungsrecht, [19]2017, § 7 número de margen 20; *Peine/Siegel*, Allgemeines Verwaltungsrecht, [13]2020, número de margen 215 y sig.; asimismo, *Jestaedt*, en: Ehlers/Pünder (eds.), Allgemeines Verwaltungsrecht, [15]2016, § 11 número de margen 61; adicionalmente *Lorenz*, Verwaltungsprozeßrecht, 2000, número de margen 22, p. 56.

[12] *Maurer/Waldhoff*, Allgemeines Verwaltungsrecht, [19]2017, § 7 número de margen 21; Peine/Siegel, Allgemeines Verwaltungsrecht, [13]2020, número de margen 213, 214; asimismo, *Jestaedt*, en: Ehlers/Pünder (eds.), Allgemeines Verwaltungsrecht, [15]2016, § 11 número de margen 61.

o „Ermessensmissbrauch").[13] Como un límite objetivo del arbitrio están los derechos fundamentales y los principios generales de la actuación administrativa,[14] como es el caso del principio de ser la medida adecuada, necesaria y proporcional en sentido estrecho.[15]

En armonía con lo anterior, la proporcionalidad se refiere al mandato de control del actuar del Estado, basado en una adecuada relación entre medio y finalidad.[16] En caso de infracción de tales principios, la discrecionalidad de la decisión está viciada,[17] al presentar un defecto el ejercicio del poder discrecional. Asimismo, existe la competencia de examen judicial, cuando debido a las relaciones concretas de cada caso en particular, solo una decisión está libre de errores[18] (reducción del arbitrio – „Ermessensreduktion"[19] o reducción de la discrecionalidad a cero – „Ermessensreduzierung auf Null"[20]).

Lo anterior respecto la discrecionalidad y a los defectos en el ejercicio del poder discrecional es aplicable en el derecho colombiano al contenido del artículo 44 de la Ley 1437 de 2011 Código de Procedimiento Administrativo y de lo Contencioso Administrativo y al anterior artículo 36 del Decreto 01 de 1984, Código Contencioso Administrativo, en comparación con el parágrafo § 40 de la Ley Alemana de Procedimiento Administrativo (VwVfG), el cual establece que en el caso que la autoridad este autorizada para actuar según su discrecionalidad, debe ejercitarla de conformidad con la finalidad de la autorización y, respetar, sus límites legales.[21]

---

[13]   *Maurer/Waldhoff*, Allgemeines Verwaltungsrecht, [19]2017, § 7 número de margen 22; *Peine/Siegel*, Allgemeines Verwaltungsrecht, [13]2020, número de margen 217; asimismo, *Jestaedt*, en: Ehlers/Pünder, Allgemeines Verwaltungsrecht, [15]2016, § 11 número de margen 61, adicionalmente, *Muriel Ciceri*, Pensamiento Jurídico, n. 30, p. 343 (355-358), https://revistas.unal.edu.co/index.php/peju/article/view/36722.

[14]   *Maurer/Waldhoff*, Allgemeines Verwaltungsrecht, [19]2017, § 7 número de margen 23 *Peine/Siegel*, Allgemeines Verwaltungsrecht, [13]2020, número de margen 216, adicionalmente, *Muriel Ciceri*, Pensamiento Jurídico, n. 30, p. 343 (355), https://revistas.unal.edu.co/index.php/peju/article/view/36722.

[15]   *Maurer/Waldhoff*, Allgemeines Verwaltungsrecht, [19]2017, § 7 número de margen 23; *Peine/Siegel*, Allgemeines Verwaltungsrecht, [13]2020, número de margen 216.

[16]   *Schmidt-Aßmann*, Das allgemeine Verwaltungsrecht als Ordnungsidee, 2006, cap. 6 número de margen 61, p. 315.

[17]   *Peine/Siegel*, Allgemeines Verwaltungsrecht, [13]2020, número de margen 210.

[18]   *Lorenz*, Verwaltungsprozeßrecht, 2000, número de margen 23, p. 57.

[19]   *Lorenz*, Verwaltungsprozeßrecht, 2000, número de margen 23, p. 57; *Jestaedt*, en Ehlers/Pünder, Allgemeines Verwaltungsrecht, [15]2016, § 11 número de margen 64.

[20]   *Maurer/Waldhoff*, Allgemeines Verwaltungsrecht, [19]2017, § 7 número de margen 24; *Peine/Siegel*, Allgemeines Verwaltungsrecht, [13]2020, número de margen 218.

[21]   Cf. Así *Muriel Ciceri*, Pensamiento Jurídico, n. 30, p. 343 (355-358), https://revistas.unal.edu.co/index.php/peju/article/view/36722; Ley Alemana de Procedimiento Admi-

La segunda categoría es la figura del *margen de apreciación* („Beur-teilungsspielraum").[22] Aquí son indicados los poderes de decisión final administrativa, que pueden existir en presencia de conceptos jurídicos inde-terminados. Los conceptos jurídicos indeterminados son conceptos legales para los cuales, debido a su vaguedad, no siempre es posible decir de forma inmediata e inequívoca cuándo están presentes sus prerrequisitos.

Se encuentran regularmente (pero no necesariamente) en los elementos cons-titutivos de una norma (tipo legal). Su legitimación se arraiga en la singularidad de las normas abstractas generales, en la renuncia deliberada del legislador a normas generales rígidas y en la aquí resultante creación de posibilidades de desarrollo. Un margen de apreciación es reconocido por la jurisprudencia excep-cionalmente en la *subsunción de* conceptos jurídicos indeterminados („un-bestimmte Rechtsbegriffe"), pero no en el marco de su interpretación.[23]

Al mismo tiempo surgieron un número de casos, que van desde decisiones de examen (como por ejemplo en derecho educativo y universitario) y decisiones si-milares a las de evaluación hasta valoraciones jurídicas de funcionarios, así como desde actos personalísimos evaluativos de conocimiento hasta decisiones de pro-nóstico y evaluaciones del riesgo (en especial en derecho ambiental y derecho económico).[24]

Por último, se habla de *discrecionalidad de planeación* („Planungsermessen") o de libertad de configuración de planeación, por ejemplo, en relación con la decisión estatal de planes generales de ordenación del suelo o planes de ordena-ción territorial.[25] La peculiaridad de tales decisiones radica en el hecho de que no

---

nistrativo (VwVfG), disponible en: https://www.gesetze-im-internet.de/vwvfg/__40.html, Ley 1437 de 2011, Congreso de la República, Por la cual se expide el Código de Procedimiento Administrativo y de lo Contencioso Administrativo, "Artículo 44. Decisiones discrecionales. En la medida en que el contenido de una decisión de carácter general o particular sea discrecional, debe ser adecuada a los fines de la norma que la autoriza, y proporcional a los hechos que le sirven de causa.", http://www.secretariasenado.gov.co/senado/basedoc/ley_1437_2011_pr001.html#44; ant. Decreto 01 de 1984, por el cual se reforma el Código Contencioso Administrativo, "Artículo 36. Decisiones discrecionales. En la medida en que el contenido de una decisión, de carácter general o particular, sea discrecional, debe ser adecuada a los fines de la norma que la autoriza, y proporcional a los hechos que le sirven de causa", http://www.suin.gov.co/viewDocument.asp?id=1698916.

[22] *Maurer/Waldhoff*, Allgemeines Verwaltungsrecht, [19]2017, § 7 número de margen 7 y sig.; *Erbguth/Guckelberger*, Allgemeines Verwaltungsrecht, [10]2020, § 14 número de margen 27 y sig.

[23] Véase, por ejemplo, BVerwGE 77, 75 (85); también *Papier*, DÖV 1986, 621 (623 y sig.); crítico *Ludwigs*, JZ 2009, 290 (293); *Sendler*, en: FS Ule, 1987, p. 337 (339 y sig., 346 y sig.), con referencia a la interrelación entre los hechos y el texto de la norma, entre interpretación y subsunción.

[24] Instructivamente, *Detterbeck*, Allgemeines Verwaltungsrecht, [17]2019, considerandos 362 y sig.

[25] Detalladamente *Maurer/Waldhoff*, Allgemeines Verwaltungsrecht, [19]2017, § 7 número de margen 63.

se basan predominantemente en normas legales formuladas condicionalmente
(esquema "si-entonces"), sino que se basan en leyes programadas de planeación
con meros objetivos y principios de ponderación. En estos casos, la administración dispone de una *discrecionalidad de planeación* que, en principio, sólo se
verifica con relación a una ponderación libre de errores.

2. Discrecionalidad regulatoria como reto

Aquella tríada clásica de márgenes de decisión de la administración se amplía
recientemente con la inclusión también de la denominada *discrecionalidad
regulatoria* („Regulierungsermessen") desarrollada por la jurisprudencia y
adoptada por la literatura.[26] El ámbito de aplicación de esta nueva figura jurídica
es el derecho de las industrias de redes, y consecuentemente, a los sectores de la
energía, las telecomunicaciones, los servicios postales y los ferrocarriles administrados por la Agencia Federal de Redes (BNetzA) como autoridad reguladora.
El punto de partida fue una decisión de derecho de telecomunicaciones del Tribunal Federal Administrativo (BVerwG) en 2007. En esta decisión el más alto
tribunal administrativo alemán, afirmó la existencia de una discrecionalidad
regulatoria de la Agencia Federal de Redes en el caso de imposición de obligaciones procompetitivas de acceso a las redes de telecomunicaciones de conformidad con el artículo 21 de la Ley de telecomunicaciones (TKG).[27]
La nueva figura jurídica se desarrolló en respuesta al hecho de que la Ley de
Telecomunicaciones además de los poderes discrecionales clásicos en el ámbito
de las consecuencias legales y la concesión de márgenes de apreciación en los elementos constitutivos de una norma (tipo legal), también abre situaciones muy
complejas de decisión, que no permiten determinarse claramente.[28] Posteriormente, esta jurisprudencia se amplió a otras muchas obligaciones reglamentarias
que pueden imponerse a las empresas con poder de mercado.[29] Para el desarrollo
de una teoría del error, se hace una referencia explícita a la teoría de los defectos
o vicios de ponderación („Abwägungsfehlerlehre") en el derecho de planeación.[30]

---

[26] *Jestaedt*, en: Ehlers/Pünder (eds.), Allgemeines Verwaltungsrecht, [15]2016, § 11 número de
      margen 27, 55; *Maurer/Waldhoff*, Allgemeines Verwaltungsrecht, [19]2017, § 7 número de margen
      64; *Erbguth/Guckelberger*, Allgemeines Verwaltungsrecht, [10]2020, § 14 número de margen 50.
[27] BVerwGE 130, 39 (48 y sig.); BVerwG, 27.1.2010 - 6 C 22/08, NVwZ 2010, 1359 (1361).
[28] *Pielow*, en: Baur/Salje/Schmidt-Preuß (eds.), Regulierung in der Energiewirtschaft, [2]2016, cap.
      57 número de margen 9.
[29] BVerwG, 20.2.2014 – 7 C 6/12, NVwZ 2014, 942 (949); BVerwG, 05.05.2014 – 6 B 46/13, NVwZ
      2014, 1034 (1035 y sig.).
[30] BVerwGE 131, 41 (62, 72 y sig.); véase también BVerwG, 11.12.2013 – 6 C 24/12, NVwZ 2014,
      942 (951 y sig.).

Para la deducción argumentativa de la discrecionalidad regulatoria, el Tribunal Administrativo Federal (Bundesverwaltungsgericht o BVerwG) se basa en tres consideraciones. *En primer lugar,* se hace referencia al carácter ya indicado de las normas pertinentes, como disposiciones así llamadas de acoplamiento. Un rasgo característico de esto es que una ponderación controlada por numerosos conceptos jurídicos indeterminados, en los elementos constitutivos de la norma pertinente, no puede separarse del ejercicio de la discrecionalidad en el ámbito de las consecuencias jurídicas.[31]

En segundo lugar, se hace hincapié en la competencia de la Agencia Federal de Redes (BNetzA) como órgano administrativo *especial,* que decide con *especial* legitimación técnica en un procedimiento *especial.*[32]

En tercer lugar, el Tribunal Administrativo Federal (BVerwG) también utilizó inicialmente el derecho de la UE para la deducción de la discrecionalidad regulatoria oficial, sin embargo, posteriormente no realizó ello en la misma medida.[33]

La clasificación dogmática de la nueva figura jurídica, que entretanto también se transfirió al sector energético,[34] todavía no se ha aclarado de forma concluyente.[35] En vista de la teoría del error de ponderación desarrollada por el Tribunal Federal Contencioso Administrativo (BVerwG), la calificación como un subconjunto de la *discrecionalidad en la planeación* („Planungsermessen") puede parecer obvia.[36]. Cabe señalar, sin embargo, que el concepto jurídico de "discrecionalidad regulatoria" se distingue idiomáticamente de éste de forma explícita.[37]

---

[31] BVerwGE 130, 39 (48 y sig.); en general, p. ej. *Schmidt-Preuß,* en FS Maurer, 2001, p. 777 (788 y sig.).

[32] BVerwGE 130, 39 número de margen 29 y sig., para el art. 21 TKG.

[33] Observación paralela en *Gärditz,* Gutachten D zum 71. Deutschen Juristentag, 2016, D 81, con referencia a BVerwGE 148, 48 apartados 33 y sig.; en caso contrario, BVerwGE 130, 39 apartados 29 y sig.

[34] Cf. La jurisprudencia del Tribunal Federal de Justicia (Bundesgerichtshof o BGH) relevante en el sector energético, por ejemplo, BGH, Decreto de 12.12.2017 - EnVR 2/17, RdE 2018, 126 considerandos 24 y sig.; más detallado por *Ludwigs,* en: FS Schmidt-Preuß, 2018, p. 689 (706 y sig.).

[35] *Hwang,* AöR 136 (2011), 553 (564 y sig.); *Ludwigs,* JZ 2009, 290 (292 y sig.); *Proelss,* AöR 136 (2011), 402 (411 y sig.).

[36] En este sentido aún *Ellinghaus,* CR 2009, 87 (90 y sig.); *Werkmeister,* K&R 2011, 558 (559).

[37] BVerwGE 131, 41, número de margen 47 (Traducción libre): siguiendo la discrecionalidad en la planeación.

En este contexto, también es *concebible* una clasificación como un *tipo independiente, caracterizada* por el engranaje de elementos de diferentes competencias de decisión final.[38] Un tercer enfoque, que se desarrollará más adelante, aboga por el contrario por el retorno de la dogmática administrativa alemana a una categoría sistemática uniforme de discrecionalidad administrativa.[39]

II. Separación categórica o gradual

Si se toma la discrecionalidad regulatoria („Regulierungsermessen") como un motivo para evaluar críticamente la tipología clásica de los márgenes de decisión de la administración en el derecho administrativo alemán, de ello se deriva en un punto de partida un hallazgo notable. Como señaló concisamente *Matthias Jestaedt*, la tesis tradicional de una separación categórica de los márgenes de decisión de la administración para la toma de decisiones goza hoy en día casi exclusivamente de gran estima en la jurisprudencia, así como en la literatura. Por otro lado, solamente la jurisprudencia y los libros de enseñanza jurídica mantienen la diferencia, por el contrario, la literatura investigativa es escéptica frente a ello.[40] En lo que sigue, por lo tanto, deben apreciarse los argumentos centrales de carácter histórico, jurídico teórico, sistemático y de derecho comparado para determinar si es preferible una separación estrictamente categórica o meramente gradual.

1. Líneas de desarrollo histórico

Desde una *perspectiva histórica,* cabe señalar en primer lugar, que la dogmática del derecho administrativo del constitucionalismo tardío y del período de Weimar no hizo una separación categórica entre los márgenes de decisión de la administración, sobre los hechos de una norma, por una parte, y, aquellas sobre los elementos constitutivos de la norma.[41]

---

[38]   *Pielow,* en: Baur/Salje/Schmidt-Preuß (eds.), Regulierung in der Energiewirtschaft, ²2016, cap. 57 número de margen 15.

[39]   Cf. *Ludwigs,* JZ 2009, 290 (292 y sig.).

[40]   *Jestaedt,* en: Ehlers/Pünder (eds.), Allgemeines Verwaltungsrecht, ¹⁵2016, § 11 número de margen 13 y 49.

[41]   Más cerca del desarrollo: *Ehmke,* „Ermessen" und „unbestimmter Rechtsbegriff" im Verwaltungsrecht, 1960, p. 7 y sig.; *Held-Daab,* Das freie Ermessen, 1996, p. 70 y sig., 140 y sig.; *Stolleis,* Geschichte des öffentlichen Rechts in Deutschland 3, 1999, p. 213.

La distinción entre discrecionalidad y concepto jurídico indeterminado ya era conocida. Sin embargo, también se concedió a la administración una "discrecionalidad" no totalmente verificable en el caso de conceptos jurídicos indeterminados.[42] Inicialmente, el BVerwG continuó esta línea también en virtud de la Ley Fundamental y no distinguió entre un concepto jurídico indeterminado y arbitrio.[43] El surgimiento de una separación categórica sólo se produjo a través del desarrollo de la supuesta dicotomía (entendida como una separación estricta) entre discrecionalidad y concepto jurídico indeterminado a partir de obras fundamentales de *Otto Bachof*,[44] *Hermann Reuss*,[45] *Dietrich Jesch*[46] y *Carl Hermann Ule*[47] en la década de 1950. Este desarrollo, por supuesto, al mismo tiempo pone de manifiesto el hecho de que la separación categórica no estuvo históricamente exenta de alternativas.

2. Diferenciación teórica del derecho

A favor de una separación categórica, se argumenta además desde un *punto de vista teórico-jurídico que* debe hacerse una separación estricta entre la decisión de voluntad de la administración sobre las consecuencias jurídicas, y el margen de conocimiento sobre la calificación de los hechos.

De acuerdo con esto, la administración tiene varias opciones de acción únicamente en el arbitrio sobre los elementos constitutivos de la norma pertinente, mientras que la decisión correcta solo existe en el marco de la interpretación y aplicación de conceptos jurídicos indeterminados.[48] Se trataría de una distorsión del ordenamiento jurídico, si se eximiera a la autoridad de optar por una única solución legítima.[49]

---

[42] Instructivamente sobre la "libre discrecionalidad" („freies Ermessen"), p. ej. *W. Jellinek*, Verwaltungsrecht, [2]1929, p. 30; véase también *Neumann*, Carl Schmitt als Jurist, 2015, p. 276 con la nota 557.

[43] BVerwGE 1, 92 (96 f.); BVerwGE 4, 89 (92).

[44] *Bachof*, JZ 1955, 97.

[45] *Reuss*, DVBl. 1953, 585; *ders.* DVBl. 1953, 649.

[46] *Jesch*, AöR 82 (1957), 163.

[47] *Ule*, en: Bachof u. a. (eds.), GS W. Jellinek, 1955, p. 309 (311 y sig.).

[48] Decididamente *Ossenbühl*, DVBl. 1974, 309 (310); véase también *Gonsior*, Die Verfassungsmäßigkeit administrativer Letztentscheidungsbefugnisse, 2018, p. 93, 211 y sig., 242; fundamental para la „One Right Answer"en la teoría jurídica general, en particular *Dworkin*, Taking Rights Seriously, 1977, p. 105 y sig.

[49] *Kellner*, DÖV 1972, 801 (804).

Sin embargo, contra este argumento se puede indicar: *En primer lugar,* la concesión de la discrecionalidad sobre las consecuencias jurídicas también puede interpretarse ciertamente como un derecho a complementar los elementos constitutivos de la norma pertinente, en el sentido de "pensar hasta el final" de la norma.[50] *En segundo lugar,* la supuesta separación estricta (dicotomía) entre el concepto jurídico indeterminado y la discrecionalidad resulta incoherente con respecto a la figura de la discrecionalidad de planeación. En este sentido, se trata precisamente de un "mandato amplio de configuración" en el que coinciden la conformación y la ejecución de los programas, es decir, los hechos y las consecuencias jurídicas.[51] *En tercer lugar,* la tesis de la única decisión correcta en la calificación de los elementos constitutivos de la norma pertinente es una mera ficción,[52] porque la ley no proporciona una "memoria de respuestas acabadas"[53]. En el marco del necesario proceso de concreción, en casos individuales pueden surgir una serie de conclusiones sobre la subsunción que pueden considerarse igualmente justificables.[54] Prueba de ello son los grupos de casos reconocidos de márgenes de apreciación.[55]

---

[50]   *Koch,* Unbestimmte Rechtsbegriffe und Ermessensermächtigungen im Verwaltungsrecht, 1979, p. 126 y sig., 172 y sig. (Traducción libre); de acuerdo *Gerlach,* Entscheidspielräume der Verwaltung, 2018, p. 103; *Herdegen,* JZ 1991, 747 (748 y sig.); *Ludwigs,* JZ 2009, 290 (292) m.w.N.

[51]   *Scholz,* VVDStRL 34 (1976), 145 (166, Traducción libre).

[52]   BVerwGE 39, 197 (203).

[53]   *Schmidt-Aßmann,* Das Allgemeine Verwaltungsrecht als Ordnungsidee, [2]2006, cap. 4 número de margen 38 (Traducción libre).

[54]   Así lo reconoce explícitamente el Tribunal Federal Contencioso Administrativo (BVerwGE) 39, 197 (203).

[55]   Véase en B.I.1.

3. Teoría de los errores

Otro argumento a favor de la separación clásica por categorías podría resultar de las diferencias en la teoría del error administrativo. Esto se indica *prima facie por* la divergencia terminológica entre la doctrina de los errores de la discrecionalidad, la doctrina de los errores de apreciación y la doctrina de los errores de ponderación („Abwägungsfehlerlehre").[56] Sin embargo, un examen más detallado pone de manifiesto la existencia de un programa de control estructuralmente idéntico. Esto se puede resumir en *cuatro preguntas generales*, que se identificaron claramente en la literatura de *Martin Eifert*.[57] El *punto de partida* es preguntarse si la administración ejerció conscientemente su competencia para la decisión final. Si este no es el caso, hay una pérdida de discreción, evaluación o ponderación.

En segundo lugar, es necesario aclarar si la decisión se basa en un hecho correctamente establecido. La teoría de los errores en el arbitrio suele registrar típicamente los casos de un insuficiente fundamento de decisión como un déficit de la discrecionalidad (subcategoría de la teoría general de errores o vicios en la discrecionalidad – „allgemeine Ermessensfehlerlehre"),[58] mientras que en el caso de los márgenes de apreciación regularmente se requiere de forma explícita la base de unos hechos correctos,[59] y en la teoría de derecho de planeación de los errores de ponderación es aplicable la categoría del déficit de ponderación. *En tercer lugar,* deben haberse respetado los requisitos legales para el ejercicio del poder de decisión final. De lo contrario, existe el riesgo de un exceso o un uso indebido del arbitrio, respecto a una deficiencia en la evaluación de ponderación. Paralelamente, también en el caso de las autorizaciones de apreciación, a menudo se examina un exceso del margen de apreciación o mejor un uso indebido de la apreciación.[60]

---

[56] Véase *Detterbeck*, Allgemeines Verwaltungsrecht, [17]2019, número de margen 328 y sig. 377 y sig.; véase también *Maurer/Waldhoff*, Allgemeines Verwaltungsrecht, [19]2017, § 7 número de margen 19 y sig.

[57] *Eifert*, ZJS 2008, 336 (342 y sig.); con referencia a la elaboración fundamental de *Gerhardt*, en: Schoch/Schneider/Bier (eds.), VwGO-Kommentar, 11997, § 114 número de margen 4 y sig.

[58] *Detterbeck*, Allgemeines Verwaltungsrecht, [17]2019, número de margen 332.

[59] Véase *Maurer/Waldhoff*, Allgemeines Verwaltungsrecht, [19]2017, § 7, párr. 43; véase también *Detterbeck*, Allgemeines Verwaltungsrecht, [17]2019, número de margen 378 y *Schenke*, Verwaltungsprozessrecht, [16]2019, número de margen 774.

[60] Explícitamente *Detterbeck*, Allgemeines Verwaltungsrecht, [17]2019, número de margen 378; *Schenke*, Verwaltungsprozessrecht, [16]2019, número de margen 773 y sig.

En esencia, éste es el caso, por ejemplo, del derecho de comprobación (para la asunción o el ejercicio de una profesión), en el que se pregunta por una vulneración de escalas de valoración generalmente reconocidas o consideraciones ajenas.[61]

En cuarto lugar, siempre debe respetarse el marco de normas de rango superior. En el centro de todo esto está el principio de proporcionalidad. Esto debe observarse si la administración dispone de una discrecionalidad o margen de apreciación.[62] La teoría del error de ponderación en el derecho de planeación comprende "estimaciones equivocadas" en la compensación de intereses afectados en el ámbito de una desproporcionalidad en la ponderación. En resumen, la teoría de los errores no requiere una separación categórica. En vista de la estructura básica uniforme, hay más razones para asumir una categoría sistemática uniforme.

4. Perspectiva de derecho comparado

Por último, la inspiración genera un análisis jurídico comparativo del reconocimiento de los márgenes de decisión de la administración a nivel del derecho europeo y de otros ordenamientos jurídicos nacionales. Una mirada a otros países europeos, como Francia o Gran Bretaña, deja claro que los márgenes de decisión de la administración para la toma de decisiones se entienden predominantemente de forma unificada como discrecionalidad.[63] La separación categórica entre discrecionalidad administrativa general ("Allgemeines Verwaltungsermessen"), discrecionalidad en la planeación ("Planungsermessen") y margen de apreciación ("Beurteilungsspielraum") resulta ser, por tanto, una peculiaridad alemana.[64]

---

[61]   *Maurer/Waldhoff*, Allgemeines Verwaltungsrecht, [19]2017, § 7 número de margen 43.
[62]   *Schönenbroicher*, en: Mann/Sennekamp/Uechtritz (eds.), VwVfG-Kommentar, [2]2019, § 40 número de margen 234.
[63]   *Pache*, Tatbestandliche Abwägung und Beurteilungsspielraum, 2001, p. 112, 192 y sig., 235 y sig.
[64]   *Kment/Vorwalter*, JuS 2015, 193 (196); cf. también *P.M. Huber*, en: v. Bogdandy/Cassese/Huber (eds.), Handbuch Ius Publicum Europaeum V, 2014, § 73 número de margen 188 y sig., según el cual la diferenciación entre conceptos jurídicos indeterminados y discrecionalidad también puede encontrarse en Austria, Polonia, Suiza y ("probablemente también") en Italia (Traducción libre).

Además, el Tribunal de Justicia de la Unión Europea (TJUE) no diferencia conscientemente entre "discrecionalidad" y "margen de apreciación", sino que parece asumir un concepto amplio de discrecionalidad que comprende el concepto jurídico indeterminado con margen de apreciación.[65]

En el ámbito del Convenio Europeo de Derechos Humanos (CEDH), la doctrina del *margen de apreciación* desarrollada por el Tribunal Europeo de Derechos Humanos (CEDH) cubre por igual cualquier ámbito de apreciación, así como de discrecionalidad y, por lo tanto, también se apoya en un entendimiento uniforme.[66] En este contexto, el retorno a una categoría sistemática uniforme de discrecionalidad administrativa constituiría una importante contribución sobre la conectividad de la dogmática alemana con los diferentes niveles del sistema legal europeo.[67]

III. Conclusión parcial

En resumen, de las líneas de argumentación anteriores, debe propugnarse desde una perspectiva dogmática en favor de una *categoría uniforme de la discrecionalidad administrativa*.[68]. En contra de la tradicional separación categórica se indica que ésta no aparece ni históricamente sin alternativa ni teórico-jurídicamente como necesaria. Por otra parte, pueden citarse para una separación sólo gradual, tanto la identidad estructural de la teoría de los errores como una mayor capacidad de conexión con la dogmática a nivel de la Unión Europea (UE).

---

[65] EuGH, 183/84, Slg. 1985, 3351 número de margen 21 y sig. – Rheingold; EuGH, C-12/03 P, ECLI:EU:C:2005:87 número de margen 38 – Tetra Laval; *Gerlach*, Entscheidungsspielräume der Verwaltung, 2018, p. 127 y sig.; *Pache*, Tatbestandliche Abwägung und Beurteilungsspielraum, 2001, p. 391; *Wendel*, Verwaltungsermessen als Mehrebenenproblem, 2019, p. 46 y sig.

[66] Instructivamente *Ash*, The Margin of Appreciation, 2017, p. 2 con nota 2.

[67] Así antes *Ludwigs*, JZ 2009, 290 (293).

[68] También *Jestaedt*, en: Ehlers/Pünder (eds.), Allgemeines Verwaltungsrecht, [15]2016, § 11 número de margen 12 y sig.; *Ludwigs*, JZ 2009, 290 (292 y sig.); *Schmidt-Aßmann*, en: FS Scholz, 2007, p. 539 (548 y sig.); *Scholz*, VVDStRL 34 (1976), 145 (167); *Wendel*, Verwaltungsermessen als Mehrebenenproblem, 2019, p. 23 y sig.

C. Marcos constitucionales

I. Garantía de protección judicial efectiva

Si ahora se examinan los marcos constitucionales para el reconocimiento de un margen de decisión de las autoridades administrativas, se presenta como punto de partida la cuestión del anclaje normativo.[69] El lugar central de la cuestión de la densidad de control es, correctamente, el derecho fundamental a una protección jurídica efectiva en virtud de la primera frase del inciso 4 del artículo 19 de la Ley Fundamental. Esto da lugar a una relación de regla-excepción entre el control judicial, por una parte, y los márgenes de maniobra de la administración, por otra parte.[70]

Frente a ello tampoco se puede argumentar que la primera frase del inciso 4 del artículo 19 de la Ley Fundamental simplemente presupone derechos existentes, pero no los establece por sí misma.[71] Esta *desmaterialización de* la garantía de protección jurídica no tiene en cuenta el hecho de que, en el sistema de separación de poderes de la Ley Fundamental, la interpretación final vinculante de las normas, así como el control de la aplicación del derecho, son en principio competencia de los tribunales.[72]

La cuestión de la densidad del control judicial resulta ser un problema tripolar de competencia entre el poder judicial, el poder ejecutivo y el legislativo. Es necesario distinguir entre una perspectiva de control judicial, una perspectiva de gestión legislativa y una perspectiva de acción administrativa.[73] De acuerdo con *Eberhard Schmidt-Aßmann se* puede hablar de una *tríada de supuestos constitucionales básicos* resultantes del artículo 19 (4) de la *Ley Fundamental,*[74] que por lo demás no conoce ninguna restricción a determinadas categorías de márgenes de acción oficial.[75] A esto le sigue, *en primer lugar,* la revisión por parte

---

[69]   *Ludwigs*, RdE 2013, 295 (298 y sig.).

[70]   BVerfGE 15, 275 (282); BVerfGE 103, 142 (156 y sig.); BVerfG, auto de 8. 12. 2011 - 1 BvR 1932/08, NVwZ 2012, 694 número de margen 20; también *Schmidt-Aßmann*, en: Maunz/Dürig, GG-Kommentar, [72]2014, art. 19, apdo. 4, número de margen 181 y sig.; *Schulze-Fielitz*, en: Dreier (ed.), GG-Kommentar, vol. I, [3]2013, art. 19, apdo. 4, número de margen 116.

[71]   *Jestaedt*, en: Ehlers/Pünder (eds.), Allgemeines Verwaltungsrecht, [15]2016, § 11 número de margen 38; de acuerdo *Eifert*, ZJS 2008, 336 (336 y sig.).

[72]   *Ludwigs*, RdE 2013, 295 (298 y sig.).

[73]   Claramente *Wendel*, Verwaltungsermessen als Mehrrebenenproblem, 2019, p. 68 y sig., 439 y sig.

[74]   Fundamental *Schmidt-Aßmann*, en: *Maunz/Dürig*, GG-Kommentar, [72]2014, art. 19, apdo. 4, número de margen 180.

[75]   BVerfGE 61, 82 (111); conciso BVerfGE 129, 1 (22); *Wendel*, Verwaltungsermessen als

de los tribunales *a la vista de* las *normas jurídicas.* El control judicial no puede ir más allá del vínculo jurídico material de la administración. *En segundo lugar,* el principio del pleno control jurisdiccional, que se subrayó, se aplica desde un punto de vista jurídico y fáctico. *En tercer lugar,* de estos dos principios resultan a su vez reservas normativas de desviación. La rama ejecutiva no está legalmente subordinada desde el principio, sino que debe ser considerada con sus propias tareas y estructuras de toma de decisiones.[76]

El artículo 19.4 de la Ley Fundamental, es la base de derecho constitucional de protección jurídica individual frente al poder ejecutivo y en consecuencia está en el centro de la protección del derecho procesal administrativo.[77] Esta disposición garantiza la posibilidad de acudir a la vía judicial ante la vulneración de derechos subjetivos por el poder ejecutivo,[78] y la inmanente justiciabilidad de los derechos subjetivos.[79]

II. Teoría de la autorización normativa („Normative Ermächtigungslehre")

Cualquier restricción al pleno control judicial de la acción administrativa está determinada, según la opinión prevaleciente en la jurisprudencia y la literatura, por la *teoría de la autorización normativa („Normative Ermächtigungslehre").* De acuerdo con esto, la garantía de una protección jurídica efectiva no afecta los márgenes de decisión dados por ley. A la luz de la relación de regla/excepción del control judicial, por una parte, y el margen de acción de la administración, por otra parte, debe demostrarse, sin embargo, para cada facultad de actuación, en

---

Mehrrebenenproblem, 2019, p. 31 y sig.

[76] Véase *Schmidt-Aßmann*, en: Schoch/Schneider/Bier (eds.), VwGO-Kommentar, [24]2012, *Einl.* número de margen 58.

[77] Así, *Lorenz*, Verwaltungsprozeßrecht, 2000, número de margen 8, 9, 13, p. 22, 23, adicionalmente, *Lorenz*, Der Rechtsschutz des Bürgers und die Rechtsweggarantie, 1973, p. 132, 284 - 286.

[78] Ibídem.

[79] Así *Lorenz*, NJW 1977, 865 (870). En este sentido, *Muriel Ciceri*, Die Übertragung der Abfallentsorgung auf Dritte, 2006, p. 190, quien indica con remisión a la terminología acuñada por *Lerche* en su contribución "Ausnahmslos und vorbehaltlos geltende Grundrechtsgarantien", en: Scholz/Lorenz/Graf v. Pestalozza/Kloepfer/Jarass/Degenhart/Lepsius, Ausgewählte Abhandlungen, 2004, p. 219 (220), que la garantía de protección jurídica y acceso a la vía jurisdiccional es *"nucleo de la indispensabilidad constitucional"* (Traducción libre). Asimismo, esta garantía constata como indica *Schmidt-Aßmann*, en: Maunz/Dürig, GG-Kommentar,[72]2014, Art. 19, apdo. 4, número de margen 1, la realización del principio de Estado de Derecho. *Muriel Ciceri*, Die Übertragung der Abfallentsorgung auf Dritte, 2006, p. 190.

qué medida se ha conferido a la autoridad una competencia de decisión final con arreglo al *derecho sustantivo*.[80] La concesión de márgenes de decisión de las autoridades administrativas se considera una tarea asignada al legislador. Empero, al mismo tiempo, el Tribunal Constitucional Federal (BVerfG) también formula límites.[81]

El legislador está obligado por los derechos fundamentales y los principios del Estado de Derecho y la democracia. Por lo tanto, la eficacia garantizada de la protección jurídica no debe verse socavada por un margen de apreciación demasiado amplio o de gran alcance (o, de acuerdo con nuestra categorización "discrecionalidad" en cuanto a los elementos constitutivos de la norma pertinente) para áreas completas del derecho. Más bien, la reducción del control siempre requiere una razón fáctica suficientemente importante. Por otra parte, deben permanecer para los tribunales especializados suficientes posibilidades para ejercer un control sustancial sobre la acción administrativa.[82]

La capacidad de persuasión de la teoría de la autorización normativa deriva de su anclaje en el principio democrático. En principio corresponde al legislador decidir sobre la concesión de márgenes de decisión de la administración. Sin embargo, el enfoque amenaza con llegar a sus límites si de las normas pertinentes no se puede deducir una declaración suficientemente clara. A este respecto, cabe señalar que en la legislación aplicable sólo pueden encontrarse disposiciones explícitas muy aisladas relativas a la concesión de un margen de apreciación (o, de acuerdo con nuestra categorización "discrecionalidad" en cuanto a los elementos constitutivos de la norma pertinente).[83] Por lo tanto, se requiere regularmente un análisis especialmente cuidadoso de la norma, que también puede incluir en casos individuales consideraciones jurídico-funcionales.

---

[80]   BVerfGE 49, 89 (133 y sig.); BVerfGE 129, 1 (22); BVerfG, auto de 8. 12. 2011 - 1 BvR 1932/08, NVwZ 2012, 694 número de margen 23 y sig.; BVerwG, 29.3.2019 - 9 C 4/18, NJW 2019, 3317; *Schmidt-Aßmann*, en: Maunz/Dürig, GG-Kommentar, ⁷⁷2014, art. 19, párr. 4, número de margen 185 y sig. m.w.n.; *Ossenbühl*, en: FS Redeker, 1993, p. 55 (63 y sig.); *Poscher*, en: FS Wahl, 2011, 527 (549 y sig.).

[81]   En lo siguiente BVerfGE 129, 1 (22 y sig.); BVerfG, providencia del 8. 12. 2011 - 1 BvR 1932/08, NVwZ 2012, 694, párr. 25; a continuación, BVerwGE 156, 75, párr. 32.

[82]   Último BVerwG, jurisdicción v. 18.9.2019 - 6 A 7/18, número de margen 17 (juris).

[83]   Ejemplos de ello son la ley de telecomunicaciones § 10 apdo. 2 frase 2 TKG y la ley antimonopolio § 71 apdo. 5 frase 2 GWB.

III. Teoría jurídico-funcional

El punto de partida central de la teoría jurídico-funcional („funktionell-rechtlicher Ansatz"),[84] lo conforma la diferente capacidad de las autoridades y los tribunales en la aplicación del derecho. Por lo tanto, debe asumirse que la administración tiene un margen de decisión cuando está funcionalmente en mejores condiciones de concretar las normas. A favor de este planteamiento está la aquí practicable determinación de una distribución *prima facie* de las facultades de decisión final. Al mismo tiempo, sin embargo, es precisamente esta viabilidad lo que constituye el punto central de la crítica.[85]

Un enfoque puramente jurídico funcional implica el riesgo de la arbitrariedad y el consiguiente cuestionamiento de la relación regla-excepción garantizada por la primera frase del inciso 4 del artículo 19 de la Ley Fundamental. Además, las prerrogativas de toma de decisiones del legislador parlamentario estarían amenazadas de erosión. En este contexto, ello sólo puede tratarse una adición, pero no una verdadera alternativa a la teoría normativa de autorización. La jurisprudencia del Tribunal Constitucional Federal (BVerfG) sigue también esta línea. En consecuencia, las consideraciones jurídico-funcionales sólo pueden ser consideradas si el pleno control judicial alcanzara "sin lugar a duda" los límites de las funciones jurisdiccionales.[86]

Con esta limitación a los casos evidentes, el planteamiento encontraría ciertamente su justificación a través de ello.[87] Las normas jurídicas sirven para garantizar la calidad de la resolución de problemas a través de la acción estatal. En este sentido, las consideraciones jurídico-funcionales forman parte integral de la teoría de la autorización normativa.[88]

---

[84] Cf. *Poscher*, en: FS Wahl, 2011, 527 (549 y sig.); fundamentalmente *Ossenbühl*, DVBl. 1974, 309 (313); más cercanamente *Pache*, Tatbestandliche Abwägung und Beurteilungsspielraum, 2001, p. 76 y sig. con más referencias.

[85] Convincente *Jestaedt*, en: Ehlers/Pünder (eds.), Allgemeines Verwaltungsrecht, [15]2016, § 11 número de margen 35.

[86] BVerfGE 129, 1 (23); BVerfG, providencia del 8.12.2011 - 1 BvR 1932/08, NVwZ 2012, 694 número de margen 26 (Traducción libre).

[87] *Ludwigs*, RdE 2013, 295 (299); a.A. *Kment/Vorwalter*, JuS 2015, 193 (197).

[88] Sobre las líneas de conexión *Schmidt-Aßmann*, en: FS Scholz, 2007, p. 539 (550); *Schoch*, en: *Hoffmann-Riem/Schmidt-Aßmann/Voßkuhle (eds.)*, Grundlagen des Verwaltungsrechts, vol. III, [2]2013, § 50 número de margen 287; véase también *Ludwigs*, JZ 2009, 290 (295).

IV. Déficit de conocimiento real de hecho

El desarrollo más reciente en la dogmática de los poderes de decisión final administrativa es una decisión muy discutida del Tribunal Constitucional Federal (BVerfG) del 23 de octubre de 2018, sobre la limitación de la densidad del control judicial en el derecho de la conservación de la naturaleza.[89]

El Primer Senado llegó a la conclusión de que la primera frase del artículo 19.4 de la Ley Fundamental no obliga a los tribunales a realizar más investigaciones si su control, tras la mayor aclaración posible, alcanza los límites del estado de conocimiento de la ciencia y la práctica de la conservación de la naturaleza. En tales casos de un verdadero *déficit de conocimiento de hecho,* debería permitirse al tribunal que basara su decisión en la evaluación plausible de la cuestión técnica por parte de la autoridad.[90]

Además, se aclara explícitamente que la restricción del control no requeriría ninguna autorización legal para la administración.[91] Correctamente se trataría más bien de un caso de *límites funcionales de la jurisprudencia.* Si una valoración judicial no ofrece una mayor garantía de exactitud que los supuestos de la administración que se examinan, la función como control del ejecutivo ya no puede ejercerse razonablemente.[92]

También se ha preguntado en la literatura si las autorizaciones legales de intromisiones en los derechos fundamentales no implican *per se* una autorización de decisión en el caso de circunstancias fácticas que de hecho no pueden ser aclaradas por los tribunales.[93] Si este es el caso, se volvería a construir un puente entre la teoría jurídico-funcional y la teoría de la autorización normativa.

---

[89] BVerfGE 149, 407; *Dolde*, NVwZ 2019, 1567; *Eichberger*, NVwZ 2019, 1560; *Gassner*, DVBl. 2019, 1370; *Muckel*, JA 2019, 156; *Reinhardt*, NVwZ 2019, 195; *M. Schröder*, EurUP 2019, 91; *Sachs*, JuS 2019, 184.

[90] BVerfGE 149, 407 número de margen 18 y sig., cita literal en el número de margen 20; véase también número de margen 24.

[91] BVerfGE 149, 407, número de margen 17, 23.

[92] *M. Schröder*, EurUP 2019, 91 (93 y sig.).

[93] *Sachs*, JuS 2019, 184 (185).

D. Conclusiones

En resumen, debe afirmarse que la cuestión de la densidad del control judicial es un tema permanente de actualidad ininterrumpida en el derecho administrativo alemán. El derecho alemán puede servir de apoyo al derecho administrativo colombiano. Dogmáticamente, hay varios argumentos a favor de una reconducción a una categoría sistemática uniforme de discrecionalidad administrativa. Desde una perspectiva constitucional, la garantía de una protección jurídica efectiva en virtud de la primera frase del párrafo 4 del artículo 19 de la Ley Fundamental establece límites a la derivación de competencias oficiales de decisión final. La teoría normativa de autorización, complementada por un componente jurídico-funcional, ofrece un enfoque adecuado para identificarlos. Además, tanto las nuevas figuras jurídicas de la discrecionalidad regulatoria („Regulierungsermessen") como los déficits reales de conocimiento de hecho, así como los desafíos –en gran medida aquí excluidos– del derecho europeo,[94] muestran que la cuestión de la "última palabra" probablemente seguirá también ocupando intensamente la ciencia administrativa alemana en el futuro.

---

[94] *Ludwigs*, DÖV 2020, 405 (412 y sig.).

Eliminación de las cuantías – contra la congestión de la justicia administrativa

Milton Chaves García

A. Introducción

Desde hace mucho tiempo atrás el principal problema que aqueja a la jurisdicción contencioso-administrativa es la congestión, la cual redunda en una excesiva mora judicial. Una de las respuestas a esa problemática se dio en la Ley 270 de 1996, que junto con la Ley 446 de 1998, crearon y asignaron competencias a los jueces administrativos, los cuales empezaron a operar solo desde el 1 de agosto de 2006.

Posteriormente la Ley 1437 de 2011 (Código de Procedimiento Administrativo y de lo Contencioso Administrativo – CPACA) organizó la jurisdicción contencioso-administrativa por medio del ingreso de jueces unipersonales, introdujo el proceso oral, agilizó el trámite de los procesos, y redefinió el papel del Consejo de Estado como máximo tribunal de la jurisdicción administrativa. En general hay un reconocimiento sobre las bondades del CPACA. Sin embargo, persiste la congestión judicial, la cual se ha hecho más notoria particularmente en el Consejo de Estado, lo que no ha permitido que ejerza adecuadamente su función unificadora de la jurisprudencia administrativa.

Por iniciativa del Consejo de Estado, está cursando en el Congreso de la República el Proyecto de Ley número 07 de 2019– Senado *"Por medio de la cual se reforma el Código de Procedimiento Administrativo y de lo Contencioso Administrativo -Ley 1437 de 2011– y se dictan disposiciones en materia de descongestión en los procesos que se tramitan ante esta jurisdicción."* Su objetivo es precisar algunos aspectos del código en los que se han presentado diferencias interpretativas o dificultades en su aplicación y, principalmente, redistribuir competencias entre los jueces, tribunales y el Consejo de Estado.

Una de las propuestas con las que se pretende generar un mayor impacto es la eliminación de la cuantía como factor de determinación de competencia en los procesos de restablecimiento del derecho de carácter laboral. Actualmente, cerca del sesenta por ciento (60%) de los nuevos procesos a cargo de Consejo de Estado corresponden a este tipo de procesos, que al interior de la corporación conoce la Sección Segunda[1].

Si bien los conflictos de carácter tributario son en cantidad muy inferiores a los de carácter laboral o de aquellos en los que se originan en la responsabilidad contractual o extracontractual del Estado, confluyen situaciones similares que han impedido la pronta resolución de los procesos judiciales, por lo que para fines ilustrativos presento a continuación un dato de la situación presentada a finales de 2018 en cuanto a la distribución general de los procesos en promedio por despacho judicial[2].

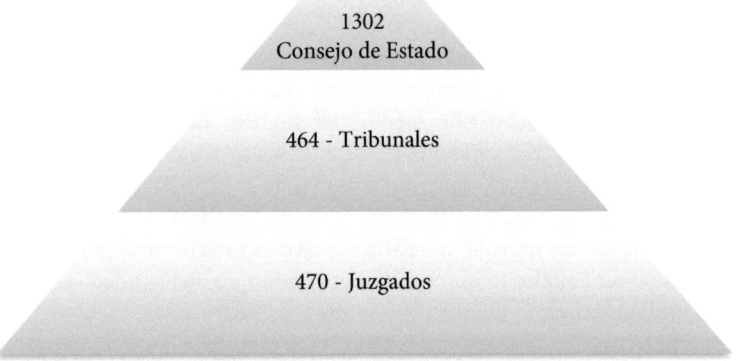

1302
Consejo de Estado

464 - Tribunales

470 - Juzgados

Como puede verse en esta gráfica, en promedio, un despacho de magistrado del Consejo de Estado tiene unos doscientos setenta y siete por ciento (277%) más de carga de procesos frente a un juez administrativo.

El objetivo es disminuir este volumen de la cúspide de la jurisdicción para distribuirla en la base, que son los jueces administrativos, en orden de lograr consolidar en el Consejo de Estado su función de máximo órgano de la jurisdicción administrativa, permitir una mayor agilidad en la resolución de los conflictos y acercar la justicia administrativa a todos los ciudadanos.

---

[1]   *Consejo de Estado*, Una Justicia de Puertas Abiertas Informe de Gestión Institucional, 2015-2016.

[2]   Datos contenidos en el Proyecto de Ley 07 de 2019 Senado, provenientes de la Unidad de Análisis y Desarrollo Estadístico del Consejo Superior de la Judicatura.

Por lo tanto, en este escrito se pretende presentar una visión personal, que no compromete al Consejo de Estado, entre otros aspectos, sobre las ventajas de esta propuesta para su futura aplicación en los procesos de carácter tributario. Concordantemente el escrito se organiza de la siguiente forma: Primero se realiza un análisis de la función del Consejo de Estado como el Tribunal Supremo de lo Contencioso Administrativo (B) y a continuación se reflexiona sobre las ventajas de los jueces unitarios y los tribunales colegiados (C), para establecer a finalmente, unas conclusiones sobre la temática de estudio (D).

B. El Consejo de Estado como el tribunal supremo de lo contencioso administrativo

De acuerdo con el artículo 237 de la Constitución Política, al Consejo de Estado le corresponde desempeñar las funciones de tribunal supremo de lo contencioso administrativo, entre otras atribuciones[3]. Dicha función le otorga al Consejo de Estado una función unificadora de la jurisprudencia, como órgano de cierre al interior de la jurisdicción contencioso-administrativa.

La función de unificar jurisprudencia se relaciona con el principio de seguridad jurídica, el cual consiste en garantizar el mismo trato a todos los ciudadanos, de tal manera que las decisiones judiciales se sustenten en una interpretación uniforme de las normas. El mencionado principio adquiere relevancia por la excesiva cantidad de disposiciones jurídicas (inflación legislativa) y la falta de certeza en el alcance de las mismas, que obligan a los jueces a definir los conflictos que se generan.

Pero para dotar de uniformidad y previsibilidad a las decisiones, se exige que los jueces y tribunales administrativos acaten los precedentes del Consejo de Estado, sin perjuicio de que, de manera excepcional, justifiquen las razones para apartarse del criterio del órgano de cierre y demuestren que su alternativa interpretativa se ajusta de mejor manera a la constitución y la ley.

Lamentablemente, la congestión que aqueja al Consejo de Estado, como tribunal de instancia, no le ha permitido ejercer cabalmente esa función unificadora a través de las herramientas que el CPACA estableció desde su entrada en vigor. Si bien, en los últimos años, se han expedido algunas sentencias de unificación en las distintas secciones y en la Sala Plena Contenciosa del

---

[3]   Constitución Política de la República de Colombia, "Artículo 237: Son atribuciones del Consejo de Estado:1. Desempeñar las funciones de tribunal supremo de lo contencioso administrativo, conforme a las reglas que señale la ley. (...)", www.secretariasenado.gov.co/senado/basedoc/constitucion_politica_1991.html#237.

Consejo de Estado; el mecanismo de extensión de jurisprudencia no ha tenido el alcance esperado, ni tratándose de la solicitud señalada en el artículo 269 del CPACA[4], como tampoco a través del recurso extraordinario de extensión de jurisprudencia de que trata el artículo 257 ib[5].

El Consejo de Estado ha dictado sentencias de unificación por razones de importancia jurídica, trascendencia económica o social o necesidad de sentar jurisprudencia; pero son muy pocos los casos en los que se ha asumido competencia de asuntos pendientes de fallo provenientes de los tribunales, como lo permite el artículo 270 del CPACA[6]. Hay varias razones que explican el poco desarrollo de estos mecanismos de unificación, la principal de ellas se origina en las excesivas cargas de trabajo del Consejo de Estado, que obligan a dar prioridad a los procesos ordinarios de única o segunda instancia, y a las acciones constitucionales.

Es una tarea pendiente el fortalecimiento de la función de unificación jurisprudencial del Consejo de Estado, de tal manera que, más allá de seguir siendo un tribunal de instancia, se consolide su función de tribunal supremo de lo contencioso administrativo, su condición de órgano de cierre y máxima autoridad de la justicia administrativa.

---

[4] Ley 1437 de 2011, Congreso de la República, Por la cual se expide el Código de Procedimiento Administrativo y de lo Contencioso Administrativo. "Artículo 269: Procedimiento para la extensión de la jurisprudencia del consejo de estado a terceros. Si se niega la extensión de los efectos de una sentencia de unificación o la autoridad hubiere (…)", http://www. secretariasenado.gov.co/senado/basedoc/ley_1437_2011_pr006.html#269.

[5] Ley 1437 de 2011, Congreso de la República, Por la cual se expide el Código de Procedimiento Administrativo y de lo Contencioso Administrativo. "Artículo 257. Procedencia. El recurso extraordinario de unificación de jurisprudencia procede contra las sentencias dictadas en única y segunda instancia por los tribunales administrativos (…)", http://www. secretariasenado.gov.co/senado/basedoc/ley_1437_2011_pr006.html#257.

[6] Ley 1437 de 2011, Congreso de la República, Por la cual se expide el Código de Procedimiento Administrativo y de lo Contencioso Administrativo. "Artículo 270: Sentencias de unificación jurisprudencial, http://www.secretariasenado.gov.co/senado/basedoc/ley_1437_2011_pr006. html#270; Para los efectos de este Código se tendrán como sentencias de unificación jurisprudencial las que profiera o haya proferido el Consejo de Estado por importancia jurídica o trascendencia económica o social o por necesidad de unificar o sentar jurisprudencia; las proferidas al decidir los recursos extraordinarios y las relativas al mecanismo eventual de revisión previsto en el artículo 36A de la Ley 270 de 1996, adicionado por el artículo 11 de la Ley 1285 de 2009."

De esta manera se procura una mayor seguridad jurídica, en tanto se otorga certeza para los tribunales, jueces, funcionarios de la administración y los particulares sobre el alcance las normas y el consecuente trato igualitario para quienes estén en las mismas circunstancias que se resuelven por el Consejo de Estado. Con ello se facilita la resolución de los conflictos e incluso se podrá lograr el objetivo de disminuir la litigiosidad, que se pretendía desde la propuesta original del CPACA.

De manera muy audaz, la Sección Segunda del Consejo de Estado promovió el debate al interior de la corporación sobre la eliminación de la cuantía como factor de determinación de la competencia. La idea inicial buscaba que los procesos de restablecimiento del derecho y de reparación directa serían tramitados en dos instancias iniciando el proceso en todos los casos en los juzgados administrativos y la segunda instancia en los tribunales. Existen varias razones que justifican esta modificación que eliminaría la intervención del Consejo de Estado como tribunal de instancia.

Actualmente el Consejo de Estado conoce en segunda instancia de los procesos de restablecimiento del derecho cuando la cuantía excede trescientos salarios mínimos mensuales legales vigentes (300 smmlv); de responsabilidad del estado cuya cuantía sea superior a quinientos salarios mínimos mensuales legales vigentes (500 smmlv); en asuntos laborales la cuantía debe superar los cincuenta salarios mínimos mensuales legales vigentes (50 smmlv), y procesos de carácter tributario cuando la cuantía excede de cien salarios mínimos mensuales legales vigentes (100 smmlv). La primera instancia se surte ante los tribunales administrativos[7].

Aquellos procesos cuya cuantía no excede las anteriores cifras se tramitan en primera instancia ante los jueces administrativos y la segunda instancia ante los tribunales[8]. Cabe destacar que en estos procesos la temática de los diferentes conflictos es exactamente la misma. Los problemas jurídicos que resuelven los jueces en primera instancia no difieren de los que deben absolver los tribunales cuando también obran como juez *A-quo*.

---

[7] Competencia en relación con los artículos 149 y 152 del Código de Procedimiento Administrativo y de lo Contencioso Administrativo.

[8] Competencia en los artículos 152 y 155 del Código de Procedimiento Administrativo y de lo Contencioso Administrativo.

En términos prácticos, los tribunales administrativos obran como órganos de cierre de los procesos que se tramitan en primera instancia ante los jueces, de la misma manera que el Consejo de Estado actúa cuando, por efectos de la cuantía, son los tribunales quienes actúan en primera instancia. No hay ninguna diferencia, en términos procesales, entre la actuación que realiza el Consejo de Estado frente a la que realizan los tribunales, cuando resuelven el recurso de apelación contra una providencia judicial.

Es claro que, por su jerarquía institucional, cuando alguna de las secciones del Consejo de Estado resuelve un tema específico, regularmente, los tribunales acatan estas decisiones y aplican los mismos criterios para resolver los casos que tienen a su cargo, tanto en primera como en segunda instancia. De esta manera es como, principalmente, se ejerce la función de tribunal supremo de la justicia administrativa por parte del Consejo de Estado.

Sin embargo, hay una cantidad importante de temáticas que no llegan al conocimiento del Consejo de Estado y por lo mismo no es el máximo tribunal el encargado de actuar como órgano de cierre. A manera de ejemplo, en lo que toca a la Sección Cuarta, algunos tributos de orden municipal no han sido analizados en razón a que la cuantía en discusión no alcanza los salarios mínimos mensuales legales vigentes (100 smmlv) para su estudio.

Por esta organización ocurre frecuentemente que los tribunales deben dilucidar casos novedosos sobre los que no hay pronunciamiento del Consejo de Estado. En consideración a sus competencias resuelven el asunto dándole un alcance determinado a los hechos o a las normas jurídicas puestas a su consideración.

Sin embargo, cuando en otro asunto, que superó la cuantía exigida, el tema llega al conocimiento del Consejo de Estado, puede resultar una decisión diferente de la tomada por los tribunales. Es decir, sobre asuntos fácticos y normativos idénticos, incluso entre las mismas partes, pueden resultar dos sentencias encontradas de última instancia, dictadas por el respectivo órgano competente y cuya única diferencia es la cuantía en discusión.

En virtud del derecho a la igualdad, sería más adecuado, en mi opinión, que fuese el mismo órgano el que actúe como juez *Ad quem*, sin perjuicio de la revisión posterior de estas decisiones de cierre a través de los recursos extraordinarios previstos actualmente en el CPACA a cargo del Consejo de Estado, pero como supremo tribunal de la justicia administrativa.

C. Ventajas de los jueces unitarios y de los tribunales colegiados

Otra ventaja de esta propuesta de eliminación de cuantías como factor de competencia es la celeridad de los procesos. Las decisiones de los jueces unitarios son notablemente más prontas frente a las de los tribunales colegiados.

Es reconocida la rapidez, sencillez y economía procesal que representa el trabajo judicial unitario.[9] En Colombia se hizo evidente en un estudio realizado para el año 2008, que "la duración media de un proceso en los juzgados administrativos en primera instancia es 299,78 días y en segunda instancia de 170,50 días para una duración total de 430,28 días. En el tribunal esos lapsos son de 550,09 días para la primera instancia, 556,56 días para la segunda y 1106,65 días para todo el proceso".[10]

Como puede verse, mientras la duración promedio de un proceso en primera instancia en juzgado administrativos es inferior a un año; en los tribunales esa misma instancia lleva casi año y medio en promedio. Llama la atención que los mismos tribunales, cuando obran como juez *Ad quem*, el tiempo de duración de la segunda instancia tiene una media inferior a seis meses.

Muchas reglas para la oralidad previstas en el CPACA resultan de fácil aplicación para los jueces individuales. La realización de la audiencia inicial, así como de las demás, se realizan como regla general con mucha diligencia. Sin embargo, en los órganos colegiados; tribunales administrativos y el Consejo de Estado, se dificulta la presencia en las audiencias de la totalidad de los integrantes de la sala de decisión, al punto que es prácticamente inexistente la audiencia de alegatos de conclusión en segunda instancia porque requiere la presencia de la mayoría.

La agilidad en la resolución de los procesos judiciales es conveniente para el trámite de la primera instancia, ya que permite una mayor inmediación en la práctica de pruebas y un trámite procesal más ágil, porque las decisiones no deben someterse a discusión. Por su parte, es más conveniente que el trámite de la segunda instancia corresponda a un tribunal colegiado.

---

[9]   *Aguilar López*, Transformación de los Tribunales Unitarios de Circuito en Órganos Jurisdiccionales de Apelación Colegiados, Revista del Instituto de Judicatura Federal, núm. 10, 2002, p. 3.

[10]   *Lozano Rodríguez*, Justicia tributaria: jurisprudencia tributaria del Consejo de Estado 2005-2016, 2017, pp. 24 y sig.

Como lo indica el Código General del Proceso, la finalidad de la apelación, de la segunda instancia, es que el superior examine la cuestión decidida, únicamente en relación con los reparos concretos formulados por el apelante, para así revocar o reformar la decisión[11].

La segunda instancia exige una mayor probabilidad de acierto y genera una mayor seguridad que las decisiones no se tomen por un solo juzgador, sino que para obtener una decisión concurran al debate varios puntos de vista divergentes, si se quiere contrapuestos, que obligue a los integrantes de un tribunal a presentar sus argumentos, contrastarlos, debatir y convencer para encontrar la solución correcta.

Las decisiones tomadas de esta manera generan mayor credibilidad por parte de los usuarios de la administración de justicia, apoyada además en la posibilidad de que el Consejo de Estado asuma la competencia de asuntos pendientes de fallo en los tribunales por razones de importancia jurídica, trascendencia económica o social. Que el alto tribunal conozca, en única o en segunda instancia, de los actos administrativos de carácter general a través del medio de control de nulidad y de nulidad por inconstitucionalidad[12]. Así mismo, que pueda a través de recursos extraordinarios, como el de unificación de jurisprudencia o el de revisión, sentar jurisprudencia, unificar los distintos criterios interpretativos e incluso corregir errores cometidos en las decisiones.

No se puede desconocer que esta propuesta conlleva el riesgo de que en beneficio del Consejo de Estado se congestionen los juzgados administrativos y el objetivo pretendido se frustre nuevamente. Sin embargo, en ese aspecto también existen razones de índole económico y de legitimidad, que favorecen esta propuesta de llevar la mayoría de los procesos contenciosos a los jueces administrativos en primera instancia.

---

[11]   Ley 1564 de 2012, Congreso de la República, Por medio de la cual se expide el Código General del Proceso y se dictan otras disposiciones, *"Artículo 320: Fines de la apelación. El recurso de apelación tiene por objeto que el superior examine la cuestión decidida, únicamente en relación con los reparos concretos formulados por el apelante, para que el superior revoque o reforme la decisión. (…)"*, www.secretariasenado.gov.co/senado/basedoc/ley_1564_2012_pr007.html#320.

[12]   En el proyecto de Ley 07 de 2019, artículo 18, se propone que los tribunales conozcan en primera instancia de la nulidad contra los actos administrativos proferidos por funcionarios u organismos del orden departamental, y por funcionarios u organismos del orden distrital y municipal relativos a tributos. En ese último caso, la competencia actualmente corresponde a los juzgados y la segunda instancia los tribunales. La propuesta es que en asuntos tributarios, la nulidad de actos generales la conozca en segunda instancia el Consejo de Estado también como una manera de unificar jurisprudencia.

D. Conclusiones

Definitivamente esta propuesta obliga a la creación de nuevos despachos de jueces administrativos en el territorio nacional y así está propuesto en el proyecto de ley en estudio en Colombia. Pero hay que anotar que la presente situación de congestión del Consejo de Estado ha llevado a iniciativas que plantean la creación de nuevas plazas de magistrado en el alto tribunal, permanentes o temporales, junto con su equipo de trabajo.

Es evidente que aparte de la mayor facilidad de crear despachos de jueces de circuito, que no requieren reformas legales o incluso constitucionales, como se exigen para crear nuevas plazas para más integrantes del Consejo de Estado; resulta mucho menos costoso el establecimiento de nuevos juzgados.

La necesidad de crear juzgados administrativos en los distintos municipios del país permite un acercamiento de la justicia a los ciudadanos. Que las personas conozcan a quienes van a resolver los conflictos que tengan con el Estado no es un asunto menor. Permite una mayor presencia estatal en el territorio nacional y la legitimidad que otorga el conocimiento y los vínculos culturales con la región en la que se imparte justicia.

La agilidad en el trámite de la primera instancia por parte de jueces cercanos a la comunidad, y el estudio, discusión y aprobación por un cuerpo colegiado en segunda instancia; permitirán, en mi opinión, una mayor confianza y legitimidad en la justicia administrativa y, a su vez, consolidar la función de tribunal supremo de lo contencioso administrativo del Consejo de Estado.

Ahora bien, en este punto vale la pena comentar las razones por las cuales la propuesta presentada ante el Congreso de la República únicamente cobija a los procesos de carácter laboral y no se incluyeron los asuntos tributarios o de otra índole, en los que aplican las mismas razones que acaban de exponerse.

Eliminar las cuantías para fijar la competencia implica un cambio trascendental. El Consejo de Estado deja de ser fallador de instancia y los tribunales administrativos serán los que definan los asuntos. Este es un asunto que requiere un amplio debate no solo de los jueces y magistrados, sino también de litigantes, academia y en general de toda la comunidad jurídica.

Antes de la presentación del proyecto se buscó su socialización amplia en esos sectores. En lo que tiene que ver con los asuntos tributarios, los integrantes de la Sección Cuarta tuvimos la oportunidad de presentar esta idea en las 43 Jornadas de Derecho Tributario, Derecho Aduanero y Comercio Exterior organizadas por el Instituto Colombiano de Derecho Tributario. Posteriormente varios consejeros plantearon la propuesta en diversos foros académicos.

Por parte de los usuarios de la administración de justicia, tanto estatales como particulares, hubo diversas reacciones, muchas favorables a la propuesta, pero llamó la atención que en buena parte había muchas reservas. En este caso, todavía persiste una preferencia a que los asuntos económicos y tributarios se conozcan en segunda instancia por el Consejo de Estado. Mi percepción es que hay una cautela similar a la que vivimos a principios de este siglo cuando se crearon los juzgados administrativos y discutíamos sobre la conveniencia que un juez unitario resolviera asuntos que siempre resolvieron tribunales colegiados.

Al interior de la jurisdicción también hay muchas inquietudes con la propuesta por razones mucho más variadas. Cabe decir que, en general, se propuso aumentar las cuantías en los casos que conocen los jueces administrativos en primera instancia, lo que llevará al desplazamiento de buena parte de los nuevos procesos de los tribunales a los juzgados. Para asuntos tributarios pasa de cien a quinientos salarios mínimos. En los demás temas también pasa a quinientos salarios mínimos mensuales legales vigentes (500 smmlv), salvo los asuntos de reparación directa que pasa a mil salarios mínimos mensuales legales vigentes (1000 smmlv).

Dejo esbozado este debate del que se espera la mayor profundidad en el Congreso de la República, pero el hecho de que en el proyecto de ley se haya presentado la propuesta para los asuntos laborales que, como se dijo, aporta la mayoría de la demanda de justicia administrativa, resulta muy audaz aún para quienes defendemos esta idea y de aprobarse, permitirá mostrar sus bondades para extenderla a los demás medios de control de restablecimiento del derecho, contractuales y de reparación.

Fuerza vinculante de los conceptos en materia tributaria

Ruth Yamile Salcedo Younes

A. Introducción

El derecho tributario estudia la imposición, cálculo, determinación oficial, recaudación, cobro coactivo y extinción de los tributos[1]. Constituye una rama autónoma del derecho y como tal, le aplican principios y definiciones propias, sin que ello signifique que no se integre debidamente dentro del marco general del derecho.

Uno de los temas especiales en materia tributaria constituye la aplicación de los conceptos emitidos por la autoridad tributaria, tanto por parte de los mismos funcionarios encargados de hacer cumplir las normas impositivas, como de los contribuyentes, responsables y demás obligados a cumplir las obligaciones tributarias de orden sustancial y formal.

El asunto es de total importancia cuando se verifica que en el mismo resultan involucrados principios de primer orden como son los de la buena fe constitucional[2] y la seguridad jurídica y confianza legítima, garantías protegidas por la Constitución Nacional[3].

---

[1]   Ver *Bravo Arteaga*, Nociones Fundamentales de Derecho Tributario, 1997, p. 41.

[2]   Dice la sentencia C-1194 de 2008: 2La jurisprudencia constitucional ha definido el principio de buena fe como aquel que exige a los particulares y a las autoridades públicas ajustar sus comportamientos a una conducta honesta, leal y conforme con las actuaciones que podrían esperarse de una "persona correcta (vir bonus)". Así la buena fe presupone la existencia de relaciones recíprocas con trascendencia jurídica, y se refiere a la "confianza, seguridad y credibilidad que otorga la palabra dada"." *Corte Constitucional*, sentencia C-1194 de 3 de diciembre de 2008.

[3]   Respecto al principio de seguridad jurídica en materia tributaria, señala la Corte Constitucional: "En este caso, encuentra la Corte que el principio cuya salvaguarda está de por medio es el de seguridad jurídica. En efecto, al considerarse las leyes tributarias leyes que, en general, imponen cargas a las personas que determinan como sujetos pasivos, se ha entendido que éstos deben tener plena claridad respecto de las actividades que generen tributos y el monto al que los mismos ascenderán, para que dichas cargas no resulten un imprevisto que afecte desproporcionadamente el debido proceso, la equidad, la buena fe, la libertad de empresa o el derecho de propiedad, entre otros. La exigencia del artículo 338 de la Constitución tiene sentido en cuanto evita la variación intempestiva en las condiciones de tributación de los contribuyentes, de manera que se afecte la

Para entender cuál es el estado actual de la materia, hoy regulada en la Ley 2010 de 2019, última de las muchas reformas tributarias expedidas en este país, denominada "Ley de Crecimiento", es preciso entender los antecedentes normativos, jurisprudenciales y doctrinarios que la rodean.

Previamente, y para enmarcar esta temática, es del caso poner de presente que la norma que hoy rige – que corresponde al artículo 131 de la mencionada ley establece que los conceptos tributarios constituyen interpretación oficial y tienen carácter obligatorio para los empleados públicos de la Dirección de Impuestos y Aduanas Nacionales (DIAN) y precisa que los contribuyentes pueden sustentar sus actuaciones en la vía gubernativa y en la jurisdiccional con base en la Ley. En concordancia se presentarán analíticamente en esta contribución, los antecedentes normativos y la correspondiente jurisprudencia de la Corte Constitucional colombiana (B). Luego de ello se estudiará la regulación vigente (C) y se detallarán las implicaciones del nuevo texto normativo (D), finalizando con una sección de conclusiones (E).

---

confianza legítima que durante un período fiscal se había generado en torno a las reglas de tributación que regirían el mismo. Así, se salvaguarda al sujeto pasivo de los tributos de sorpresas, hechos intempestivos o, incluso, fraudes que un Estado fiscalista pueda obrar en su contra. En ciertas ocasiones esta protección también implica que situaciones acaecidas antes de que la ley entre en vigencia se constituyan en fuente de obligaciones para el sujeto pasivo; por esta razón, en casos anteriores, y a criterio de la Corte de manera errónea, suele entenderse complementada –o, incluso, reiterada– por la limitación del artículo 363 de la Constitución que prohíbe la retroactividad de las leyes tributarias, en cuanto que su objetivo o razón de ser es la misma: evitar que una nueva ley tome como base de imposición hechos acaecidos con anterioridad a su entrada en vigencia". *Corte Constitucional*, sentencia C-076 de 15 de febrero de 2012.

B. Antecedentes normativos y jurisprudencia de la Corte Constitucional colombiana

La primera disposición que reguló la fuerza vinculante de los conceptos en materia tributaria fue el artículo 264 de la Ley 223 de 1995, que disponía:

> Los contribuyentes que actúen con base en conceptos escritos de la Subdirección Jurídica de la de la Dirección de Impuestos y Aduanas Nacionales podrán sustentar sus actuaciones en la vía gubernativa y en la jurisdiccional con base en los mismos. Durante el tiempo en que tales conceptos se encuentren vigentes, las actuaciones tributarias realizadas a su amparo no podrán ser objetadas por las autoridades tributarias. Cuando la de la Dirección de Impuestos y Aduanas Nacionales cambie la posición asumida en un concepto previamente emitido por ella deberá publicarlo.

Esta disposición constituía una "pieza de oro", de innegable protección a la seguridad jurídica de los administrados, en la medida que claramente obligaba a las autoridades tributarias a respetar las actuaciones de los contribuyentes realizadas al amparo de los conceptos escritos emitidos por la Subdirección Jurídica de la Dirección de Impuestos y Aduanas Nacionales - DIAN; e incluso, los contribuyentes podían sustentar ante la autoridad jurisdiccional su actuación con base en dichos conceptos.

De acuerdo con su último aparte, esta disposición no obligaba a publicar los conceptos, salvo cuando se modificara la posición adoptada.

La norma en cuestión fue demanda ante la Corte Constitucional en su aparte que señalaba que "(d)urante el tiempo en que tales conceptos se encuentren vigentes, las actuaciones tributarias realizadas a su amparo no podrán ser objetadas por las autoridades tributarias".

Para el demandante, los conceptos en mención no podían ser obligatorios para las autoridades tributarias ni para las judiciales porque ello implicaba darles a estos un carácter de ley del que carecen, en la medida que con ellos se resuelven situaciones de carácter general, y es al Congreso de la República, a quien de acuerdo con el artículo 150 de la Carta Política, le corresponde la competencia para expedir las leyes.

La Corte Constitucional emitió la sentencia C-487 de 1996, en la que declaró la exequibilidad de la disposición demandada. Importantes argumentos se exponen en la sentencia en mención. El primero se refiere al marco constitucional en el que se ubica la obligatoriedad de los referidos conceptos: en el amparo a los principios constitucionales de buena fe y de confianza debida. De esta forma, la obligatoriedad para la administración de los conceptos obedece a tres propósitos principales: el de la unificación doctrinaria de los criterios interpretativos de la ley tributaria, a la necesidad de otorgarles a los conceptos un grado evidente de seriedad y certeza y el evitar que la administración pueda inducir voluntariamente en un error a los contribuyentes.

El segundo argumento se refiere al carácter jurídico de los conceptos tributarios, teniendo en cuenta la glosa constitucional formulada en la demanda de violación de las facultades normativas que la Carta Política radica en el Congreso, asunto sobre el cual la Corte dilucida que los conceptos no constituyen *per se* actos administrativos porque carecen de poder decisorio, pero tienen este carácter cuando resultan de obligatoria aplicación por la Administración y por la posibilidad o exigencia de sujeción a ellos de los administrados, en cuyo caso constituyen actos reglamentarios. De todas formas, aclaró la Corte, resulta claro que los administrados pueden o no acoger los conceptos[4].

El artículo 264 de la Ley 223 de 1995 estuvo vigente hasta la promulgación de la Ley 1943 de 2018, denominada "Ley de Financiamiento", a la postre declarada inexequible por defectos en su formación, mediante sentencia C-481 de 2019 de la Corte Constitucional, que dispuso sus efectos diferidos al 1º de enero de 2020 y la reviviscencia de las normas modificadas o derogadas por la Ley 1943, en el evento que no se hubiera expedido una nueva ley de reforma tributaria antes de finalizarse el año 2019[5].

---

[4]   Señala la sentencia: "Los conceptos no constituyen, en principio, una decisión administrativa, es decir, una declaración que afecte la esfera jurídica de los administrados, en el sentido de que se les imponga mediante ellos deberes u obligaciones o se les otorguen derechos. Cuando se produce a instancia de un interesado, éste queda en libertad de acogerlo o no y, en principio, su emisión no compromete la responsabilidad de las entidades públicas, que los expiden, ni las obliga a su cumplimiento o ejecución. No obstante, cuando el concepto tiene un carácter autorregulador de la actividad administrativa y se impone su exigencia a terceros, bien puede considerarse como un acto decisorio de la Administración, con las consecuencias jurídicas que ello apareja. En tal virtud, deja de ser un concepto y se convierte en un acto administrativo, de una naturaleza igual o similar a las llamadas circulares o instrucciones de servicio." *Corte Constitucional*, sentencia C-487 de 26 de septiembre de 1996. El Consejo de Estado también ha prohijado la tesis de actos administrativos para los conceptos tributarios que resulten de obligatorio cumplimiento. Al respecto, puede consultarse, entre otras, la sentencia de 25 de noviembre de 2004, de la Sala de lo Contencioso Administrativo, Sección cuarta, exp. 13533.

[5]   Señala la parte resolutiva de la sentencia C-481 de 2019: "Tercero: disponer que (i) la declaratoria de inexequibilidad prevista en el resolutivo segundo surtirá efectos a partir del primero (1o.) de enero de dos mil veinte (2020), a fin de que el Congreso, dentro de la potestad de configuración que le es propia, expida el régimen que ratifique, derogue, modifique o subrogue los contenidos de la Ley 1943 de 2018; (ii) los efectos del presente fallo sólo se producirán hacia el futuro y, en consecuencia, en ningún caso afectarán las situaciones jurídicas consolidadas de forma anterior a su notificación. Cuarto. En caso de que para el treinta y uno (31) de diciembre de dos mil diecinueve (2019) no se hubiere promulgado y publicado una nueva ley, disponer la reviviscencia

La Ley 1943 de 2018 dispuso la derogatoria expresa del artículo 264 de la Ley 223 de 1995 (artículo 122) y en su artículo 113 reguló de nuevo la fuerza vinculante de los conceptos de carácter tributario, así:

> Los conceptos emitidos por la dirección de gestión jurídica o la subdirección de gestión de normativa y doctrina de la Dirección de Impuestos y Aduanas Nacionales, constituyen interpretación oficial para los empleados públicos de la Dirección de Impuestos y Aduanas Nacionales; por lo tanto, tendrán carácter obligatorio para los mismos. Los contribuyentes solo podrán sustentar sus actuaciones en la vía gubernativa y en la jurisdiccional con base en la ley.

De acuerdo con los antecedentes de la ley en mención, la derogatoria tenía como propósito eliminar el carácter vinculante de los conceptos emitidos por la DIAN para las autoridades tributarias, en la medida que debían constituir sólo un criterio de orientación para quien realizará la consulta.

Comparados los textos de las dos disposiciones (artículo 264 de la Ley 223 de 1995 y artículo 113 de la Ley 1943 de 2018) se aprecia que esta última eliminó: (i) la previsión referida a que los contribuyentes pudieran sustentar sus actuaciones en la jurisdicción con base en los conceptos emitidos por la autoridad tributaria; (ii) el aparte que establecía que "durante el tiempo en que tales conceptos se encuentren vigentes, las actuaciones tributarias realizadas a su amparo no podrán ser objetadas por las autoridades tributarias" y (iii) la obligatoriedad de publicar el concepto modificatorio de uno anterior.

El artículo 113 de la Ley 1943 de 2018 fue objeto de demanda de inconstitucionalidad en su aparte que señalaba que los contribuyentes solo podrán sustentar sus actuaciones en la vía gubernativa y en la jurisdiccional con base en la ley". El actor consideró violados los artículos 29 de la Constitución Política (garantía al debido proceso), al limitarse para los contribuyentes la posibilidad de utilizar los conceptos como medio de defensa, mientras que la autoridad tributaria puede utilizar los que le sirvan de apoyo a sus pretensiones; 83 Ib. (principio de confianza legítima), al permitir que se desconozcan los conceptos con base en los cuales el contribuyente basó su actuación, debiendo limitarse sólo a las disposiciones jurídicas; 2 Ib. (del que emana el canon de seguridad jurídica) y el 230 Ib. que establece el sistema de fuentes del derecho.

---

de manera simultánea de las normas derogadas o modificadas por la Ley 1943 de 2018, con el fin de que las normas reincorporadas rijan para el período fiscal que inicia el primero (1°) de enero de dos mil veinte (2020) y de allí en adelante." *Corte Constitucional,* sentencia C-481 de 16 de octubre de 2019.

La demanda fue resuelta mediante sentencia C-514 de 2019, que ordenó

(d)eclarar la EXEQUIBILIDAD condicionada de la parte demandada del artículo 113 de la Ley 1943 de 2018, en el entendido de que la palabra "ley" comprende todas las fuentes del derecho que admite el ordenamiento nacional, salvo la palabra "sólo" que se declara INEXEQUIBLE.

En la sentencia se parte de dilucidar el debido entendimiento del aparte demandado, en el sentido que de acuerdo con su texto, los contribuyentes ven limitada su defensa a la "ley", entendida como el derecho legislado, sin que puedan invocarse otras fuentes del derecho; y ello –precisamente– según la Corte Constitucional, resulta contrario al artículo 230 de la Carta Fundamental, norma que si bien establece que los jueces en sus providencias "sólo están sometidos al imperio de la ley", de igual manera determina que son criterios auxiliares de la actividad judicial "(l)a equidad, la jurisprudencia, los principios generales del derecho y la doctrina". En este sentido, no permitir el uso de los criterios auxiliares previstos en la Constitución vulnera la confianza legítima, así como el precedente judicial, asuntos que permiten la aplicación de los derechos fundamentales de las personas, quienes tienen el derecho a presentar sus alegaciones y de esta forma lograr decisiones "ajustadas a derecho"[6].

---

[6]   En dicha sentencia se señala: "La Corte resalta que la supremacía del texto constitucional exige que el principio de autonomía judicial que consagra el artículo 230 de la Carta se adecúe a la protección del dogma fundante de la Constitución: los derechos fundamentales. En este sentido la Corte ha explicado que, en el marco de los procesos a cargo de los distintos operadores judiciales, estos deben guardar coherencia en sus fallos, estándoles proscrito "desconocer injustificadamente (i) sus propias decisiones sobre la materia; o (ii) las reglas previstas por la jurisprudencia de los tribunales de cierre de cada jurisdicción, quienes tiene la función constitucional de unificación" …; todo ello en defensa del derecho a recibir un tratamiento igual por parte de las autoridades (C.P., art. 13) y de la legitimidad que tienen los particulares para confiar y, subsecuentemente, para fundar sus expectativas de tratamiento en las actuaciones y posiciones que tales autoridades hayan mantenido en el tiempo (C.P. art. 83). Esto es igualmente predicable de los agentes de la Administración pues, como lo ha explicado la jurisprudencia, "el ejercicio de las funciones administrativa y judicial transcurre en el marco del estado constitucional de derecho y entraña la concreción del principio de igualdad de trato y protección debidos a los ciudadanos, en cumplimiento del fin estatal esencial de garantizar la efectividad de los derechos, y en consideración a la seguridad jurídica de los asociados, la buena fe y la coherencia del orden jurídico. Lo que conduce al deber de reconocimiento y adjudicación igualitaria de los derechos, a sujetos iguales, como regla general de las actuaciones judiciales y administrativas"." Corte Constitucional, sentencia C-514 de 2019 de 30 de octubre de 2019.

La limitación establecida en la norma demandada –concluye la Corte Constitucional– resulta "en detrimento del derecho al debido proceso y de defensa (C.P. art. 29)–; a la confianza legítima (C.P., art 83); y a la prevalencia del derecho sustancial sobre el procedimental (C.P., art. 228)."

C. Regulación vigente

La expedición de la sentencia C-481 de 2019 de la Corte Constitucional, que declaró la inexequibilidad diferida de la Ley 1943 de 2018, dio lugar a la expedición de la Ley 2010 de 2019, conocida como "Ley de Crecimiento", la cual en su artículo 131 señala:

> Los conceptos emitidos por la dirección de gestión jurídica o la subdirección de gestión de normativa y doctrina de la Dirección de Impuestos y Aduanas Nacionales, constituyen interpretación oficial para los empleados públicos de la Dirección de Impuestos y Aduanas Nacionales; por lo tanto, tendrán carácter obligatorio para los mismos. Los contribuyentes podrán sustentar sus actuaciones en la vía gubernativa y en la jurisdiccional con base en la Ley.

Frente a la disposición anterior, el artículo 113 de la Ley 1943 de 2018, se observa que la nueva norma suprimió la expresión "solo", que había sido declarada inexequible por la Corte Constitucional en la sentencia C-514 de 2019.

D. Implicaciones del nuevo texto normativo

El decurso de la regulación sobre la fuerza vinculante de los conceptos emitidos por la autoridad tributaria, así como las jurisprudencias de la Corte Constitucional que han decidido la constitucionalidad de los textos respectivos, permiten hacer algunas consideraciones sobre el alcance y cubrimiento de la normativa hoy vigente, asuntos a los que nos referiremos a continuación.

Una primera reflexión que debe hacerse es la referida al cubrimiento de la disposición vigente, en el sentido de determinar si aplica sólo a los conceptos que emita la autoridad tributaria nacional, DIAN, o si incluye los conceptos que se emitan por las autoridades tributarias locales.

Al respecto, se observa que el artículo 131 de la Ley 2010 de 2019 se refiere de manera exclusiva a los conceptos emitidos por la Dirección de Impuestos y Aduanas Nacionales; sin embargo, no se observa razón para que una previsión en el mismo sentido no aplique en tratándose de impuestos de carácter territorial. Un acercamiento al tema podría encontrarse en el artículo 59 de la Ley 223 de 2002, que establece lo siguiente:

> PROCEDIMIENTO TRIBUTARIO TERRITORIAL. Los departamentos y municipios aplicarán los procedimientos establecidos en el Estatuto Tributario Nacional, para la administración, determinación, discusión, cobro, devoluciones, régimen sancionatorio incluida su imposición, a los impuestos por ellos administrados. Así mismo aplicarán el procedimiento administrativo de cobro a las multas, derechos y demás recursos territoriales. El monto de las sanciones y el término de la aplicación de los procedimientos anteriores, podrán disminuirse y simplificarse acorde con la naturaleza de sus tributos, y teniendo en cuenta la proporcionalidad de estas respecto del monto de los impuestos.

El problema que tendría la aplicación de la norma transcrita es que se refiere a procedimientos, y la aplicación de los conceptos administrativos como fuente de derecho constituye un asunto sustancial y no procedimental. Con todo, si los conceptos emitidos por la autoridad tributaria nacional se refieren, precisamente, a asuntos procedimentales, en aplicación del artículo 59 de la Ley 223 de 2002 si podría soportarse la aplicación extensiva de los mismos a los impuestos de carácter territorial.

Otra reflexión es la referida a los supuestos en los que se aplica la nueva regulación, frente a lo cual se formulan los siguientes comentarios:

Los conceptos deben ser emitidos por el ente autorizado de la autoridad tributaria: La norma señala que es por la dirección de gestión jurídica o la subdirección de gestión de normativa y doctrina. En el evento que se presente una restructuración de la entidad, debe entenderse que los conceptos que gozan del tratamiento de obligatoriedad serán aquellos que se expidan por la dependencia encargada.

Los conceptos derivan su obligatoriedad para la autoridad tributaria de su promulgación. Ello implica que deben haber sido insertados en el Diario Oficial, para que proceda su conocimiento y por ende su obligatoriedad.

Si bien la norma no señala que los conceptos deben emitirse por escrito (como si lo indicaba el artículo 264 de la Ley 223 de 1995), no se evidencia la posibilidad de sustentar la obligatoriedad de los mismos para los funcionarios administrativos si los conceptos han sido emitidos verbalmente, precisamente en consideración de lo expuesto en el punto anterior.

Los conceptos resultan obligatorios sólo para los funcionarios del Estado, pero no para los particulares (contribuyentes). Ello se deriva no sólo del texto de la norma, sino de las jurisprudencias de la Corte Constitucional que han analizado el asunto (sentencias C-487 de 1996 y C-514 de 2019).

Los contribuyentes sí pueden amparar las posiciones asumidas, tanto en la sede administrativa como en la jurisdicción, en los conceptos emitidos por la autoridad tributaria, lo cual deviene de i) que la autoridad tributaria está obligada a aplicarlos; ii) que constituyen una fuente auxiliar de derecho, de conformidad con el artículo 230 de la Carta Política y la sentencia C-514 de 2019.

Un asunto final de capital importancia en este primer aparte de comentarios, es la obligatoriedad de la aplicación de los conceptos emitidos por la autoridad tributaria para las autoridades judiciales.

Al respecto, deben tenerse en consideración varias cuestiones: la primera es la referida a la aplicación el artículo 230 constitucional, que consagra – en primer lugar– que los jueces sólo están sometidos al imperio de la ley, para posteriormente disponer que como criterios auxiliares de la actividad judicial están la equidad, la jurisprudencia, los principios generales del derecho y la doctrina. De esta forma, resulta claro que el concepto emitido por la autoridad tributaria, con base en el cual se adelantó una actuación administrativa en contra del contribuyente no obliga al juez, no sólo porque la ley ha dispuesto esta fuerza vinculante sólo para los funcionarios de impuestos y no para las autoridades judiciales, sino bajo la misma aplicación del artículo 230 en mención. De esta forma, el juez puede perfectamente apartarse de la interpretación administrativa y, con las ponderaciones exigidas, disponer la aplicación de la ley, cuya interpretación bien puede no corresponder a lo señalado en la doctrina oficial.

Otra posibilidad es que el funcionario administrativo haya omitido la aplicación de la doctrina oficial que establece el tratamiento adoptado por el contribuyente. En este evento, considero que el juez debe proceder a aplicar el concepto omitido por la autoridad tributaria, bajo la aplicación de la ley vigente (artículo 131 de la Ley 2010 de 2019) que le da fuerza vinculante a estos conceptos para la misma autoridad tributaria. En este caso, el juez estaría aplicando el artículo 230 constitucional que no solo le obliga a aplicar la ley, sino que permite como fuentes del derecho los conceptos. Una conclusión en sentido contrario implicaría una violación de las máximas constitucionales de seguridad jurídica, buena fe y confianza legítima.

Análisis independiente merece la cuestión de la aplicación en el tiempo de los conceptos de orden tributario.

Sobre el asunto no se ocupa la norma bajo análisis, ni las dos anteriormente expedidas. Diferentes hipótesis pueden presentarse: (i) que el concepto se haya emitido con anterioridad a la causación del impuesto sobre el cual se haya proferido la doctrina oficial o del asunto procedimental de que se trate; (ii) que se haya producido en el curso del año gravable en discusión, cuando se trata de impuestos de período como el de renta, o lo haya sido en el curso de una actuación administrativa; (iii) que se haya emitido con posterioridad al cierre o causación fiscal, pero con anterioridad a la presentación de la declaración respectiva; (iv) que se haya proferido con posterioridad a la causación fiscal, a la obligación formal de declarar o a la terminación de la actuación administrativa.

Para resolver estos asuntos, debe partirse de un primer punto, que es el relativo al carácter de actos administrativos de los conceptos que tienen fuerza vinculante (según se dejó claro en la sentencia C-487 de 1996). Por ende, la regla que opera es la de irretroactividad, según la cual la doctrina oficial debe aplicarse hacia el futuro. Esto cobija a los conceptos tributarios que se emiten en el curso del período fiscal y de una actuación administrativa que no se ha cerrado.

La pregunta que surge ahora es si la posición jurídica adoptada por la autoridad tributaria en un concepto posterior puede o no ser aplicada a una situación anterior (período gravable anterior a la emisión del concepto o causación de un tributo ya producida). La respuesta es sí, pero la argumentación no se soporta en la fuerza vinculante de los conceptos que ella emite, sino en la obligación general de soportar sus actuaciones administrativas relacionadas con la liquidación y cobro de los tributos.

Sobre este particular, la Circular 020 de 2018 de la Dirección de Impuestos Y Aduanas Nacionales - DIAN, sobre seguridad jurídica, si bien se expidió cuando estaba vigente el artículo 264 de la Ley 223 de 1995, establece algunos parámetros que resultan hoy perfectamente aplicables: (i) la aplicación del principio de irretroactividad de los conceptos, atendiendo su carácter de actos administrativos; (ii) La aplicación obligada de los conceptos emitidos con anterioridad a la actuación del particular, "aun cuando no se comparta la posición doctrinal"; (iii) respecto a modificaciones de la doctrina, señala "(e)n el evento en que con posterioridad a la actuación del particular la doctrina sea modificada o revocada, en virtud del principio de confianza legítima y buena fe, los funcionarios deben, igualmente, respetar la actuación del particular que se fundamentó en ella".

Nótese que en este tercer evento es la misma autoridad tributaria la que está invocando la aplicación de caros principios constitucionales para respetar la actuación del contribuyente que se amparó en conceptos que posteriormente fueron modificados.

E. Conclusiones

Los conceptos en materia tributaria constituyen actos administrativos en la medida que resulten de obligatoria aplicación por la Administración o por la posibilidad de sujeción a ellos por los administrados. La obligatoriedad de la aplicación de los conceptos deviene de su publicación; y los mismos pueden ser objeto del medio de control de nulidad, ante la jurisdicción de lo contencioso administrativo.

Los contribuyentes pueden exigir a la autoridad tributaria la aplicación de los conceptos tributarios.

La autoridad judicial debería aplicar los conceptos inadvertidos por la autoridad tributaria, de acuerdo con la petición del contribuyente. Ello garantiza la aplicación de los principios de seguridad jurídica, confianza legítima y de buena fe.

Las modificaciones de conceptos posteriores a la actuación de los contribuyentes no aplican a situaciones anteriores bajo el principio de irretroactividad; sin embargo, si la posición favorece al contribuyente la administración debería aplicarlos.

Los servicios públicos domiciliarios en el derecho administrativo

José Antonio Molina Torres

A. Introducción

El presente artículo reflexiona sobre aspectos del derecho administrativo, donde la preceptiva rectora de los servicios públicos domiciliarios incide de manera relevante.

Como es bien sabido, en el caso colombiano la prestación eficiente de los servicios públicos en general, y de los domiciliarios en particular, ha mostrado demasiadas falencias en cabeza del Estado, de suerte que su prestación ha venido tomando cuerpo a través de los particulares, por la sencilla razón de que constituyen un negocio rentable. La paulatina incursión de los particulares en la prestación de los servicios públicos puso en crisis la división tajante que siempre se hacía entre derecho público y derecho privado. Algunos han hablado de la huida del derecho público. Dejémonos de eufemismos, considero mejor hablar del desenvolvimiento del derecho en general, que, merced al creciente protagonismo de los particulares en la esfera de los servicios públicos, ha recalado en un derecho mixto, donde algunas veces prevalece la normativa pública y en otras la normativa privada. Como siempre, el Derecho está llamado a jugar un papel socialmente destacado en la interpretación de la realidad que le atañe, pese a que en ciertos casos la traiciona por la instrumentalización que realizan los "factores reales de poder".[1]

En este horizonte la Constitución Política de 1991 elevó a rango superior la facultad que tienen los particulares para desempeñar funciones administrativas, cuyo desarrollo legal se cristalizó en ciertos aspectos a través del régimen jurídico especial que habría de gobernar las actividades de los agentes prestadores de servicios públicos domiciliarios, donde, tanto las entidades estatales como los particulares pueden cumplir funciones administrativas.

---

[1]   Concluyendo a partir de las enseñanzas de Ferdinand Lasalle.

Al efecto, según se verá en líneas posteriores, el Legislador estableció un régimen de aplicación prevalente para estos servicios públicos, el cual se impone y se mezcla con las prescripciones generales de varios estatutos públicos y privados, con especial incidencia en la geografía del derecho administrativo.

Así entonces, para mayor ilustración, primeramente, se destacarán las características de estos servicios públicos a la luz de la Constitución y la ley (B), para luego estudiar la anunciada incidencia de los servicios públicos domiciliarios en la esfera del derecho administrativo (C). Por último, se presentarán las conclusiones (D).

Al respecto es dable expresar lo siguiente:

B. Características

La Carta Política de 1991 les dio especial importancia a los servicios públicos domiciliarios, pues a todas luces su prestación eficiente hace parte de las condiciones de vida digna que todos los habitantes del país merecen. En tal sentido, de los artículos 365 a 370 de la Carta, así como del artículo 4 de la Ley 142 de 1994, se derivan las siguientes características:

I. Son inherentes a la finalidad social del estado

En esta dimensión conviene recordar que el primer inciso del artículo 365 superior alude a los servicios públicos en general, lo cual entraña válidamente a los servicios públicos domiciliarios en particular. Tal vez se habría podido decir que los servicios públicos son inherentes a las finalidades sociales del Estado, esto es, en plural, según términos del artículo 366 ibídem, el cual proyecta esas finalidades hacia el bienestar general y el mejoramiento de la calidad de vida de la población, cuya génesis histórica la podemos hallar en la reforma constitucional de 1968 en torno a la intervención del Estado en la economía.

Como se puede apreciar, ese compromiso del Estado para con las finalidades sociales se predica fundamentalmente de los servicios de salud, educación, saneamiento ambiental y agua potable, de suerte que aquí se reivindican los servicios públicos domiciliarios de agua potable, alcantarillado y aseo. Tales servicios (cual componentes del gasto público social) deben gozar de los correspondientes proyectos de inversión en los planes de desarrollo y de las correlativas apropiaciones presupuestales en las leyes, ordenanzas y acuerdos anuales de presupuesto. Al respecto, en el ámbito presupuestal estos servicios públicos domiciliarios encuentran especial referente en el sistema general de participaciones, cuyos destinatarios y ejecutores son los departamentos, los distritos y los municipios, según lo prevé el artículo 356 constitucional. A su vez, de acuerdo con la jurisprudencia constitucional, estas finalidades sociales se enlazan con los mandatos del artículo 2 superior, dado el deber jurídico que tienen las autoridades públicas de garantizar la concreción de los principios, derechos y deberes que destaca la Constitución.[2]

Sin lugar a duda, en el espectro de las finalidades sociales del Estado el aseguramiento de los servicios públicos de agua potable, alcantarillado y aseo comporta el deber de las autoridades de ubicarse en la posición de los destinatarios para entender sus necesidades y adoptar la mejor manera de solucionarlas, o como dicen algunos: "*desplazarse del escritorio al territorio*".

II. El Estado debe garantizarlos

Con arreglo al nuevo ordenamiento constitucional, en principio el Estado solo tiene el deber de <u>asegurar</u> la prestación de los servicios públicos domiciliarios, no de prestarlos.[3] Al respecto, le corresponde al Congreso hacer la ley rectora de tales servicios; con apoyo en esta ley el presidente de la República tiene la competencia para fijar las políticas generales de administración y control de eficiencia de los mismos servicios, para lo cual puede delegar su competencia en las comisiones de regulación (la CREG y la CRA), como en efecto lo ha hecho, sin perjuicio de la función reglamentaria que es de su resorte exclusivo.[4] Concurrentemente obra la inspección, control y vigilancia de la Superintendencia de Servicios Públicos Domiciliarios, así como los controles propios del Ministerio Público, la Contraloría General de la República y las contralorías territoriales; el control interno, la auditoría externa, los comités de desarrollo y control social, etc.

Ese papel del Estado (en cuanto mero garante), puede mutar por el de prestador directo de los mencionados servicios, cuando quiera que no existan agentes económicos interesados en prestarlos en determinados municipios. En dichas circunstancias, los municipios afectados por la carencia de uno o más de tales servicios públicos, de manera subsidiaria deberán asumir su prestación en cuanto dispongan de la suficiente capacidad financiera, técnica y operativa.

---

2   Corte Constitucional, sentencias C-066 de 1997, C-636 de 2000, C-1371 de 2000, C-389 de 2002 y C-075 de 1996. El concepto de servicio público en el desarrollo administrativo, Bogotá, Universidad Externado de Colombia, 2002 (93).

3   Ob. Cit., pág. 94.

4   Corte Constitucional, sentencias C-272 de 1998, C-1162 de 2000, C-150 de 2003 y C-396 de 2006.

Cuando los municipios no tengan la capacidad suficiente, les corresponde a los departamentos prestar los mentados servicios públicos, y si estos tampoco tienen la capacidad necesaria, le compete a la Nación asumir su prestación.

Desde luego que alguien tiene que responderle a la comunidad por la prestación de los servicios públicos domiciliarios, y ello es así, por la sencilla razón de que tales servicios tienen una íntima ligazón con los derechos fundamentales, en el entendido de que el agua potable, per se, es un derecho fundamental.[5]

El papel de garante y/o de prestador de los servicios públicos domiciliarios que debe protagonizar el Estado, toma especial relevancia en el principio fundante de respeto a la dignidad humana, de acuerdo al cual le corresponde al Estado promover y garantizar las condiciones necesarias para que las personas puedan acceder a la satisfacción de sus necesidades básicas, esto es, al mínimo vital, entendido este como el derecho que tienen las personas a comer, beber, usar vestido, disponer de vivienda, a gozar de los servicios de salud y educación, y por supuesto, a disfrutar los servicios públicos domiciliarios. Y claro, según lo enseñan las reglas generales de la experiencia, después de satisfacer sus necesidades básicas la persona está en condiciones de acceder con alguna propiedad a la filosofía, al arte, a la política, etc. En este punto conviene recordar que la persona es la razón de ser y el fin último del Estado,[6] sin perjuicio de los derechos de los demás animales y de la naturaleza.

III. Su prestación debe ser eficiente

La eficiencia en la prestación de los servicios públicos domiciliarios se desenvuelve en dos dimensiones: la empresarial y la del usuario. De su adecuada conjugación están llamados a producirse los prenotados servicios públicos en beneficio recíproco: en provecho económico de los agentes prestadores y en provecho de las condiciones de existencia de los usuarios.

La noción de eficiencia empresarial se puede deducir al tenor del artículo 333 de la Carta Política, el cual establece una ecuación que contiene dos extremos, de una parte, la libertad de empresa dentro de los límites del bien común, y de otra las correlativas cargas en cuanto a que la empresa debe cumplir una función social, así como respetar el medio ambiente y los bienes culturales de la Nación,

---

5   Corte Constitucional, sentencia T-740 de 2011.
6   Corte Constitucional, sentencia C-558 de 2001.

con un director de la economía que es el Estado. Así entonces, le corresponde al Estado tomar las medidas tendientes a estimular y apoyar la actividad empresarial, al mismo tiempo que los empresarios deben honrar los mencionados deberes.

Como es sabido, esa actividad discurre en un ambiente de libre competencia, que de suyo engloba derechos tanto a favor de la empresa como del consumidor. Al albur del giro ordinario de los negocios, una vez que la empresa recupera la inversión es dable medir la relación entre los ingresos y los egresos, con la probabilidad de obtener una tasa de retorno, de ganancia, de utilidad. En el plano de los servicios públicos domiciliarios es importante observar que en términos del artículo 87.1 de la Ley 142 de 1994, si bien las fórmulas tarifarias comprenden los costos y gastos de un mercado competitivo, de otra parte, no pueden trasladar a los usuarios los costos o gastos de una gestión ineficiente. Bajo tales respectos la eficiencia empresarial constituye un factor definitorio tanto para la dinámica rentista de las empresas de servicios públicos domiciliarios, como para la oferta de tales servicios hacia la comunidad.

Desde el punto de vista del usuario, la eficiencia se expresa a través de la cobertura, la calidad y la continuidad, de cara a unas tarifas razonables. En este sentido, la cobertura hace relación a los volúmenes de servicio (kilovatios, metros cúbicos, etc.), la calidad se concentra en el valor de uso (adecuada iluminación, agua potable, etc.), la continuidad se proyecta como el servicio sin interrupciones significativas (sin falla del servicio), y todo, frente a una fórmula tarifaria que debe establecer cada comisión de regulación con sujeción a la ley, fórmula que a su turno debe desarrollar la empresa plegándose literalmente a los preceptos rectores.

Como se ha visto, al amparo de la eficiencia la empresa y el usuario están llamados a beneficiarse mutuamente: aquella, con unos razonables márgenes de rentabilidad que le permitan permanecer y crecer en el mercado, y este, recibiendo unos servicios que le permitan satisfacer sus necesidades básicas de existencia y desarrollar en lo pertinente sus actividades cotidianas. Es de notar que, en torno a la función social de los prestadores de servicios públicos domiciliarios, el artículo 11 de la Ley 142 de 1994 les impone la obligación de no abusar de su posición dominante y de facilitarle a los usuarios de menores ingresos el acceso a los subsidios.

IV. Son universales

Por disposición constitucional la garantía de estos servicios debe cobijar a todos los habitantes del territorio nacional, lo cual comprende a los nacionales y extranjeros, niños, niñas, etc. Por ende, en concordancia con el artículo 13 constitucional, todas las personas tienen derecho al disfrute de los servicios públicos domiciliarios sin ninguna discriminación por razones de sexo, raza, origen nacional o familiar, lengua, religión, opinión política o filosófica. En el plano del derecho a la igualdad asimismo obra el artículo 87.2 de la Ley 142 de 1994, que prescribe:

> Por neutralidad se entiende que cada consumidor tendrá el derecho a tener el mismo tratamiento tarifario que cualquier otro si las características de los costos que ocasiona a las empresas de servicios públicos son iguales. El ejercicio de este derecho no debe impedir que las empresas de servicios públicos ofrezcan opciones tarifarias y que el consumidor escoja la que convenga a sus necesidades.

A su turno esta universalidad se despliega a través de los requisitos para acceder al contrato de condiciones uniformes, a cuyos efectos el artículo 134 de la Ley 142 de 1994 dispone que toda persona con capacidad negocial, que habite o utilice de manera permanente un inmueble, a cualquier título, tendrá derecho a recibir los servicios públicos domiciliarios al amparo del prenotado contrato.[7]

Con apoyo en los anteriores preceptos se puede concluir que a partir del nacimiento la persona tiene capacidad de goce, lo cual incorpora el disfrute de los mencionados servicios. Concurrentemente, a partir de la mayoría de edad la persona tiene capacidad negocial, y, por ende, está habilitada para acceder al contrato de prestación de servicios públicos domiciliarios, siempre que ella y el inmueble cumplan con los requisitos de ley (art. 129 ib.).

V. Son esenciales

Con arreglo al artículo 4 de la Ley 142 de 1994, los servicios públicos domiciliarios se consideran esenciales, esto es: acueducto, alcantarillado, aseo, energía eléctrica y gas combustible, incluidas las actividades complementarias (art. 14.2 ib.). Esta calificación legal implica que las personas vinculadas laboralmente a las empresas de servicios públicos domiciliarios no podrán ejercer

---

[7]   Corte Constitucional, sentencias C-636 de 2000 y C-075 de 2006.

el derecho de huelga,[8] según términos del artículo 56 superior. De acuerdo con las sentencias C-450 de 1995 y C-663 de 2000, esta norma se halla en consonancia con la Carta Política, dada la importancia de los derechos fundamentales involucrados en la prestación de tales servicios, así como la prevalencia del interés general. No sobra remarcar el hecho de que esta limitación envuelve a todos los trabajadores particulares y a todos los servidores públicos del ámbito de los servicios públicos domiciliarios.

VI. Se someten a un régimen jurídico especial[9]

Dada la importancia que la Constitución le dispensa a los servicios públicos domiciliarios, con arraigo en el segundo inciso de su artículo 365 y en las respectivas normas concordantes, el Congreso de la República expidió la Ley 142 de 1994 y la Ley 143 de 1994, las cuales, con las modificaciones y adiciones posteriores se deben aplicar de preferencia, sin perjuicio de las reglas de reenvío, o de la posibilidad de acudir a otros cuerpos normativos cuando esa preceptiva especial acuse vacíos, tal como ocurre en los eventos donde resulta indispensable aplicar el Código Civil, el Código de Comercio, el Código General del Proceso, la Ley 489 de 1998, la Ley 1437 de 2011 (CPACA), el Estatuto Tributario, etc. Y claro, con la estimación que amerita la jurisprudencia de la Corte Constitucional, del Consejo de Estado y de la Corte Suprema de Justicia.

Desde luego que en desarrollo de la normativa especial (con el aporte jurisprudencial), en estricto orden jerárquico militan los decretos reglamentarios del presidente de la República, las resoluciones de la Comisión de Regulación de Energía y Gas (CREG), de la Comisión de Regulación de Agua Potable y Saneamiento Básico (CRA) y de la Superintendencia de Servicios Públicos Domiciliarios, al igual que las ordenanzas de las asambleas departamentales, los decretos de los gobernadores, los acuerdos de los concejos municipales o distritales y los decretos de los alcaldes. Finalmente discurren las cláusulas del contrato de condiciones uniformes (art. 128 y ss, Ley 142 de 1994).

---

[8] Cabe registrar que el derecho a la huelga fue reconocido por primera vez en la reforma constitucional de 1936, salvo en los servicios públicos. Con este antecedente, al tenor del artículo 56 de la Carta de 1991 se avanzó al admitir la huelga en los servicios públicos, siempre que no sean esenciales.

[9] Al respecto obran las sentencias C-517 de 1992, C-263 de 1996, C-247 de 1997, C-284 de 1997, C-493 de 1997, C-150 de 2003, C-741 de 2003, C-075 de 2006 y C-736 de 2007, de la Corte Constitucional.

Ese primado jurídico se expresa en hipótesis tales como las relativas a los prototipos societarios de las empresas de servicios públicos domiciliarios, su régimen accionario, el contrato de condiciones uniformes, el régimen de contratación general de esas empresas, el régimen laboral de las empresas de servicios públicos mixtas, la discusión de la factura en sede empresarial, la imposición de servidumbres por parte de las comisiones de regulación, la participación del usuario en la gestión y control de dichas empresas, etc.

VII. Se prestan en un mercado competitivo

De conformidad con el segundo inciso del artículo 365 superior, los servicios públicos domiciliarios pueden ser prestados por el Estado, directa o indirectamente, por comunidades organizadas, o por particulares. Lo cual armoniza con la libertad económica que prohíja el artículo 333 constitucional, el cual reivindica la libre competencia,[10] que de suyo debe propiciar el papel que le atañe a la empresa en cuanto motor del desarrollo, con un director: el Estado, quien tiene el poder para intervenir en materia de regulación, control y vigilancia.[11]

En este horizonte competitivo, donde la oferta y la demanda discurren en el juego de precios, el artículo 15 de la Ley 142 de 1994 autoriza para prestar servicios públicos domiciliarios a las siguientes personas: (i) las empresas de servicios públicos oficiales, mixtas o privadas; (ii) los productores marginales; (iii) los municipios; (iv) las organizaciones autorizadas; y (v) las empresas industriales y comerciales del Estado.

Más aún, de la concordancia entre los artículos 14, 15, 17 y 19 de la Ley 142 de 1994 se desprende que los prototipos paradigmáticos se enmarcan en el régimen societario por acciones, en contraste con la composición patrimonial de las empresas industriales y comerciales del Estado, que no es por acciones.

La garantía y estímulo a la libre competencia debe auspiciarse a partir de las políticas públicas y de la legislación misma. De allí que a la luz del artículo 370 de la Carta Política, con fundamento en la ley le corresponde al presidente de la República determinar las políticas generales de administración y control de eficiencia de los servicios públicos domiciliarios, lo cual hace a través de las comisiones de regulación. A su turno, en ejercicio de estas funciones delegadas, dichas comisiones tienen la potestad de regular los monopolios cuando la competencia no sea posible, y en los demás casos, promover la competencia entre quienes presten servicios públicos, y todo ello, con el fin de que las operaciones

---

[10]   Corte Constitucional, sentencia C-228 de 2010.
[11]   Corte Constitucional, sentencia C-075 de 2006.

sean económicamente eficientes, no redunden en abuso de la posición dominante y produzcan servicios de calidad (art. 73, Ley 142 de 1994). En este sentido es pertinente traer a colación lo dispuesto en el artículo 18 ibídem, conforme al cual las comisiones de regulación podrán obligar a una empresa de servicios públicos a tener un objeto exclusivo cuando constaten que la multiplicidad del objeto social restringe la competencia y no produce economías de escala o de aglomeración en beneficio del usuario. Es de notar que esta facultad de las comisiones despierta inquietudes frente a su constitucionalidad, toda vez que solo la ley puede limitar el alcance de la libertad económica, según voces del artículo 333 superior.

VIII. No son gratuitos

El artículo 367 de la Constitución establece los criterios del régimen tarifario, a saber: costos, solidaridad y redistribución de ingresos. Por lo tanto, resulta claro que ninguna persona está exenta del pago de los servicios públicos domiciliarios que consuma; cosa distinta es que las personas de menores recursos puedan acceder a los subsidios.

En efecto, el adecuado funcionamiento de la relación contractual empresa-suscriptor y/o usuario pone de relieve el carácter oneroso[12] del contrato de condiciones uniformes, de suerte que la viabilidad empresarial y la dinámica misma de los servicios públicos domiciliarios dependen del satisfactorio cumplimiento que ambas partes les den a sus mutuas prestaciones, sin perjuicio del apoyo técnico, operativo y financiero que el Estado pueda otorgar en sus niveles nacional y territorial.

La solidaridad se realiza mediante el aporte por solidaridad (impuesto) que deben pagar los usuarios que pertenezcan a los estratos socioeconómicos 5° y 6°, y también, quienes pertenezcan a los sectores industrial o comercial. Ese aporte corresponde a un porcentaje que se aplica sobre la sumatoria del cargo fijo y el consumo.

El aporte por solidaridad se destina al subsidio de los usuarios que pertenezcan a los estratos socioeconómicos 1, 2 y 3, cumpliéndose así la redistribución de ingresos. Esta modalidad se conoce como subsidio cruzado, es decir, entre usuarios.

---

[12] Corte Constitucional, sentencias C-150 de 2003 y T-740 de 2011.

Cabe registrar que, según lo previsto en el artículo 99, numerales 5º y 6º de la Ley 142 de 1994, los subsidios no pueden exceder el valor de los consumos básicos o de subsistencia. Igualmente, el usuario debe pagar siempre lo concerniente a los costos de administración, operación y mantenimiento. En contraste, el monto correspondiente a la recuperación de las inversiones podrá ser cubierto por los subsidios, lo cual se conoce como subsidio implícito.

De otra parte, con fundamento en el artículo 368 superior, la Nación, las entidades territoriales y las descentralizadas pueden conceder subsidios a favor de las personas de menores ingresos (estratos 1, 2 y 3), son los llamados subsidios directos. En tal hipótesis, en los respectivos presupuestos (ley, ordenanza o acuerdo) se deben hacer las apropiaciones, donde se especifique el servicio subsidiado y la entidad prestadora que repartirá el subsidio. En relación con esta modalidad de subsidio ha dicho la jurisprudencia constitucional y contencioso-administrativa, que para su materialización las respectivas autoridades deben hacer los mayores esfuerzos fiscales. Como tercera modalidad, también figuran los subsidios implícitos. (Art. 99-6, Ley 142 de 1994).

IX. Gozan de participación ciudadana

Como bien se sabe, al amparo de los artículos 2 y 95-5 de la Constitución la participación es un derecho y un deber de todos, lo cual encuentra una especial expresión en la arena de los servicios públicos domiciliarios. En efecto, de acuerdo con el artículo 369 superior las personas pueden participar en la gestión y fiscalización de las empresas prestadoras de servicios públicos domiciliarios, lo cual se materializa a través de los "comités de desarrollo y control social", integrados por usuarios, suscriptores o suscriptores potenciales de uno o más servicios públicos domiciliarios. Cada comité elegirá entre sus miembros un "vocal de control", quien en su condición de representante debe solicitar su inscripción ante la Superintendencia de Servicios Públicos Domiciliarios (SUI), así como ante las autoridades municipales y las empresas prestadoras de tales servicios, quienes previo cumplimiento de los requisitos legales deben reconocer la existencia de tales comités, so pena de que se configure el silencio administrativo positivo (arts. 62 y 158 de la Ley 142 de 1994).

En torno a la oportunidad real de participar en la gestión de las empresas, el artículo 27-6 de la Ley 142 de 1994 prevé que, en el caso de las empresas de servicios públicos de naturaleza oficial del orden municipal, una tercera parte de los miembros de la junta directiva debe estar integrada por vocales de control. Adicionalmente, de conformidad con la Ley 152 de 1994, los comités de desarrollo y control social pueden participar en la discusión del anteproyecto del plan nacional de desarrollo y de los anteproyectos de los planes territoriales de desarrollo, a efectos de expresar su diagnóstico de necesidades y alternativas de solución en las reuniones de la comunidad que convoquen, tanto el Consejo Nacional de Planeación como los consejos territoriales de planeación. En esos escenarios, algunas de las satisfacciones a reivindicar corresponden a los servicios de agua potable, acueducto y alcantarillado, los cuales, en tanto componentes del gasto público social se acantonan en el radar del sistema general de participaciones (art. 366 CP). A Cuya satisfacción también pueden concurrir los correspondientes proyectos que sean susceptibles de financiación con recursos del sistema general de regalías.

C. Incidencia de los servicios públicos domiciliarios en la esfera del derecho administrativo

Con referencia a lo anterior, en este espacio expresaré algunas ideas sobre la incidencia de los servicios públicos domiciliarios en la esfera del derecho administrativo, así:

I. Mutación del paradigma de la composición patrimonial mixta

Es muy probable que a partir de su nacimiento[13] el Banco de la República se haya erguido como la primera sociedad de economía mixta del país, con un capital social de $10.000.000.

Ahora bien, la sociedad de economía mixta en cuanto tal, desde el punto de vista patrimonial siempre se ha mostrado como la simple conjunción de aportes estatales y privados, independientemente del monto de los respectivos aportes. Pero los contrastes habrían de llegar.

---

[13] Durante el gobierno de Pedro Nel Ospina, y con base en las recomendaciones de la Misión Kemmerer, se constituyó el Banco de la República. Después, a través del artículo 5 de la Ley 21 de 1963 se creó la Junta Monetaria, de composición oficial, pero dependiente del Ejecutivo.

En efecto, al tenor del segundo inciso del artículo 365 de la Carta Política se dispuso que los servicios públicos domiciliarios gozarían de un régimen jurídico especial[14], el cual se subsume en la Ley 142 de 1994, en la Ley 143 de 1994 y demás normas que las modifican, complementan y adicionan. En este contexto, al amparo del artículo 14 de la Ley 142 de 1994 se establecen tres prototipos societarios especiales, a saber: (i) empresa de servicios públicos oficial; (ii) empresa de servicios públicos mixta; y (iii) empresa de servicios públicos privada.

Al respecto se tiene:

Art. 14-5. Empresa de servicios públicos oficial. Es aquella donde la Nación, las entidades territoriales o las entidades descentralizadas de cualquier nivel tienen el 100% de los aportes.

Concretamente, los socios potenciales pueden ser: los ministerios, los departamentos, los municipios, los distritos, los territorios indígenas, las empresas industriales y comerciales del Estado, las sociedades de economía mixta, los establecimientos públicos, las empresas sociales del Estado, los institutos científicos y tecnológicos, las sociedades públicas, las empresas de servicios públicos de carácter oficial, mixto, o las privadas que tengan participación estatal, las unidades administrativas especiales con personería jurídica, y en general: "Las demás entidades administrativas nacionales con personería jurídica que cree, organice o autorice la ley para que formen parte de la Rama Ejecutiva del Poder Públicos".[15]

Ello no quiere decir que el 100% del capital social deba ser estatal, pues en la medida en que dentro de los socios obre una sociedad o entidad de composición mixta, dicho 100% no será netamente oficial.

Art. 14-6. Empresa de servicios públicos mixta. Es aquella donde la Nación, las entidades territoriales o las entidades descentralizadas de cualquier nivel tienen el 50% o más de los aportes.

---

[14] Así lo enfatiza la Corte Constitucional en la sentencia C-736 de 2007.
[15] Artículo 38, Ley 489 de 1998.

Concretamente, los socios potenciales pueden ser: los ministerios, los departamentos, los municipios, los distritos, los territorios indígenas, las empresas industriales y comerciales del Estado, las sociedades de economía mixta, los establecimientos públicos, las empresas sociales del Estado, los institutos científicos y tecnológicos, las sociedades públicas, las empresas de servicios públicos de carácter oficial, mixto, o las privadas que tengan participación estatal, las unidades administrativas especiales con personería jurídica, y en general: "Las demás entidades administrativas nacionales con personería jurídica que cree, organice o autorice la ley para que formen parte de la Rama Ejecutiva del Poder Públicos".[16] El otro 50%, o menos, del capital social, pertenece a los particulares.

Consecuentemente, al hacer la depuración patrimonial es propio concluir que en esta empresa el aporte netamente estatal es igual o superior al 50% del capital social. El otro 50%, o menos, le pertenece a los particulares, también en términos netos.

> **Art. 14-7. Empresa de servicios públicos privada.** Es aquella donde los particulares tienen más del 50% del monto de los aportes, y por tanto, el aporte estatal es inferior al 50% del capital social. Desde luego que en esta empresa el 100% de los aportes puede ser de carácter privado.

Así, como a la luz de la Ley 142 de 1994 la empresa de servicios públicos solo puede calificarse de mixta cuando el aporte estatal neto sea del 50% o más del capital social, en un primer momento, según algunos adeptos a la tradición jurídica del sector descentralizado por servicios dicho condicionamiento resultaba inaceptable, toda vez que la configuración mixta solo requería de la simple concurrencia de aportes estatales y privados, esto es, sin ningún condicionamiento porcentual.

La jurisprudencia reinante de la Corte Constitucional y del Consejo de Estado ha señalado que la empresa de servicios públicos mixta es un prototipo diferente al de la sociedad de economía mixta. Más aún, que la sociedad de economía mixta no se puede considerar el género y la empresa de servicios públicos mixta la especie, por la potísima razón de que la Constitución habilitó al Congreso de la República para establecer un régimen jurídico especial para los servicios públicos, y dentro de ello, bien podía el Legislador (como en efecto lo hizo) establecer nuevos prototipos societarios con los condicionamientos vistos.

En contraste, con referencia al artículo 210 superior el Congreso no puede señalar condicionamientos porcentuales al aporte estatal en las sociedades de economía mixta, tal como lo destacó la Corte Constitucional al declarar la

---

[16]   Artículo 38, Ley 489 de 1998.

inexequibilidad[17] del segundo inciso del artículo 97 de la Ley 489 de 1998, lo cual resalta nuevamente las notas distintivas entre la empresa de servicios públicos mixta y la sociedad de economía mixta.

Pero el disentimiento fue mayor frente a la empresa de servicios públicos privada con aportes estatales. Al respecto algunos defensores de la tradición jurídica del sector descentralizado por servicios censuraron la descripción normativa que acota como privada a la empresa donde el aporte de los particulares supera el 50% del capital social, al paso que el aporte estatal resulta inferior a ese 50%. Según dichos censores, esta empresa debería ser calificada como de estirpe mixto.

La Corte Constitucional le salió al paso a estos reparos, con precisiones como la siguiente:

> El constituyente quiso definir que las personas o entidades que asuman la prestación de los servicios públicos tendrán no solo un régimen jurídico especial, sino también una naturaleza jurídica especial (…). Así las cosas, las sociedades públicas, privadas o mixtas cuyo objeto social sea la prestación de los servicios en comento, antes que sociedades de economía mixta, sociedades entre entidades públicas o sociedades de carácter privado, vienen a ser entidades de naturaleza especial.[18]

II. En torno a las cláusulas excepcionales

El artículo 31 de la Ley 142 de 1994 dispone:

> Régimen de la contratación. Los contratos que celebren las entidades estatales que prestan los servicios públicos a los que se refiere esta ley no estarán sujetos a las disposiciones del Estatuto General de Contratación de la Administración Pública, salvo en lo que la presente ley disponga otra cosa.
>
> Las comisiones de regulación podrán hacer obligatoria la inclusión, en ciertos tipos de **contratos de cualquier empresa de servicios públicos**, de cláusulas exorbitantes y podrán facultar, previa consulta expresa por parte de las empresas de servicios públicos domiciliarios, que se incluyan en los demás. Cuando la inclusión sea forzosa, todo lo relativo a tales cláusulas se regirá, en cuanto sea pertinente, por lo dispuesto en la ley 80 de 1993, y los actos y contratos en los que se utilicen esas cláusulas y/o se ejerciten esas facultades estarán sujetos al control de la jurisdicción

---

[17]   Corte Constitucional, sentencia C-953 de 1999.
[18]   Corte Constitucional, sentencia C-736 de 2007.

contencioso-administrativa. Las comisiones de regulación contarán con quince (15) días para responder las solicitudes elevadas por las empresas de servicios públicos domiciliarios sobre la inclusión de las cláusulas excepcionales en los respectivos contratos, transcurrido este término operará el silencio administrativo positivo. (Se destaca).

El primer inciso de esta norma, si bien le da prevalencia al derecho privado sobre el Estatuto General de Contratación de la Administración Pública, de otro lado no limita la aplicación de los demás estatutos públicos que fueren necesarios para la actividad contractual, tal como podría ocurrir con el Código de Recursos Naturales. Por consiguiente, *ab initio* nos hallamos ante un régimen contractual mixto, el cual se acentúa al tenor del segundo inciso del mismo artículo, donde se le otorga competencia a las comisiones de regulación para hacer obligatoria la inclusión de cláusulas excepcionales en ciertos tipos de contratos de las empresas de servicios públicos domiciliarios, así como para facultar a las empresas que lo soliciten, el pactar su inclusión en los demás contratos.

Nótese que la inclusión forzosa o facultativa de tales cláusulas cobija a todas las empresas de servicios públicos domiciliarios, vale decir, a las oficiales, mixtas y privadas; de lo cual surge una hipótesis nueva dentro de las actuaciones administrativas tendientes a la contratación, a saber: las empresas de servicios públicos de carácter privado, a tiempo que en el giro ordinario de sus negocios aplican el Código de Comercio y el Código Civil, deben o pueden estipular cláusulas excepcionales en los respectivos contratos, lo cual puede antojarse exótico frente a la tradición administrativa.

Sin embargo, ello encuentra su razón de ser en la vital importancia que tienen los servicios públicos domiciliarios para la comunidad, como que tales servicios tienen una ligazón íntima con los derechos fundamentales, con la advertencia jurisprudencial de que el servicio de agua potable, *per se*, tiene el linaje de derecho fundamental.

De otra parte, aunque la norma restringe la aplicación de la Ley 80 de 1993 y la competencia del contencioso-administrativo a los conflictos surgidos en presencia de las cláusulas forzosas, es lo cierto que tales normas se aplican indistintamente para las cláusulas forzosas o facultativas, según lo ha dicho el Consejo de Estado. Más aún, conforme al artículo 104-3 de la Ley 1437 de 2011, el contencioso-administrativo conoce de los conflictos contractuales de las empresas de servicios públicos domiciliarios (incluidas las privadas), cuando se hayan pactado o se hayan debido pactar cláusulas excepcionales, independientemente de que sean forzosas o facultativas.

En estos términos se tiene que, el derecho administrativo le da cabida a las empresas de servicios públicos de naturaleza privada en lo atinente a la estipulación de cláusulas excepcionales, y subsiguientemente, el contencioso-administrativo tiene la competencia para dirimir los conflictos que surjan en el ámbito de los contratos que contengan dichas cláusulas o que deban contenerlas. Así entonces, el derecho mixto sigue su curso por la incesante presencia de los particulares en la prestación de servicios públicos, y dentro de ellos, por la potestad para dictar actos administrativos.

De otra parte, el artículo 38 de la Ley 142 de 1994 introduce una novedad desde el punto de vista de los efectos de la nulidad de los actos administrativos, incluidos los contratos celebrados de buena fe. Como se sabe, la declaratoria de nulidad de un acto administrativo tiene efectos ex tunc; sin embargo, en el campo de los servicios públicos domiciliarios los efectos de tal declaratoria son hacia el futuro, es decir, ex nunc. Al respecto dispone el precitado artículo 38:

> Artículo 38. Efectos de nulidad sobre actos y contratos relacionados con servicios públicos. La anulación judicial de un acto administrativo relacionado con servicios públicos **solo producirá efectos hacia el futuro**. Si al declararse la nulidad se ordena el restablecimiento del derecho o la reparación del daño, ello se hará en dinero si es necesario, para no perjudicar la prestación del servicio al público ni los actos o contratos celebrados de buena fe. (Se destaca).

III. En cuanto a las competencias de las comisiones de regulación

Como ya se ha dicho, con fundamento en el artículo 189-11 de la Constitución y en la jurisprudencia de la Corte Constitucional, la facultad reglamentaria la ejerce el presidente de la República con exclusividad, de suerte que no es de buen recibo el ejercicio de tal facultad por parte de las comisiones de regulación. Sin embargo, según el inciso cuarto del artículo 128 de la Ley 142 de 1994:

> Las comisiones de regulación podrán señalar, por vía general, los casos en que el suscriptor podrá liberarse temporal o definitivamente de sus obligaciones contractuales, y no será parte del contrato a partir del momento en que acredite ante la empresa, **en la forma en que lo determinen las comisiones**, que entre él y quienes consumen efectivamente el servicio existe actuación de policía o proceso judicial relacionado con la tenencia, la posesión material o la propiedad del inmueble. En estos casos se facilitará la celebración del contrato con los consumidores. (Se resalta).

Si las comisiones de regulación están facultadas para determinar la forma en que el suscriptor puede acreditar la existencia de un conflicto jurídico entre él y el consumidor directo del servicio, en la práctica estarían invadiendo la esfera reglamentaria del presidente, o lo que es peor, estarían adicionando una materia que goza de reserva de ley, cual es la concerniente a los servicios públicos domiciliarios (art. 150-2 CP).

Al margen de las anteriores observaciones, en otros temas es interesante advertir el aporte que pueden hacer las comisiones a través de sus actos administrativos. Al respecto se tiene:

En materia de servidumbres. Como bien claro resulta, conforme al Código Civil y al CGP, la constitución de una servidumbre puede hacerse a través del acuerdo de voluntades entre el dueño del predio sirviente y el dueño del predio dominante, o en su defecto mediante sentencia del juez civil. Pues bien, sin perjuicio del acuerdo de voluntades, y con el fin dinamizar dicha constitución de servidumbre en unos servicios que están ligados a la calidad de vida digna, el legislador facultó a las comisiones de regulación para imponer servidumbre en el campo de los servicios públicos domiciliarios a través de un acto administrativo. Al efecto dispone el artículo 118 de la Ley 142 de 1994:

> Entidad con facultades para imponer la servidumbre. Tienen facultades para imponer la servidumbre por acto administrativo las entidades territoriales y la Nación, cuando tengan competencia para prestar el servicio público respectivo, **y las comisiones de regulación**. (se destaca)

En relación con el dictamen pericial. Con arreglo al artículo 73.10 de la Ley 142 de 1994, las comisiones de regulación pueden dar concepto sobre la legalidad de los contratos de condiciones uniformes que las empresas sometan discrecionalmente a su consideración, así como sobre aquellas modificaciones que puedan considerarse restrictivas de la competencia.

Dicho concepto tiene la condición de dictamen pericial en la arena procesal, pues según lo prevé el artículo 133.26 ibidem:

> Cuando una comisión haya rendido concepto previo sobre un contrato de condiciones uniformes, o sobre sus modificaciones, el juez que lo estudie debe dar a ese concepto el valor de una prueba pericial firme, precisa, y debidamente fundada.

Desde luego que este precepto tiene efectos, tanto en la jurisdicción de lo contencioso-administrativo como en la jurisdicción ordinaria. Por consiguiente, con base en el concepto previo de las comisiones en sede administrativa, el juez del conflicto será el competente para resolver sobre la legalidad del contrato de condiciones uniformes.

IV. La factura como acto administrativo

Como bien se sabe, la factura por concepto de servicios públicos domiciliarios es cuenta de cobro y título ejecutivo. Asimismo, con arraigo en el artículo 154 de la Ley 142 de 1994 y en la sentencia C-558 de 2001 de la Corte Constitucional, la factura es un acto administrativo, lo cual resulta particularmente novedoso en los predios del derecho administrativo y comercial.

En este contexto, a través de los artículos 152 a 159 de la prenotada ley se establece el procedimiento administrativo relativo a la defensa del usuario en sede de la empresa, o lo que es igual, en sede administrativa.

Respecto al trámite establecido para la impugnación de la factura, los anteriores artículos prevén la oposición del usuario mediante la petición, queja o reclamo, y contra el acto que resuelva lo pertinente: los recursos de reposición y apelación. Se dispone igualmente que el recurso de apelación solo se puede interponer como subsidiario del de reposición ante el gerente o representante legal de la empresa. Es decir, que a diferencia de lo normado en el artículo 76 de la Ley 1437 de 2011, el recurso de apelación no se podrá interponer directamente, y por contera, la interposición del recurso de reposición se torna obligatoria.

Conforme a lo anterior, es dable entender que el carácter obligatorio del recurso de reposición tiene como fin el facilitarle a las empresas la oportunidad de revisar y enmendar sus yerros, lo cual puede redundar en una provechosa economía procesal para la empresa y el usuario, así como para la Superintendencia de Servicios Públicos Domiciliarios en vía de apelación, dado que esta entidad debe desatar los recursos de apelación que se interponen contra todas las empresas de servicios públicos domiciliarios del país.

Ahora bien, en lo atinente a las decisiones susceptibles de apelación surge una diferencia importante frente a lo dispuesto por el artículo 74 de la Ley 1437 de 2011, según el cual, no son apelables los actos administrativos dictados por los representantes legales de las entidades descentralizadas.

Dicha diferencia se expresa así: de acuerdo con el artículo 38 de la Ley 489 de 1998, la empresa de servicios públicos oficial es una entidad descentralizada por servicios. Igualmente, según la Corte Constitucional, la empresa de servicios públicos mixta y la empresa de servicios públicos privada con aportes estatales, son entidades descentralizadas por servicios[19].

---

[19]   Corte Constitucional, sentencia C-736 de 2007.

Pese a esta condición jurídica, según la Ley 142 de 1994, los actos administrativos de las mentadas empresas dictados en sede de reposición son susceptibles del recurso de apelación. Advirtiendo que la excepción a la regla del artículo 74 de la Ley 1437 de 2011 se configura cuando el acto que decide la reposición lo suscribe el gerente, director o presidente de la respectiva empresa de servicios públicos.

Aunque no forma parte del espectro de la factura, cabe registrar la diferencia que también se presenta frente al artículo 74 de la Ley 1437 de 2011, conforme al cual, no son apelables las decisiones de los alcaldes. Pues bien, como excepción a esta regla, el artículo 104 de la Ley 142 de 1994 prevé:

> Toda persona o grupo de personas podrá solicitar por escrito la revisión del estrato urbano o rural que se le asigne. Los reclamos serán atendidos y resueltos en primera instancia por la alcaldía municipal, en un término no superior a dos (2) meses, y las apelaciones se surtirán ante el Comité Permanente de Estratificación de su municipio o distrito quien deberá resolverlo en un término no superior a dos (2) meses. En ambos casos, si la autoridad competente no se pronuncia en el término de dos (2) meses, operará el silencio administrativo positivo.

Al tenor de esta disposición, la decisión del alcalde sobre el reclamo del interesado será susceptible del recurso de apelación. En este sentido resulta ilustrativo el siguiente pronunciamiento del Consejo de Estado:

> (…) Como bien se observa, los alcaldes tienen el deber legal de adoptar las estratificaciones a través del Comité Permanente de Estratificación Socioeconómica, lo que permite colegir que el pronunciamiento de este órgano resulta vinculante para los mandatarios municipales, al momento de adoptar la estratificación correspondiente. No está de más advertir que al tenor de lo previsto en el artículo 6° de la Ley 732 de 2002, el comité de que se trata, además de sus funciones como órgano asesor y veedor, tiene a su cargo resolver, como segunda instancia del alcalde municipal, las reclamaciones relacionadas con las resultas de la estratificación socioeconómica.[20]

Dentro del mismo universo de la estratificación se reedita la apelación de las decisiones pertinentes de los entes descentralizados que presten servicios públicos domiciliarios, en términos del parágrafo 2° del artículo 6 de la Ley 732 de 2002, así:

---

[20]   Consejo de Estado, Sección Quinta, sentencia de 6 de abril de 2018, rad. 2009-00376-01.

Parágrafo 2o. Cuando la estratificación socioeconómica no haya sido adoptada por decreto municipal o distrital, la empresa que presta el servicio público domiciliario por cuyo cobro se reclama deberá atenderlo directamente en primera instancia, y la apelación se surtirá ante la Superintendencia de Servicios Públicos Domiciliarios.

D. Conclusiones

A manera de recomendación final conviene enfatizar la importancia jurídica y práctica de reivindicar la prevalencia del régimen especial de los servicios públicos domiciliarios, cuya ligazón con los derechos fundamentales también comporta la necesidad de reconocer que tales servicios se nutren de componentes de orden jurídico, económico, técnico, ambiental, cultural, y todo, en una perspectiva social.

De la irresponsabilidad del Estado en Colombia a la apertura al derecho internacional

Ramiro Pazos Guerrero

A. Introducción

Colombia, siguiendo el modelo francés hace más de cien años[1], en desarrollo del Acto Legislativo 03 de 1910, consolidó una jurisdicción especializada de control jurisdiccional de legalidad del Estado al expedirse la Ley 130 de 1913 que estableció la jurisdicción contencioso-administrativa, vigente hasta nuestros días, y que ha significado una institución republicana muy importante para la garantía efectiva de los derechos y libertades ciudadanas[2].

En 1964, cincuenta años después, se produjo otra importante consolidación de la justicia administrativa al pasar en forma permanente y definitiva la competencia general para conocer procesos de responsabilidad patrimonial y extracontractual del Estado (Decreto Extraordinario 528 de 1964), la cual fue ratificada por la Ley 1437 de 2011, por la cual se adopta un nuevo "Código de Procedimiento Administrativo y de lo Contencioso Administrativo", en cuyo artículo 140 se contempla la "reparación directa" como un medio de control que puede ejercer la víctima frente a los daños antijurídicos causados por el Estado[3].

Sin lugar a duda, el instituto de la responsabilidad estatal por daños antijurídicos es uno de los efectos jurídicos más importantes del Estado constitucional en su función reparadora, el cual abarca el universo de la conducta del poder público en todas sus manifestaciones. Lo anterior es consecuencia

---

[1]   Un análisis crítico de la formación de la dualidad de jurisdicciones en Francia y Colombia, en: *Sarmiento Erazo*, Surgimiento de la dualidad de jurisdicciones en Colombia. Entre la Regeneración, la Dictadura y la Unión Republicana, 2012.

[2]   Si bien el Consejo de Estado, tribunal supremo de lo contencioso administrativo, fue suprimido en 1905 durante el quinquenio del General Rafael Reyes, revivió a través del Acto Legislativo del 10 de septiembre de 1914 y su desarrollo normativo de la Ley 60 de 1914.

[3]   El Decreto 528 de 1964, mediante el cual se expidieron normas de organización judicial y competencia, prescribió en su artículo 20: "La jurisdicción contencioso administrativa está instituida para definir los negocios originados en las decisiones que tome la administración, en las operaciones que ejecute y en los hechos que ocurran con motivo de sus actividades, con excepción de los casos contemplados en los numerales 2° y 3° del artículo 73 de la Ley 167 de 1941."

necesaria del carácter estructural del Estado constitucional contemporáneo en su triple dimensión: de derecho, democrático y social; (i) es Estado de derecho, por cuanto está instituido, regido y disciplinado por un orden jurídico integrado por valores, principios, derechos y reglas; (ii) es Estado democrático, en cuanto constituye un sistema y un método "para adoptar decisiones colectivas con el máximo de consenso y el mínimo de imposición"[4], y con límites sustanciales y formales; y (iii) es Estado social, al existir un mandato de configuración de un orden social orientado al establecimiento y garantía de la justicia social real y efectiva (el reconocimiento y eficacia de los derechos sociales y colectivos son su máxima expresión).

De tal manera que todo abuso o desbordamiento arbitrario del poder público que vulnere los derechos de los asociados y se materialice en daños o que, aun obrando legítimamente, produzca a alguien un sacrificio mayor que no esté en la obligación jurídica de soportar, genera para el Estado un deber de restituir, restaurar, rehabilitar, satisfacer, garantizar su no repetición e indemnizar, según el caso, esto es reparar en forma integral a las víctimas. Estas consecuencias son la respuesta natural y obvia de un Estado auto limitado y controlado jurídicamente, y de esta forma se constituyen en presupuestos básicos para la construcción, existencia y fortalecimiento de una sociedad y de un Estado democrático constitucional.

Desde esta perspectiva, ya no es posible tolerar manifestaciones del poder público ni incluso del constituyente primario, que atenten contra los derechos y libertades de los asociados y produzcan daños que no estén obligados jurídicamente a soportarlos. La lucha contra todas las inmunidades del poder es una de las manifestaciones más relevantes del derecho contemporáneo[5].

---

[4]   *Salazar Ugarte*, La democracia constitucional. Una radiografía teórica, 2006, p. 48.

[5]   Al respecto ver el ensayo clásico: *García de Enterría*, "La lucha contra las inmunidades del poder en el Derecho administrativo (poderes discrecionales, poderes de gobierno, poderes normativos)", Revista de Administración Pública, núm. 38, 1962, pp. 159-208. Sin embargo, existe un espacio complejo, polémico y problemático de inmunidad estatal, es decir, de irresponsabilidad del Estado, en relación con los daños que podrían producir las acciones o las omisiones del poder constituyente. En Colombia, la respuesta de la justicia contencioso administrativa ha sido la de inhibirse de conocer y resolver los conflictos de responsabilidad patrimonial y extracontractual que se han formulado contra el Estado por el hecho del constituyente. Se afirma que no es posible que un poder constituido como el judicial, asuma una competencia no asignada por el propio constituyente, cuyo poder es una manifestación clara y directa de la soberanía popular, que por esencia no tiene límites ni controles. Sobre un análisis crítico de esta posición ver: *Pazos Guerrero y otros*, La responsabilidad del Estado por la función constituyente: el caso colombiano, 2013. https://issuu.com/gestiondeproyectos/docs/-la_responsabilidad_del_estado_por_l.

El presente escrito tiene por objeto analizar situaciones específicas del fascinante y no menos tortuoso proceso de surgimiento y desarrollo del instituto de responsabilidad estatal por daños en Colombia, a la luz de los actuales desarrollos del derecho contemporáneo y del Derecho Internacional de los Derechos Humanos. Desde el punto de vista metodológico e histórico, es preciso reconocer tres grandes etapas de desarrollo del instituto de la responsabilidad estatal:

(i) En primer lugar, la etapa pretoriana, aquella anterior a la Constitución de 1991 que se caracterizó por una labor principalmente jurisprudencial de construcción del derecho de daños, puesto que no existía un referente constitucional expreso en la Carta de 1886; esfuerzo inicialmente realizado por la justicia ordinaria, en cabeza de la Corte Suprema de Justicia, y luego, a partir de 1964 por la jurisdicción contencioso administrativa, en cabeza del Consejo de Estado, en la cual se consolida la responsabilidad directa y subjetiva estatal, con fundamento en la teoría de la falla del servicio, y la responsabilidad objetiva bajo la vertiente del daño especial y del riesgo excepcional.

(ii) En segundo lugar, la etapa de constitucionalización de la responsabilidad estatal que comienza con el actual estatuto constitucional de 1991 que reconoce por primera vez un principio general de responsabilidad patrimonial público con fundamento en el daño antijurídico y su imputación al Estado.

Y finalmente, (iii) el último y más reciente momento de apertura y diálogo con derecho internacional público, en especial el Derecho Internacional de los Derechos Humanos y el Derecho Internacional Humanitario y con los desarrollos jurisprudenciales de los tribunales internacionales, en especial de la Corte Interamericana de Derechos Humanos (Corte IDH). Esta última etapa, en construcción, implica importantes desafíos teóricos y prácticos, puesto que el derecho a la reparación integral de las víctimas viene adquiriendo una fundamentación no solo constitucional y legal, sino también de rango convencional. Consecuentemente se organiza la presente contribución así: Primero se analizara en el desarrollo del instituto de responsabilidad estatal por daños en Colombia desde la irresponsabilidad del poder público a la ilustración y las revoluciones burguesas (B). A continuación, se estudia el principio de irresponsabilidad en las primeras Constituciones republicanas de Colombia (C) y se examina una posición paradójica, en la cual el Estado es juzgado como un particular (D). Posteriormente se analiza una visión privatista de la responsabilidad indirecta por el hecho ajeno (E) y seguidamente, se examina la tesis de la denominada Corte de Oro: la responsabilidad estatal directa y subjetiva (F).

Luego se hace una remisión al año 1964: emblemático y problemático (autonomía del derecho público) (G) así como se resalta la era de la constitucionalización: en el cual por fin se establece una cláusula general de responsabilidad pública (H). Concordantemente, se detalla la apertura y diálogo con el Derecho Internacional (I), finalizando con una sección de conclusiones (J).

B. De la irresponsabilidad del poder público a la ilustración y las revoluciones burguesas

Desde la aparición del homo sapiens hace aproximadamente 315.000 años en África[6] y su expansión por el resto del mundo y el surgimiento de las primeras sociedades primitivas en todos los continentes, y luego la formación de las grandes culturas y civilizaciones de la antigüedad hasta el surgimiento y desarrollo del Estado liberal clásico, un elemento común caracterizó las relaciones entre el poder público y las agrupaciones humanas: el principio de inmunidad de quien ejercía el poder frente a los daños o perjuicios producidos. En general, quien sufría una afectación a su integridad física, incluso en su vida, su núcleo familiar, sus bienes materiales o inmateriales producidos por la arbitrariedad del poder, estaba llamado a soportarla. No existía ninguna posibilidad jurídica para que la víctima pudiere formular con éxito alguna reclamación reparadora. A esta milenaria época se la conoce como el periodo de la irresponsabilidad del poder público.

---

[6]   *Callaway*, Oldest Homo sapiens fossil claim rewriters our species' history, 2017. https://www.nature.com/news/oldest-homo-sapiens-fossil-claim-rewrites-our-species-history-1.22114.

Ya en el siglo XVI la tesis de la soberanía absoluta del Estado fue clara en afirmar que el ejercicio del poder público es ilimitado, intemporal e irresponsable, pues de lo contrario dejaría de ser soberano[7]. En el modelo del Estado absolutista el monarca poseía el control total del Estado y la soberanía recaía en él[8].

Las ideas contractualistas de Locke, Montesquieu y Rousseau, la ideología liberal y el fenómeno de la ilustración fueron el fundamento para los grandes cambios políticos, sociales y económicos que se producirán contra los regímenes absolutistas[9].

Movimientos sociales y políticos como la llamada revolución gloriosa (1688) en Inglaterra, la revolución francesa (1789), la independencia de Norteamérica (1776) y los procesos de independencia latinoamericanos desde 1810, marcarán transformaciones significativas en las relaciones Estado y sociedad, con el liberalismo económico que propugna por una autorregulación económica sin interferencia del Estado, el surgimiento del constitucionalismo en donde el ejercicio del poder público está limitado por el respeto de los denominados

---

[7]   Según *Bodín*: "La soberanía es el poder absoluto y perpetuo de la República (...). La soberanía no es limitada, ni en poder, ni en responsabilidad, ni en tiempo (...). es necesario que quienes son soberanos no estén de ningún modo sometidos al imperio de otro y puedan dar ley a los súbditos y anular o enmendar las leyes inútiles (...). Dado que, después de Dios, nada hay mayor sobre la tierra que los príncipes soberanos, instituidos per Él como sus lugartenientes para mandar a los demás hombres, es preciso prestar atención a su condición para, así, respetar y reverenciar su majestad con la sumisión debida, y pensar y hablar de ellos dignamente, ya que quien menosprecia a su príncipe soberano menosprecia a Dios, del cual es su imagen sobre la tierra." Bodin, Los seis libros de la República, 1997, pp. 47-50. Al respecto *Torres del Moral* comenta: "El soberano (en referencia a las tesis de Hobbes), como hemos expuesto, es absoluto; vale decir que no está sometido ni ligado a las leyes que dicta. Él decide lo justo y lo injusto. Hasta la propiedad es creación suya. Nadie puede objetarle agravio alguno porque los actos del soberano son, mediante el mecanismo de la representación, actos de cada uno de los súbditos. El poder soberano es irrevocable e irresistible". *Del Moral, Torres*, "La teoría política de Hobbes: un temprano intento de síntesis metódica", Boletín de la Facultad de Derecho de la UNED, núm. 1, 1992, pp. 237-266.

[8]   Aún, actualmente, algunas Constituciones establecen el principio de la irresponsabilidad del Rey: La Constitución de Bélgica prescribe: "La persona del Rey es inviolable, sus ministros son responsables" (art. 63); la Constitución del Reino Unido de Dinamarca prescribe: "El Rey es irresponsable, su persona es sagrada. Los ministros son responsables de la conducta del gobierno" (art. 13); la Constitución de Marruecos prescribe: "La persona del Rey es inviolable y sagrada" (art. 23).

[9]   "La Ilustración, que va gestándose desde el siglo XVI pero que se consolida en el siglo XVIII y que tiene una impronta profundamente iusnaturalista, será junto al liberalismo económico el principal fundamento teórico y filosófico del Estado que se conformaría a finales del siglo XVIII, que pervivió durante el siglo XIX, y que hoy llamamos Estado liberal". *Cárdenas Gracia*, Del Estado Absoluto al Estado Neoliberal, 2017, p. 34.

"derechos naturales individuales" y el establecimiento de nuevos conceptos políticos y jurídicos como la soberanía popular, la república presidencialista o parlamentaria, la división de poderes, el principio de legalidad, etc.

Son relevantes los artículos 2 y 17 de la Declaración de los Derechos del Hombre y del Ciudadano de la revolución francesa de 1789:

> Artículo 2. La finalidad de toda asociación política es la conservación de los derechos naturales e imprescriptibles del hombre. Estos derechos son la libertad, la propiedad, la seguridad y la resistencia a la opresión.
> Artículo 17. **Siendo la propiedad un derecho inviolable y sagrado**, nadie podrá ser privado de ella a no ser que lo exija evidentemente la necesidad pública, legalmente acreditada, y a condición de una **justa previa indemnización**. (Se destaca).

Si bien la declaración de 1789 constituyó un documento fundamentalmente político en el cual los revolucionarios franceses plasmaron las razones que justificaron para acabar con el antiguo régimen e instaurar uno nuevo sobre bases distintas, sus efectos posteriores trascendieron al derecho y a sus instituciones.

Puede sorprender que el único derecho natural que fue considerado inviolable y sagrado, y cuya privación debía conllevar una justa indemnización sea la propiedad; que ni quiera la vida, la autonomía individual o de la libertad se consideraron límites infranqueables para el poder público con el carácter de sagrados, y cuya afectación conlleve una reparación pecuniaria. Sin embargo, esta protección fuerte a la propiedad y a la posesión de bienes materiales estaba en perfecta consonancia con los intereses de la nueva clase en ascenso, la burguesía, que reclamaba seguridad política y jurídica acordes con la consolidación del sistema capitalista, promovido por el liberalismo económico[10].

Lo cierto es que el instituto de la responsabilidad civil por daños imputables al Estado tuvo su origen en un interés pragmático y materialista, la protección a la propiedad, y no en razones de mayor calado humanista o de amparo de la dignidad humana.

---

[10]   Cfr. *Díaz*, Estado de derecho y sociedad democrática, 1972, p. 29.

C. El principio de irresponsabilidad en las primeras Constituciones republicanas de Colombia

Ninguna de las Constituciones políticas producidas durante el siglo XIX, luego de la emancipación de los territorios que constituyen hoy Colombia, consagraron un principio general de responsabilidad patrimonial del Estado por daños[11]. Nuestro país no fue ajeno al fenómeno político jurídico de la época que eximía de responsabilidad al poder público por la afectación ilegítima de los derechos de los asociados. En general, fenómenos como la confiscación de bienes, la ocupación temporal de inmuebles por los ejércitos en acciones bélicas o la famosa "desamortización de manos muertas"[12], entre otras acciones o medidas, se ejecutaron sin indemnización.

Lo anterior no impidió que durante la segunda parte del siglo XIX se formularan muchas demandas de justicia por quienes se consideraban afectados. Sin embargo, las respuestas iniciales de los jueces civiles eran la de inhibirse de conocer esas demandas, por cuanto no encontraban una regla de competencia expresa que les permitiera llamar a estrados a la administración pública y definir los pleitos. Tan solo estaban expresamente habilitados para conocer procesos de responsabilidad patrimonial extracontractual entre particulares con fundamento en el Código Civil (Ley 57 de 1887).

---

[11]   Vale precisar que la Constitución de 1886 estableció algunos casos muy puntuales de responsabilidad de carácter objetivo para proteger la propiedad, en casos de expropiación con indemnización (arts. 31, 32, y 33).

[12]   "En el caso de Colombia, el proceso de desamortización fue civil, los bienes amortizados pasaron a ser nacionales, y se vendieron en pública subasta; hay que precisar que los bienes vinculados a las manos muertas, según la legislación canónica, quedaban espiritualizados y, por lo tanto, no se podían comprar ni vender; además estaban exentos de impuestos. (…) Motivado tanto por las dificultades fiscales del gobierno, como por razones ideológicas (deseo de reducir la influencia de la Iglesia en la economía, la sociedad y la política, así como por la percepción de que era necesario para mejorar la circulación de la propiedad raíz y la eficiencia en su asignación) el gobierno del general Tomás Cipriano de Mosquera dictó el decreto del 9 de septiembre de 1861 de desamortización." Solo será en 1887, con la firma del Concordato con la Santa Sede, que "el Gobierno Nacional se comprometió a indemnizarla por los bienes expropiados". *Jaramillo/ Meisel Roca*, "Más allá de la retórica de la reacción, análisis económico de la desamortización en Colombia, 1861-1888", Cuadernos de Historia Económica y Empresarial, núm. 22, 2008, pp. 4-11.

D. Una posición paradójica: el Estado es juzgado como un particular

Desde el punto de vista institucional, el Estado moderno, a diferencia del Estado-premoderno, se caracteriza principalmente: (i) es un Estado nación cuyo poder político se ejerce o pretende ejercerse sobre determinado territorio y sobre una comunidad sin intromisión de ningún otro; (ii) se rige por un ordenamiento jurídico y una Constitución; (iii) en general, la fórmula política es la democracia representativa; (iv) está dotado de una organización gubernamental o administrativa compleja y especializada; (v) reclama para sí tres grandes atributos: ser reconocido como el representante legítimo de la sociedad, el monopolio de la fuerza y la exigencia de obediencia, y el monopolio de la producción jurídica.

Por lo anterior, teniendo el Estado moderno esas características de superioridad o prevalencia sobre la sociedad, es sorprendente que en Colombia las reclamaciones judiciales sobre daños materiales causados por sus agentes hayan sido definidas a través del derecho privado. Sin duda, el Estado es el sujeto de derecho público más importante de la sociedad política que no puede ser asimilado a un particular, por su origen, características y funciones.

En efecto, ante la insistente demanda de justicia realizada por los particulares contra el Estado por daños a sus bienes, la Corte Suprema de Justicia en sus salas de Casación Civil y de Negocios Generales[13], consideró que ya no era posible a los jueces continuar con su respuesta inhibitoria, toda vez que pueden incurrir en responsabilidad por denegación de justicia, de conformidad con el artículo 48 de la Ley 153 de 1887[14] y, en consecuencia, habría que acudir al principio de analogía y aplicar el Código Civil que regula la responsabilidad extracontractual entre particulares, en atención al artículo 8° de la referida ley[15].

---

[13]   La Constitución de 1886 en su artículo 151, numeral 3°, atribuyó a la Corte Suprema de Justicia competencia para conocer: "De los negocios contenciosos en que tuviera parte la Nación o que constituyan litigio entre dos o más departamentos". (sic).

[14]   El artículo 48 de la Ley 153 de 1887 prescribe: "Los jueces o magistrados que rehusaren juzgar pretextando silencio, oscuridad o insuficiencia de la ley, incurrirán en responsabilidad por denegación de justicia." Por su parte, el artículo 48 de la misma ley prescribe: "Cuando no haya ley exactamente aplicable al caso controvertido, se aplicarán las leyes que regulen casos o materias semejantes, y en su defecto, la doctrina constitucional y las reglas generales del derecho."

[15]   Cfr. *Hernández Enríquez/Franco Gómez*, Responsabilidad Extracontractual del Estado. Análisis de la jurisprudencia del Consejo de Estado, 2007, pp. 2-3.

Fue una solución jurisprudencial inteligente y osada de un problema que parecía irresoluble ante la carencia normativa, puesto que implicaba admitir la posibilidad de que el Estado sí puede ser responsable por los daños causados por sus agentes, pero que al hacerlo implicaba tratarlo como un simple particular.

E. Se abre una puerta: una visión privatista de la responsabilidad indirecta por el hecho ajeno

La solución de acudir al derecho privado para solucionar las demandas de justicia indemnizatoria por daños imputados al Estado abrió una primera y muy importante etapa de la responsabilidad extracontractual pública, cuya primera respuesta fue la aplicación de la institución jurídica de la responsabilidad indirecta por el hecho ajeno.

Al respecto, es muy significativa la sentencia de la Corte Suprema de Justicia del 22 de octubre de 1896[16], en la cual se consideró que, si bien las personas jurídicas públicas no son responsables penalmente, sí pueden serlo patri-monialmente por los daños derivados de un delito imputable a sus funcionarios públicos que no los haya resarcido, en razón o con fundamento en el acto de elección del agente o de la vigilancia debida sobre él[17].

---

[16]   Corte Suprema de Justicia, sentencia de 22 de octubre de 1896, Gaceta Judicial, t. II, p. 357. Citada por: *Rodríguez,* Derecho Administrativo, 2005, p. 566.

[17]   Cfr. *Saavedra Becerra,* La Responsabilidad Extracontractual de la Administración Pública, 2003, p. 96.

En tal sentido, se aplicó una importante institución consagrada en el Código Civil en sus artículos 2347 y 2349[18], que a su vez fue tomada del Código Civil de Napoleón de 1804 (artículo 1384), de la responsabilidad indirecta por el hecho ajeno. Su fundamento es una especie de presunción de culpa por el acto de elección o culpa en la vigilancia de sus agentes, esto es, un reproche a la conducta negligente o descuidada de la administración pública en haber designado como sus agentes a los más incompetentes o que no tenían los requisitos legales para ejercer el cargo *(culpa in eligendo)* o un reproche a la conducta permisiva, tolerante o negligente frente a los agentes bajo su cuidado o dependencia, o lo que hoy en día se denomina una posición de garante *(culpa in vigilando)*[19].

Frente a la radical e histórica tesis de la irresponsabilidad del Estado, el considerar que al menos lo puede ser en forma indirecta por la conducta de sus agentes, fue un avance muy importante que allanó el camino para el posterior reconocimiento de la responsabilidad directa.

---

[18]   Código Civil, artículo 2347: <Responsabilidad por el hecho propio y de las personas a cargo>. "Toda persona es responsable, no sólo de sus propias acciones para el efecto de indemnizar el daño sino del hecho de aquellos que estuvieren a su cuidado.
"Así, el padre, y a falta de este la madre, es responsable del hecho de los hijos menores que habiten en la misma casa." (Este inciso fue modificado por el artículo 65 del Decreto 2820 de 1974: "Así, los padres son responsables solidariamente del hecho de los hijos menores que habiten en la misma casa.").
Código Civil, artículo 2349. <Daños causados por los trabajadores>. "Los amos responderán del daño causado por sus criados o sirvientes, con ocasión de servicio prestado por éstos a aquéllos; pero no responderán si se probare o apareciere que en tal ocasión los criados o sirvientes se han comportado de un modo impropio, que los amos no tenían medio de prever o impedir empleando el cuidado ordinario y la autoridad competente; en este caso recaerá toda responsabilidad del daño sobre dichos criados o sirvientes." La Corte Constitucional en sentencia C-1235 de 2005 declaró inexequibles las expresiones "amos", "criados" y "sirvientes" y ordenó que en adelante deberá utilizarse en reemplazo de la expresión amo el vocablo "empleador" y en reemplazo de las expresiones "criados" y "sirvientes", el término "trabajadores".

[19]   En sentencia de 20 de octubre de 1898 dijo la Corte Suprema de Justicia: "[e]n materia delictual y cuasidelictual establece [la ley] que es mala elección o falta de vigilancia en el empresario o patrón, la causa que se presume mientras no se pruebe ausencia de culpa. Ahora bien; en materia de delitos y culpas civiles, la jurisprudencia se halla perfectamente de acuerdo en hacer recaer sobre los comitentes la responsabilidad de los agentes, aún por la mala elección que de ellos se haga. (…) El rigor de estos principios es mayor, si cabe, cuando se trata de los hechos de los empleados públicos con relación a la entidad que los nombra, y en ese sentido se han resuelto por la Corte cuestiones análogas a la presente, y no había razón alguna para cambiar los precedentes establecidos en punto que asume excepcional gravedad". Corte Suprema de Justicia, sentencia del 20 de octubre de 1898, Gaceta Judicial, año XIV, núm. 685-686, pp. 54-57.

F. *La Corte de Oro*: la responsabilidad estatal es directa y subjetiva

Luego de la llamada Hegemonía Conservadora en cuyo periodo se promulgó la Constitución de 1886 y con la cual cambió la fórmula política del Estado al pasar de un sistema federal a uno centralista, con marcado poder presidencial y autoritarismo, llegó el partido liberal al poder, con lo cual se introdujeron importantes reformas en las instituciones públicas y en lo económico y social, destinadas a modernizar al país, acorde con los desarrollos y exigencias de un sistema capitalista más avanzado, promover el desarrollo industrial en un país con notable crecimiento urbano y responder al creciente inconformismo de sectores sociales menos favorecidos, entre otros. Se trató de un gran avance hacia una nueva concepción de Estado que interviene y regula las relaciones económico-sociales y propende por la protección de los trabajadores.

Es relevante el periodo denominado de "la Revolución en Marcha" (1934 a 1938), liderado por el presidente Alfonso López Pumarejo[20], en el cual se realizó una importante reforma constitucional, entre otras materias, sobre la responsabilidad patrimonial del Estado de carácter objetivo para proteger la propiedad y los bienes privados[21]. Un significativo paso hacia el reconocimiento de la responsabilidad estatal a nivel constitucional.

---

[20] Cfr. *Ardila Duarte*, "Alfonso López Pumarejo y la revolución en marcha", *Credencial Historia*, núm. 192, 2005. https://www.banrepcultural.org/biblioteca-virtual/credencial-historia/numero-192/alfonso-lopez-pumarejo-y-la-revolucion-en-marcha (26/01/2020).

[21] El Acto Legislativo N° 1 de 1936 introdujo importantes reformas sobre la función social de la propiedad y sobre la responsabilidad patrimonial pública al ser derogados los artículos 31 y 32 de la Constitución de 1886 y establecer: "Se garantizan la propiedad privada y los demás derechos adquiridos con justo título, con arreglo a las leyes civiles, por personas naturales o jurídicas, los cuales no pueden ser desconocidos ni vulnerados por leyes posteriores. Cuando de la aplicación de una ley expedida por motivos de utilidad pública o interés social, resultaren en conflicto los derechos de particulares con la necesidad reconocida por la misma ley, el interés privado deberá ceder al interés público o social. La propiedad es una función social que implica obligaciones. // Por motivos de utilidad pública o de interés social definidos por el legislador, podrá haber expropiación, mediante sentencia judicial e indemnización previa. // Con todo, el legislador, por razones de equidad, podrá determinar los casos en que no haya lugar a indemnización, mediante el voto favorable de la Mayoría absoluta de los miembros de una y otra Cámara." (art. 10).

Durante esta época se produjo un movimiento jurisprudencial en la Corte Suprema de Justicia (1935 a 1940) conocido como el período de la "Corte de Oro"[22], liderado por juristas de ideología marcadamente liberal[23], quienes impulsaron una visión de la jurisprudencia como fuente creadora de derecho menos formalista, la cual se tradujo en cambios significativos en la interpretación de algunos preceptos del Código Civil y en el reconocimiento de principios de derecho muy importantes, los cuales se encuentran vigentes hasta nuestros días[24].

Es en ese contexto que se produjo un salto cualitativo en la visión de la responsabilidad pública por daños a los asociados. Siguiendo los avances doctrinales de la época, se recogió la tesis según la cual el Estado no era directo responsable, sino que solamente lo era de manera indirecta por la conducta de sus agentes, y se reconoció, con fundamento en el artículo 2341 del Código Civil, que el grado de responsabilidad es directo y subjetivo. Fue así como en 1939 la Corte Suprema de Justicia sostuvo:

> Esta teoría de la responsabilidad por otro, para justificar la del Estado cuando causa daños como Gerente de los Servicios Públicos derivada de los principios del derecho civil que consagra la responsabilidad de los amos por los hechos culposos de sus dependientes, está revaluada por la nueva concepción que quiere fundar la responsabilidad culposa en un

---

[22] *Hinestrosa*, al referirse a este periodo señala: "[l]a adopción y el desarrollo por la Sala de Casación Civil de principios y figuras (…) ampliaron el radio de acción de la normatividad y le infundieron calor humano, sentimiento de justicia, sentido común y estética." *Hinestrosa*, Reflexiones de un librepensador, 2001, p. 133.

[23] La denominada la "Corte de Oro" estuvo conformada por los juristas *Hinestrosa Daza, Tapias Pilonietta, Zuleta Ángel, Rocha Alvira, Mujica, Escallón* y *Moreno Jaramillo* (este último de ideología conservadora).

[24] Algunas de las principales construcciones jurisprudenciales más importantes, siendo a Valencia Zea, son las siguientes: 1) La doctrina de abuso de los derechos (sentencias de 6 de septiembre de 1935, 5 de agosto de 1937 y 21 de febrero de 1938); 2) Doctrina sobre enriquecimiento sin causa (sentencias de 30 de octubre de 1935, 5 de agosto de 1937 y 21 de febrero de 1938); 3) Doctrina sobre la imprevisión en los contratos (sentencia de casación civil de 29 de octubre de 1936 y de sala plena de del mismo año; 4) Sobre la teoría de apariencia de los derechos y sobre el principio de buena fe, especialmente sobre la buena fe exenta de culpa *–error communis facit jus–* (sentencia de 20 de mayo de 1936); 5) Doctrina sobre el fraude a la ley (sentencia de 24 de marzo de 1939); 6) Sobre posesión, servidumbres, régimen de aguas, entre otras (sentencia de 11 de junio de 1935); 7) Sobre el error de derecho (sentencias del 29 de septiembre de 1935 y 12 de noviembre de 1936); 8) Sobre la simulación de los negocios jurídicos (sentencia 27 de julio de 1935); 9) Responsabilidad civil sobre daños causados en explotaciones peligrosas (sentencia de 14 de marzo de 1938). Cfr. *Valencia Zea*, Derecho Civil, T. 1, 10ª ed.,1984, pp. 53-54. Igualmente ver: *Padilla/Rueda,/Zafra Sierra*, "Labor creadora de la jurisprudencia de la "corte de oro". Los ejemplos de la causa del contrato, el error de derecho y la responsabilidad por actividades peligrosas", Revista de Derecho Privado, núm. 26, 2014, pp.105-156.

concepto objetivo principalmente, equivalente **al deber del Estado de reparar los daños que cause a los ciudadanos por el funcionamiento inadecuado de los servicios públicos,** con secundaria consideración a la falta o culpa imputable a los agentes encargados ilegalmente de poner en actividad esos servicios[25]. (Se destaca).

Sin embargo, este cambio no estuvo exento de dificultades y discusiones teóricas sobre el fundamento de la responsabilidad, ya por la aplicación de la teoría organicista[26] o por la teoría de la falla del servicio público, que fue la que se impuso finalmente[27]. Como señala la doctrina nacional, "[l]a teoría de la falla del servicio se erige así en fundamento novedoso de la responsabilidad extracontractual de las personas públicas, aunque justificándose en el Código Civil, como se deduce del fallo del 30 de junio de 1962, mejor conocido como el fallo "Tinjacá" en el que el Estado es condenado porque varias personas resultaron heridas por un carro de bomberos que se desplazaba en contravía."[28]

---

[25]   Corte Suprema de Justicia, Sala de Casación Civil, sentencia del 21 de agosto de 1939, G.J., t. XLVIII, N° 1947.

[26]   La denominada teoría organicista se aplicó por la Corte Suprema de Justicia en diferentes pronunciamientos: sentencias del 15 de mayo de 1944, 27 de octubre de 1947, 16 de abril de 1955, 6 de diciembre de 1959, y 30 de junio de 1962, entre otras. En esta última providencia se señaló: "*a) En toda entidad jurídica, privada o pública, hay agentes representativos, depositarios de la voluntad de la persona moral y agentes auxiliares, no representativos ni depositarios de esa voluntad; b) Sólo la culpa de los primeros repercute directamente sobre la entidad moral, dado el carácter representativo que ostentan; en tanto que la culpa de los agentes auxiliares, por carecer de dicho carácter no genera sino una responsabilidad del ente colectivo.*" (se subraya). Si bien fue un avance aceptar que el Estado, al menos, era responsable por daños cometidos por sus representantes jurídicos, en la práctica produjo muchas dificultades definir qué clase de responsabilidad generaba, si directa o indirecta, por los daños producidos por agentes que si bien no ostentaban el más alto carácter jerárquico y por, ende, eran subordinados, al tiempo tenían competencias propias en el ámbito de sus funciones que les conferían poder jerárquico sobre otros funcionarios.

[27]   La teoría de la falla del servicio público, de origen francés, superó las dificultades teóricas y prácticas que tenía la tesis del órgano y se consolidó su aplicación en Colombia en la sentencia del 30 de junio de 1962, en donde la Corte Suprema de Justicia la identificó con las siguientes características: "*a) Se sustituye la noción de culpa individual del agente por la de la falla del servicio o culpa de la administración; por lo tanto, desaparece la necesidad de probar la acción u omisión del agente, porque se aplica un concepto de culpa anónima; b) se presume la culpa de la persona jurídica, no por el deber de elegir y vigilar a sus agentes, sino por el deber primario que le corresponde de prestar los servicios públicos.*" *Hernández Enriquez/Franco Gómez op. cit.,* p. 5.

[28]   *Quintero Navas,* "La construcción de la responsabilidad del Estado en Colombia: entre la dualidad de jurisdicciones y la dualidad jurídica", Revista Iberoamericana de Derecho Administrativo y Regulación Económica, núm. 9, 2014. https://ec.ijeditores.com/pop.php?-option=publicacion&idpublicacion=46&idedicion=401 (21/01/2020).

G. 1964: un año emblemático y problemático (autonomía del derecho público)

Si bien la Ley 167 de 1941 atribuyó competencia a la jurisdicción contencioso-administrativa para conocer litigios contra el Estado por daños causados por hechos u operaciones administrativas[29], la justicia ordinaria continuó en su labor de asumir competencia, no sin conflictos, en materia de responsabilidad estatal. Esta situación problemática por antitécnica se resolvió con la expedición del Decreto 528 de 1964[30] que asignó a la jurisdicción contencioso-administrativa la competencia general y definitiva para conocer procesos de responsabilidad del Estado, la cual fue ratificada tanto por el Decreto 01 de 1984 como por la Ley 1437 de 2011[31].

Esa asignación general de competencias marcó un hito en la historia de la responsabilidad estatal, toda vez que se abandonó el fundamento exclusivo en el derecho privado y se inició un tránsito complejo y novedoso hacia el derecho público. Ya desde inicios de la década del 60 el Consejo de Estado comenzó a preguntarse cómo enfrentar el problema de la inexistencia de fuentes normativas generales que reconocieran la responsabilidad pública, dificultad que en su momento asumió la Corte Suprema de Justicia. La pregunta central fue si era posible seguir acudiendo al derecho privado para resolver dichos conflictos cuando se juzgaba la conducta del Estado que tiene diferencias sustanciales con

---

29   La Ley 167 de 1941, "sobre organización de la jurisdicción Contencioso-administrativa", prescribió en su artículo 67: *"La persona que se crea lesionada en un derecho suyo establecido o reconocido por una norma de carácter civil o administrativo podrá pedir que además de la anulación del acto se le restablezca en su derecho. La misma acción tendrá todo aquel que se hubiere hecho parte en el juicio y demostrado su derecho."* A su vez, el artículo 68 dispuso: *"También puede pedirse el restablecimiento del derecho cuando la causa de la violación es un hecho o una operación administrativa. En este caso no será necesario ejercitar la acción de nulidad, sino demandar directamente de la Administración las indemnizaciones o prestaciones correspondientes."* (Se subraya).

30   Decreto 528 de 1964, sobre normas de organización judicial y competencia, artículo 20 prescribió: *"La jurisdicción contencioso administrativa está instituida para definir los negocios originados en las decisiones que tome la administración, en las operaciones que ejecute y en los hechos que ocurran con motivo de sus actividades, con excepción de los casos contemplados en los numerales 2° y 3° del artículo 73 de la Ley 167 de 1941."* Estos numerales se refieren a decisiones en juicios de policía penales o civiles, sentencias por fraude a las rentas y correcciones disciplinarias.

31   La Ley 1437 de 2011, por la cual se adopta un nuevo "Código de Procedimiento Administrativo y de lo Contencioso Administrativo", contempla en su artículo 140 la "reparación directa" como un medio de control que puede ejercer la víctima frente a los daños antijurídicos causados por el Estado.

los sujetos privados, toda vez que el primero persigue la satisfacción de necesidades colectivas y no intereses particulares, como supremo gestor de los servicios públicos, y, por tanto, actúa generalmente como persona de derecho público, toma decisiones unilaterales como poder público, crea situaciones jurídicas de derecho público, utiliza procedimientos de derecho público y está sometido a una jurisdicción especial de derecho público y, por ende, no se encuentran en la misma posición jerárquica. En consecuencia, había que construir un sistema autónomo basado en principios de derecho público y abandonar la fundamentación en el derecho privado[32].

Se produjo un importante esfuerzo hermenéutico al deducir principios jurídicos de las cláusulas de la Constitución de 1886, que de manera expresa no reconocían un principio de responsabilidad estatal, y, de esta manera, resolver los conflictos por daños con fundamento en el derecho público[33]. Fue así como a partir del artículo 2° Superior, que consagra un principio medular que define y caracteriza al Estado de derecho, según el cual los poderes públicos *"se ejercerán en los términos que esta Constitución establece"*, se dedujeron los principios de legalidad y de autolimitación del poder público. De esta manera, si las autoridades transgreden o desbordan estos principios, la consecuencia lógica o la contrapartida necesaria tiene que ser un principio de responsabilidad[34].

Igualmente, del artículo 16 Superior[35] que define el objeto y el fin de las autoridades públicas de protección a los asociados en sus derechos y bienes, se dedujo un principio de responsabilidad:

---

[32]   "La responsabilidad del Estado no puede ser estudiada y decidida con base en las normas civiles que regulan la responsabilidad extracontractual sino a la luz de los principios y doctrinas del derecho administrativo en vista de las diferencias sustanciales existentes entre éste y el derecho civil, las materias que regulan ambos derechos, los fines perseguidos y el plano en que se encuentran colocados." Consejo de Estado, sentencia de 30 de septiembre de 1960.

[33]   Cfr. *Hernández Enriquez y/Franco Gómez*, op. cit., pp. 5-12.

[34]   El artículo 2° de la Constitución de 1886 prescribía: "La soberanía reside esencial y exclusivamente en la Nación, y de ella emanan los poderes públicos, que se ejercerán en los términos que esta Constitución establece." Hoy, la Constitución de 1991 prescribe en el artículo 3°: "La soberanía reside exclusivamente en el pueblo, del cual emana el poder público. El pueblo la ejerce en forma directa o por medio de sus representantes, en los términos que la Constitución establece."

[35]   El artículo 16 de la Constitución de 1886, con la reforma introducida por el Acto Legislativo N° 1 de 1936, prescribía: "Las autoridades de la República están instituidas para proteger a todas las personas residentes en Colombia, en su vida, honra, bienes, y para asegurar el cumplimiento de los deberes sociales del Estado y de los particulares." Hoy, la Carta de 1991 prescribe en su artículo 2°, inciso 2: "Las autoridades de la República están instituidas para proteger a todas las personas residentes en Colombia, en su vida, honra, bienes, creencias, y demás derechos y libertades, y para asegurar el cumplimiento de los deberes sociales del Estado y de los particulares."

Se estructura así la típica relación de derecho público que la Constitución desarrolla en los artículos siguientes. El deber de la administración es proteger a las personas contra la agresión jurídica proveniente de los particulares, pero con mayor razón aún tutelarlas contra los actos y hechos de las propias autoridades. Si la lesión ocasionada por un tercero implica la indemnización del daño, la que es causado por el mismo protector de ese derecho, ha de determinar, por lo menos, idénticas consecuencias jurídicas. La violación del derecho por parte de la administración pública encargada de la misión concreta y específica de ampararlo conlleva una mayor responsabilidad porque ella debe actuar, por mandato expreso de la Carta, dentro de los límites de la legalidad. Si el Estado hiere el derecho particular y ocasiona daño, necesariamente ha de responder de su acto.[36]

Mientras se producían estas importantes transformaciones en el derecho público por parte de la jurisprudencia, el contexto social y político del año 1964 fue muy conflictivo y problemático. Desde la fundación de la República, Colombia no ha vivido una paz estable y duradera. Durante el siglo XIX se produjeron diversos alzamientos armados, muchos de los cuales ganaron la guerra e impusieron una nueva Constitución como sucedió con el último –La Regeneración– que cambió radicalmente la fórmula política del Estado al pasar de un sistema federal a uno centralista y unitario, el cual se materializó en la Carta de 1886. Luego siguió un periodo de hegemonía conservadora durante 40 años, un conflicto armado conocido como la "guerra de los mil días" y la separación de Panamá, como hechos sobresalientes. Le sucedió la llegada al poder del partido liberal en una época de gran agitación política y descontento social que llevó al periodo denominado de la "La violencia", caracterizado por el enfrentamiento armado entre liberales y conservadores, el cual se extendió hasta finales de la década de los años cincuenta. Guerrillas liberales y sectores campesinos, que reclamaban reformas agrarias y sociales, se radicalizaron ideológicamente y se alzaron en armas contra el Estado. En 1964 nacieron las autodenominadas Fuerzas Armadas Revolucionarias de Colombia - Ejército del Pueblo (FARC-EP), como organización guerrillera insurgente de ideología comunista, que se

---

[36]   Consejo de Estado, Sección Tercera, sentencia de 2 de noviembre de 1960, exp. 298. El caso se refiere a una misión evangélica establecida desde 1943 en las poblaciones de Yopal y El Morro (Casanare), en donde sus fundadores construyeron unas edificaciones que tuvieron que abandonar por la ola de violencia que azotaba a los Llanos Orientales en 1950. Esas propiedades fueron ocupadas por el Ejército Nacional y luego destruidas. El Consejo de Estado condenó al Estado a una indemnización de perjuicios. En esta decisión se reprocha a la jurisprudencia y a la doctrina nacionales de no percatarse de la sustancial transformación de derecho público en el mundo y seguir aplicando "un agudo criterio civilista" y "un sistema inadaptable a nuestro derecho positivo."

enfrentó al Estado hasta su desmovilización en 2017, luego de los Acuerdos de Paz[37]. Así mismo, en 1964 nació el Ejército de Liberación Nacional -ELN-, a iniciativa de estudiantes universitarios, como una organización guerrillera insurgente de izquierda, vigente hasta nuestros días[38].

El conflicto armado colombiano, el terrorismo como estrategia de guerra tanto por los alzados en armas como por las organizaciones delincuenciales del narcotráfico, el uso de armas no convencionales y las infracciones al Derecho Internacional Humanitario, el ejercicio arbitrario de la fuerza pública y las graves violaciones a los derechos humanos por parte de actores estatales, y los crímenes de grupos paramilitares en contra la población civil, entre otros, plantearon desde entonces grandes retos a la justicia administrativa en materia de responsabilidad del Estado, la cual ha generado hasta el presente líneas jurisprudenciales importantes destinadas a garantizar derechos y a reparar a las víctimas[39].

H. La era de la constitucionalización: por fin una cláusula general de responsabilidad pública

Una de las grandes paradojas de la compleja historia constitucional de Colombia, es que a través de un decreto de Estado de Sitio (Decreto 1926 de 1990) que convocó al pueblo a la elección de una asamblea constituyente, con el propósito inicial de reformar la Constitución de 1886, se produjo un fenómeno político jurídico sin precedentes que condujo a la derogatoria de la Constitución y a la expedición de una nueva Carta, la cual, en forma tardía (en relación con el constitucionalismo contemporáneo) rediseñaría la estructura del poder público bajo el modelo del Estado constitucional, social y democrático de derecho.

---

[37]   Cfr. *Villamizar Herrera*, Las guerrillas en Colombia. Una historia desde los orígenes hasta los confines, 2017.

[38]   Cfr. *Medina Gallego*, Ejército de Liberación Nacional (ELN). Historia de las ideas políticas (1958-2018), 2019.

[39]   Sobre la historia de la responsabilidad del Estado en Colombia y los fenómenos de la guerra interna y la violencia política y común, ver casos jurisprudenciales: Consejo de Estado, Graves violaciones a los derechos humanos e infracciones al Derecho Internacional Humanitario, Jurisprudencia básica del Consejo de Estado desde 1916, *Pazos Guerrero/Sánchez Luque* (eds.), 2017. https://www.ramajudicial.gov.co/documents/1545778/6575727/Graves+VIOLACIONES +a+los+Derechos+Humanos.pdf/cb8dd714-c7cf-4c35-872d-6ca5f51df858?version=1.0.

Dicho modelo está edificado sobre dos pilares básicos: la Constitución como norma jurídica plena[40] y el reconocimiento, respeto y garantía de los derechos y libertades de los seres humanos y demás bienes tutelados.

Según el primero, la interpretación y aplicación, y, en últimas, la validez del ordenamiento jurídico no solo depende del cumplimiento de formas y procedimientos, si no de su concordancia con el texto constitucional (el cual positiviza principios y valores éticos) y el derecho internacional. En efecto, si la actividad estatal –efecto vertical– o incluso los particulares –efecto horizontal– desconocen este conjunto normativo, el control, visto como un elemento inseparable del texto constitucional, opera con el fin de hacer respetar el carácter inmune y preservar la eficacia de las normas constitucionales, especialmente las de carácter iusfundamental.

El segundo define la razón de ser de los poderes públicos que no es otro que la protección y garantía de los derechos reconocidos a la persona humana en su dimensión individual como colectiva, así como también de los demás bienes tutelados, como el medio ambiente y la naturaleza.

Dentro de este contexto, el instituto de la responsabilidad patrimonial del Estado cumple una función muy importante al ser, por una parte, un mecanismo de control constitucional de los poderes públicos y, por otra parte, un instrumento de protección de los bienes jurídicos tutelados cuando han sido lesionados por la conducta estatal[41].

---

[40] *Ferrajoli* sostiene que el Estado constitucional cambia en relación con el clásico Estado de derecho en los siguientes aspectos: (i) *Las* condiciones de validez de las leyes, las cuales no solo dependen del cumplimiento a procedimientos sino también de su respeto a contenidos materiales. (ii) La función jurisdiccional y, en efecto, la relación entre los poderes legislativo y judicial, habida cuenta que en el Estado constitucional el juez ya no es la "boca muda de la ley", sino que es crítico de la legislación cuando quiera que esta incurra en vicios por omisión (lagunas) o por comisión (antinomias), estando en el deber de denunciar las normas infraconstitucionales u omisiones inconstitucionales que no se adecuen a la normativa superior. (iii) El papel de la ciencia jurídica, ya que su función no solamente es descriptiva sino crítica frente a antinomias que violentan las normas superiores y proyectual frente a las lagunas, en orden a diseñar nuevas técnicas de garantía con el propósito de rebasar, a su vez, los problemas inherentes a las antinomias y lagunas. (iv) La naturaleza misma de la democracia, en tanto ya no sólo importa quién (órgano competente) y cómo (procedimientos y formas de tomar de decisiones) se toman las principales decisiones de la sociedad, sino también el contenido mismo de sus decisiones, es decir el qué pueden decidir y el qué no pueden dejar de decidir. Cfr. *Ferrajoli, Democracia y garantismo,* 2008, pp. 31 y 32.

[41] "[H]ablar de Constitución tiene sentido cuando se la concibe como un instrumento de limitación y control del poder. Efectivamente, el control es un elemento inseparable del concepto de Constitución (…) si se pretende que la Constitución se realice (…) o, dicho en otras palabras, si la Constitución es norma y no mero programa puramente programático (…) solo si existe control de la actividad estatal puede la Constitución desplegar su fuerza normativa y sólo si el

I. Los antecedentes fundadores

Una de las tareas muy importantes que asumió el constituyente de 1991 fue resolver el problema de los fundamentos normativos a nivel superior de la responsabilidad patrimonial del Estado. En este sentido, no se encontró con una "hoja en blanco", sino con una rica e interesante ruta trazada por la jurisprudencia desde finales del siglo XIX.

En efecto, ante la ausencia de principios constitucionales o legales generales que fundamentaran la resolución de conflictos que los asociados formulaban insistentemente ante los jueces por los daños producidos por la conducta de los poderes públicos, (i) fue primero la jurisdicción ordinaria, en cabeza de la Corte Suprema de Justicia, la que abrió las puertas para que se reconociera, inicialmente, la responsabilidad indirecta del Estado con fundamento en la institución de derecho privado denominada responsabilidad por el hecho ajeno y, luego, el reconocimiento de que la administración es civilmente responsable de manera directa y subjetiva; (ii) posteriormente, fue la jurisdicción contencioso administrativa, en cabeza del Consejo de Estado, la que fundamentó la responsabilidad en principios de derecho público, al realizar un gran esfuerzo hermenéutico para deducir, apelando a la lógica de lo razonable, una fundamentación extraída de la Constitución decimonónica que hubiere sorprendido a los delegatarios del movimiento de la regeneración.

Además, otro avance importante fue haber esclarecido que el instituto de la responsabilidad extracontractual público tiene dos grandes dimensiones: (i) la responsabilidad directa y *subjetiva* del Estado y (ii) la responsabilidad directa y *objetiva* del mismo.

La primera, se fundamenta en la idea de que la conducta de la administración pública (el mundo del ser) debe y puede ser contrastada con el derecho (mundo del deber ser) y, así, concluir que existe o no algún juicio de reproche; de existir es por el incumplimiento de sus obligaciones jurídicas que produjeron efectos dañosos y, por ende, tiene el deber de responder. De esta manera, el Estado, representante legítimo de la sociedad política, es juzgado por ser una persona jurídica con plena capacidad para autodeterminarse y ejercer derechos y asumir obligaciones dentro de los ámbitos del derecho. Como su conducta se materializa o se exterioriza a través de sus agentes, lo que estos hagan o dejen de hacer, en ejercicio o con ocasión del servicio público, se transmite al ente público que representan y lo comprometen; de allí que se hable de la culpa anónima de la

---

control forma parte del concepto de Constitución puede ser entendida esta como norma." Aragón Reyes, Constitución y control del poder. Introducción a una teoría constitucional del control, 1999, p. 15.

administración cuando su conducta fue contraria al mundo jurídico y, en tal sentido, genera responsabilidad subjetiva bajo la modalidad de la teoría de la falla o falta del servicio (omisión, retardo, irregularidad, ineficiencia o ausencia del servicio público).

La segunda dimensión de la responsabilidad, esto es, la responsabilidad directa y objetiva, la cual, a diferencia de la anterior, no se fundamenta en algún juicio de reproche a la conducta estatal, sino que, por el contrario, se parte de la base que su actuación es legítima y lícita, pero produjo un daño personal, concreto y anormal cuya víctima no tiene el deber jurídico de soportar. Dos importantes modalidades de responsabilidad objetiva construidas y reconocidas tanto por la doctrina como por la jurisprudencia son el daño especial (i) y el riesgo excepcional (ii).

El denominado daño especial se presenta en aquellos casos en los cuales el obrar de la administración pública, en beneficio de la comunidad, produce un perjuicio superior al que normalmente deben soportar los asociados "en razón de la especial naturaleza de los poderes y actuaciones del Estado, rompiéndose así la igualdad de los mismos frente a las cargas públicas, o la equidad que debe reinar ante los sacrificios que importa para los administrados la existencia del Estado"[42].

---

[42]   Consejo de Estado, Sección Tercera, sentencia de 28 de octubre de 1976. En la historia de la responsabilidad extracontractual en Colombia es muy importante este fallo, porque explica de manera detallada diversos pronunciamientos jurisprudenciales desde el siglo XIX y los rescató del inclemente olvido. La tesis del daño especial se aplicó por primera vez en Colombia en la sentencia del Consejo de Estado del 29 de julio de 1947, *Consejo de Estados*, Anales del Consejo de Estado, Año XIX, Tomo LVI, No 357-361. Es el antecedente primigenio de aplicación de la teoría del daño especial en Colombia, en el cual se declaró responsable al Estado por los daños ocasionados al periódico El Siglo. Con ocasión de la declaratoria de estado de sitio por grave alteración del orden público a raíz del intento de golpe de estado al presidente Alfonso López Pumarejo el 10 de julio de 1944 en Pasto, el gobierno expidió un decreto con fuerza de ley que ordenó la suspensión temporal del periódico de la oposición y un acordonamiento de sus instalaciones por la policía nacional. El Consejo de Estado, con fundamento en el título de imputación de daño especial, declaró la responsabilidad del Estado y lo condenó a reparar los perjuicios sufridos por dicho medio de comunicación que estuvo cerrado entre el 11 de julio y el 6 de agosto de 1944. Muchos años después, la tesis del daño especial será retomada cuando se declaró la responsabilidad del Estado por la destrucción de una vivienda en la cual se había atrincherado el denominado bandolero Efraín Gonzales y su grupo y, como consecuencia, del enfrentamiento con la fuerza pública el inmueble quedó destruido, ver: Consejo de Estado, Sección Tercera, sentencia de 23 de mayo de 1973. Ya en la década de los años 80 del siglo anterior, la tesis del daño especial se consolidó a raíz de los casos de desvalorización de propiedades inmobiliarias particulares y de otras circunstancias, como consecuencia de la construcción de una obra pública (puente vial elevado de la intersección de la calle 53 con carrera 30 de Bogotá) en los cuales el Distrito Capital fue condenado a la reparación de los daños. Ver, entre otras: Consejo de Estado, Sección Tercera, sentencia de 30 de enero de 1987.

La teoría del riesgo excepcional o riesgo creado se aplica en aquellos casos en los cuales la administración pública de manera consciente y deliberada, pero dentro del mundo jurídico, desarrolla conductas, obras o actuaciones que pueden calificarse como peligrosas y si estas se materializan en daños, desde luego no deseados, genera responsabilidad patrimonial pública. En estos casos, igualmente, se ha considerado que tales perjuicios rompen el principio de igualdad de las cargas públicas que normalmente deben soportar los asociados y, por ende, se debe propender por su restauración[43].

A pesar de los significativos desarrollos jurisprudenciales producidos con anterioridad de la Constitución de 1991, la responsabilidad patrimonial del Estado tuvo tres grandes limitaciones o insuficiencias: (i) si bien el derecho a la vida y a la integridad personal fueron reparados por afectaciones arbitrarias de los agentes públicos, fue en esencia la propiedad y demás bienes materiales los bienes jurídicos tutelados, por lo cual no existió una mayor protección a otros derechos esenciales de los asociados[44]; (ii) los daños indemnizados provenían de la conducta o de las actuaciones de las autoridades públicas en función administrativa y, en consecuencia, no hubo desarrollos significativos en relación con afectaciones a los derechos y libertades que podían provenir del Estado en función jurisdicción o legislativa[45]; y (iii) la única respuesta reparadora fue la indemnización pecuniaria o compensación económica, tanto de daños mate-

---

[43]   La primera vez que se aplicó la tesis del riesgo excepcional fue en un caso en el cual se declaró la responsabilidad patrimonial del Municipio de Quimbaya (Quindío) por los daños que sufrió el propietario de una finca ganadera, cuando redes de conducción de energía eléctrica que pasan por la finca cayeron y produjeron la muerte de unos semovientes. Dijo el Consejo de Estado que la tesis del riesgo excepcional *"[t]iene ocurrencia cuando el Estado, en desarrollo de una obra de servicio público utiliza recursos o medios que colocan a los particulares o a sus bienes en situación de quedar expuestos a "un riesgo de naturaleza excepcional" (Laubadere) el cual dada su gravedad, excede las cargas que normalmente deben soportar los mismos particulares como contrapartida de las ventajas que resultan de la existencia de ese servicio público. Si el riesgo llega a realizarse y ocasiona un daño, sin culpa de la víctima, hay lugar a responsabilidad de la Administración, así no haya habido falta o falla del servicio."* Consejo de Estado, Sección Tercera, sentencia de 2 de febrero de 1984. Posteriormente, la jurisprudencia calificó a otras actividades como esencial y naturalmente peligrosas como el uso de armas de fuego, el uso de aeronaves y de vehículos automotores, el transporte de gas o de petróleo, entre otras.

[44]   Al parecer, no se produjeron reclamaciones indemnizatorias significativas por daños provenientes de afectaciones a otra clase de derechos y libertades públicas. Sin embargo, es un campo que amerita investigación.

[45]   *"[N]o comprendían los daños causados por la totalidad de las actividades a través de las cuales se expresan las funciones estatales, pues se habían diseñado (los regímenes de responsabilidad), tal vez no exclusiva pero sí fundamentalmente, para la función administrativa. Quedan por fuera la casi totalidad de los daños causados por la actividad jurisdiccional y por la legislativa que, en principio, carecían de indemnización".* Hernández Enriquez/Franco Gómez, op, cit., p. 23.

riales (daño emergente y lucro cesante) como daños inmateriales (daños morales esencialmente)[46].

En consecuencia, el constituyente de 1991 tuvo en frente una amplia e importante historia jurisprudencial y doctrinaria que sentó las bases para consolidar el instituto de responsabilidad por daños bajo la idea de que esta es directa en sus grandes dimensiones de subjetiva y objetiva. De igual manera, las limitaciones o insuficiencias de la tradición colombiana en la materia fueron motivos claros para buscar consolidar y avanzar en el diseño de un instituto que respondiera a la necesidad de fortalecer la protección integral de los derechos y libertades frente al Estado, y en concordancia con los desarrollos del derecho público contemporáneo.

II. La mirada del Constituyente: de la antijuridicidad de la conducta a la antijuridicidad del daño

No fue una mera casualidad la redefinición de los fundamentos conceptuales de la responsabilidad patrimonial del Estado, sino una decisión intencional y deliberada de la Asamblea Nacional Constituyente[47]:

> [L]o que nosotros proponemos es que se desplace el centro de gravedad de la responsabilidad patrimonial del Estado, de la conducta antijurídica del ente público a la antijuridicidad del daño, de manera que con esto se amplía muchísimo la responsabilidad y no queda cobijado el ente público, solamente cuando con su conducta ha dado lugar a que se causen unos daños, sino cuando la ha infringido alguno a un particular que no tenga por qué soportar ese daño, (...) en el mundo está tratando la jurisprudencia de suplir aquellos eventos en los cuales está demostrado que la noción de la falla del servicio es insuficiente como causal de responsabilidad, como elemento que configure la responsabilidad[48].

---

[46] Por excepción, se registra un caso de reparación en especie o *in natura* (compensación del perjuicio por un beneficio diferente del dinero), el cual se produjo a raíz de lo que se consideró una afrenta a un viudo producida por los empleados del Cementerio Nuevo Oriental, al haber extraído ilícitamente los restos de su esposa que estaban depositados en una bóveda de su propiedad, por lo cual se condenó a levantar un monumento a la viuda. Corte Suprema de Justicia, Sala de Casación, sentencia de 21 de julio de 1922.

[47] Cfr. *Esguerra Portocarrero*, La Protección Constitucional del Ciudadano, 2004, p. 301; *Serrano Escobar/Tejada Ruiz*, La Responsabilidad Patrimonial del Estado, 2ª edición, 2017, p. 414.

[48] Exposición del constituyente *Esguerra Portocarrero*, Informe de la Sesión de la Comisión Primera de 6 de mayo de 1991, Asamblea Nacional Constituyente, p. 42 y 43. http://babel.banrepcultural.org/cdm/ref/collection/p17054coll28/id/234 (4/04/2020).

Los constituyentes Esguerra Portocarrero y Arias López, ponentes de la iniciativa, fueron muy explícitos al señalar:[49]

> En otras palabras, se desplaza el fundamento de la responsabilidad administrativa, del concepto subjetivo de la antijuridicidad de la acción del Estado al concepto objetivo de la antijuridicidad del daño producido por ella. Esta antijuridicidad habrá de predicarse cuando se cause un detrimento patrimonial que carezca de título jurídico válido y que exceda el conjunto de las cargas que normalmente debe soportar el individuo en su vida social.

Fue así como la Asamblea Nacional Constituyente aprobó la siguiente disposición que hoy es el artículo 90 Superior:

> El Estado responderá patrimonialmente por los daños antijurídicos que le sean imputables, causados por la acción o la omisión de las autoridades públicas.
> En el evento de ser condenado el Estado a la reparación patrimonial de uno de tales daños, que haya sido consecuencia de la conducta dolosa o gravemente culposa de un agente suyo, aquél deberá repetir contra éste.

Esta cláusula constitucional de responsabilidad patrimonial pública es general por cuatro motivos básicos: (i) es un mecanismo de control de los poderes públicos que abarca la totalidad de funciones estatales: ejecutiva o administrativa, jurisdiccional y legislativa, es decir, no existe inmunidad de control de alguna autoridad o manifestación estatal, ya sea permanente o temporal[50]; (ii) está destinada a amparar a todos los derechos y libertades y demás bienes jurídicos reconocidos y protegidos, tanto por el derecho doméstico como internacional;

---

[49]   Informe de ponencia para primer debate en plenaria, "Mecanismos de protección de los derechos fundamentales y del orden jurídico", Gaceta Constitucional núm. 77, 20 de mayo de 1991.

[50]   Existe un importante debate muy actual sobre si el Estado es responsable por el ejercicio de la función constituyente, que es la fuente de las demás funciones públicas. En Colombia hasta ahora la jurisprudencia administrativa ni constitucional no ha admitido abiertamente la existencia de responsabilidad patrimonial; sin embargo, se han planteado interrogantes y posiciones doctrinales que la sustentan. Al respecto, ver: *Pazos Guerrero y otros*, La responsabilidad del Estado por la función constituyente: el caso colombiano, 2013. https://issuu.com/gestiondeproyectos/docs/la_responsabilidad_del_estado_por_l.

(iii) integra tanto la responsabilidad nacida de los contratos y convenciones, en las cuales sea parte una entidad pública, como la responsabilidad extracontractual de naturaleza patrimonial del Estado[51]; y (iv) comprende las dos dimensiones de la responsabilidad directa: la subjetiva, con fundamento en la teoría de la falla del servicio, y la responsabilidad objetiva tanto legislada como jurisprudencial.

Con gran economía de recursos lingüístico-jurídicos, el instituto de la responsabilidad patrimonial pública se construyó con dos elementos esenciales: la existencia de un daño antijurídico (i) y la imputación del mismo al Estado, por acción u omisión (ii).

1. Todo gira a partir de un fenómeno dañoso calificado

El péndulo del fundamento de la responsabilidad fluctuó radicalmente: la responsabilidad del Estado por el daño antijurídico se trasladó de la antijuridicidad de la conducta a la antijuridicidad del daño[52]; dicho de otro modo, esta transición implicó un cambio en la obligación resarcitoria, antes fundamentada de manera predominante en la calificación civil de la *antijuridicidad de la conducta del agente público*, como requisito indispensable para reparar los daños; ahora, desde una perspectiva del derecho público, en la *antijuridicidad del daño*[53], entendido como un ejercicio de verificación de si la víctima de la lesión se encontraba en el deber jurídico de soportar la afectación irrogada a un derecho, bien o interés legítimo, independientemente de la licitud o ilicitud de la conducta del agente estatal.

---

[51]   Un importante análisis crítico y propositivo de la responsabilidad estatal en: *Zapata García*, Fundamentos y Límites de la Responsabilidad del Estado. Una lectura unificada de la responsabilidad contractual y extracontractual, 2019.

[52]   A nivel de la doctrina se precisó que el instituto de la responsabilidad debía ser abordado desde la concepción del daño: *De Cupis*, El daño. Teoría general de la responsabilidad civil, 1966, p. 71.

[53]   En la doctrina española a propósito de la importancia de la antijuridicidad del daño precisa: "Ese giro en la fundamentación de la obligación de responder patrimonialmente, que pasa a ser contemplado desde la perspectiva del dañado y no desde el agente causal, es a lo que convencionalmente se le ha llamado ´objetivización de la responsabilidad patrimonial de la administración, introduciendo un cierto equívoco innecesariamente, pues no quiere decir, obviamente, que cualquier perjuicio económico que pueda resultar de los servicios administrativos tenga causa jurídica (si falta ese elemento de la ilicitud del resultado desde la perspectiva del perjudicado) para pretender legítimamente una reparación" *García De Enterría/Fernández*, Curso de Derecho Administrativo, 9ª ed., 2004, p. 376.

A propósito del daño antijurídico, la Corte Constitucional en un primer pronunciamiento al respecto[54], luego de revisar los debates en la Asamblea Nacional Constituyente, concluyó que la fuente de inspiración fue el paradigma de la lesión patrimonial del derecho español, el cual definió no como aquel que es producto de una actividad ilícita del Estado sino como el menoscabo que es provocado a una persona que no tiene el deber jurídico de soportarlo, postura que ya había planteado el Consejo de Estado[55].

Así las cosas, la fuente de la responsabilidad patrimonial del Estado es un daño, calificado de antijurídico, no porque en todos los casos la conducta del autor sea contraria al ordenamiento jurídico, sino porque la víctima que lo sufre no tiene el deber jurídico de soportarlo y, por tanto, debe ser objeto de reparación[56].

El daño, desde el punto de vista físico o natural, es una lesión o afectación que padece una persona como consecuencia de una conducta suya o de un tercero, y también proveniente de fenómenos naturales. No obstante, el instituto de la responsabilidad se enfoca no en el sentido físico o natural del daño, sino jurídico, en el que el daño objeto de reparación, el daño resarcible, no es aquel cuyo efectos se limitan a constatar una alteración o cambio del universo ontológico o del ser, en la medida en que muchas de sus manifestaciones no interesan al universo del derecho, *ad exemplum*, las medidas de confinamiento a causa de la pandemia del Coronavirus COVID-19 soportadas por todos los habitantes en Colombia, si bien se trata de una afectación, no supone, en principio, un daño particular resarcible en sentido jurídico[57].

---

[54]   Corte Constitucional, sentencia C-333 de 1996.

[55]   El Consejo de Estado desde 1993 definió el daño antijurídico como "la lesión de un interés legítimo, patrimonial o extrapatrimonial, que la víctima no está en la obligación de soportar", por lo cual ha concluido que "se ha desplazado la antijuricidad de la causa del daño al daño mismo". Por consiguiente, "el daño antijurídico puede ser el efecto de una causa ilícita, pero también de una causa lícita. Esta doble causa corresponde, en principio, a los regímenes de responsabilidad subjetiva y objetiva". Consejo de Estado, Sección Tercera, sentencia del 13 de julio de 1993.

[56]   "No se trata de saber si hubo o no una falla en el servicio, es decir una conducta jurídicamente irregular, aunque no necesariamente culposa o dolosa, sino de establecer si cualquier actuar público produce o no un ´daño antijurídico´, es decir un perjuicio en quien lo padece, que no estaba llamado a soportar". Corte Constitucional, sentencia C-043 de 2004.

[57]   Según *De Cupis*, el daño trata de "una reacción que el derecho facilita para lograr la represión del daño". *De Cupis*, El daño. Teoría general de la responsabilidad civil, 1966, p. 82. Según *Zapata* "desde esta posición se está enfatizando en un tipo de naturaleza dual del daño, una que coincide con el mundo físico y otra con el mundo jurídico; sin embargo (…), el daño del que nos interesa ocuparnos no es otro que el daño reparable, el daño resarcible, es ese daño que concierne al jurista a efectos del análisis de la responsabilidad patrimonial, lo cual permite ver ya un factor de limitación. No es entonces el mero concepto de daño el que nos atañe, sino el daño en sentido

El daño que amerita la extensión de la cláusula de salvaguarda de responsabilidad no es en sí misma la conducta que vulnera un derecho o un interés jurídicamente protegido, por cuanto puede haber violaciones a bienes jurídicos tutelados sin que se produzcan necesariamente daños[58]. El daño, objeto de reparación, debe ser entendido como la consecuencia de efectos negativos y adversos perjudiciales padecidos por una víctima derivados de la lesión a sus derechos o a sus intereses legítimos[59].

Por lo demás, para que un daño sea objeto de reparación, es indispensable verificar *ex ante* la configuración de los elementos que lo estructuran, es decir, que sea cierto, actual, real, determinado o determinable, anormal, protegido jurídicamente y, desde luego, antijurídico. Es decir, se trata de una lesión injusta que debe ser indemnizada[60].

Para establecer si un daño es o no antijurídico se debe verificar, caso a caso, las circunstancias en las que se causó el mismo, en especial, la existencia de razones de justificación que admitan que la persona, en virtud de normas legales u otros factores, tiene el deber de soportar el daño que se le infringió[61].

---

jurídico". *ZAPATA, op. cit.*, p. 174. Igualmente, la doctrina nacional ha dicho: "[E]l daño resarcible se distingue del daño entendido simplemente como fenómeno de orden físico o natural, pues no todo daño en sentido físico es indemnizable y ocupa el derecho (…). El daño en sentido jurídico ha sido definido tradicionalmente como la lesión a un derecho o a un interés protegido. Concepto en el que se identifica el daño con el evento de la lesión del interés o del derecho, sin tener en cuenta las consecuencias del mismo (…) el daño debe ser entendido como la pérdida sufrida por una persona como consecuencia de la lesión a un derecho o a un interés jurídicamente tutelado de la víctima". *Serrano Escobar/Tejada Ruíz, op. cit.*, p. 5.

[58]   Por ejemplo, cuando la entidad estatal no contesta un derecho de petición, de la violación de dicho derecho fundamental no se sigue necesariamente la producción de efectos negativos y adversos para el titular del derecho.

[59]   Según *Zavala*, "el daño resarcible, que interesa civilmente, no apunta a la lesión de los derechos o al interés, sino a las consecuencias o efectos que ella produce". *Zavala De González*, Resarcimiento de daños. Daños a la persona, vol. II, Buenos Aires, Hammurabi, 1990, p. 19. En sentido similar, *Lorenzetti* afirma que, "[e]n realidad, es cierto que el daño es una consecuencia puesto que no es la lesión misma lo que se resarce." *Lorenzetti*, "La lesión física a la persona. El cuerpo y la salud. El daño emergente y el lucro cesante", en Revista de Derecho Privado y Comunitario, núm. 1, 1995, p. 104. Y *Pizarro* sostiene "cuando se define el daño en general o en sentido amplio, se alude al interés como ingrediente conceptual, y solo a la hora de definir el daño resarcible se echa mano a [sic] los efectos o consecuencias." *Pizarro*, "Reflexiones en torno al daño moral y su reparación", en Jurisprudencia Argentina, 1986-III-901.

[60]   Cfr., entre otras, las sentencias C-333 de 1996 y C-832 de 2001 de la Corte Constitucional.

[61]   "[C]uando el daño no reviste el carácter de antijurídico, en razón a que recae sobre un interés que no goza de la tutela del derecho o que el sujeto pasivo tiene el deber jurídico de soportar en detrimento de su patrimonio, no se configura la responsabilidad del Estado y éste no se obliga a pagar una indemnización". Corte Constitucional, sentencia C-965 de 2003.

2. El juicio de atribución: razones de imputación al Estado

Según el orden constitucional derivado del artículo 90 Superior, si bien el daño antijurídico es un elemento *sine qua non* de la responsabilidad patrimonial del Estado, no es el único requisito para que se produzca la obligación de reparación. Se debe acreditar la imputación o atribución del daño a la entidad estatal, pues de lo contrario no habrá lugar a la reparación por parte de este.

En consecuencia, la base de la responsabilidad estatal se encuentra en la imputación que se materializa en las razones, fundamentos, criterios o títulos de naturaleza jurídica para atribuir un daño a una entidad pública. Si bien la cláusula constitucional exige que el daño antijurídico debe ser "causado" por la acción u omisión de las autoridades[62], para que se estructure un juicio de responsabilidad deben existir razones jurídicas en esencia que permitan atribuirle dicho daño al Estado[63].

Como lo ha señalado tanto la jurisprudencia del Consejo de Estado como de la Corte Constitucional, el art. 90 permite incorporar como títulos de atribución aquellas teorías o criterios desarrollados tradicionalmente por fuente pretoriana como la falla del servicio, el daño especial y el riesgo excepcional, como tanto otros derivados del derecho contemporáneo, por lo cual no puede existir una lista acabada[64].

---

[62] "Ahora bien, la responsabilidad de las entidades estatales está regulada hoy, de manera general, en el artículo 90 de la Constitución Política (…). Esta norma incluye en su supuesto de hecho, con claridad, los siguientes elementos estructurales de la responsabilidad: un daño –que se califica de antijurídico–, una acción u omisión –que en este caso deber ser de las autoridades públicas– y una relación de causalidad entre esta y aquel; se exige, además, que dicho daño resulte imputable al Estado". *M´Causland Sánchez,* Equidad judicial y responsabilidad extracontractual, 2019, pp. 337-338.

[63] A nivel doctrinal y jurisprudencial existe un importante debate sobre la causalidad como fenómeno fáctico o natural y la omisión como valoración normativa, en donde se pone en cuestión que exista una relación causal en la omisión, como impropiamente se infiere del artículo 90 Constitucional. Cfr. *Serrano Escobar/Tejada Ruiz op. cit.,* p. 443 y ss. A nivel jurisprudencial ver, entre otros, los siguientes pronunciamientos: Consejo de Estado, Sección Tercera, sentencia de 9 de junio de 2010 y sentencia el 31 de agosto de 2017.

[64] Por ejemplo, la Ley 270 de 1996, Estatutaria de la Administración de Justicia, establece tres modalidades que pueden generar responsabilidad estatal: el error judicial, la privación injusta de la libertad y el defectuoso funcionamiento de la administración de justicia. A nivel doctrinal y jurisprudencial se habla como criterios de imputación el desequilibrio de las cargas públicas, la vulneración a la confianza legítima, el no enriquecimiento sin causa, la violación a los principios de justicia y equidad, etc.

I. Apertura y diálogo con el Derecho Internacional

La última y más reciente etapa de desarrollo del instituto de responsabilidad extracontractual del Estado es la que se puede denominar como la apertura y diálogo con el derecho internacional público, en especial con el Derecho Internacional de los Derechos Humanos (D.I.D.H.) y el Derecho Internacional Humanitario (D.I.H.), de manera especial en aquellos asuntos que tienen que ver con graves violaciones a los derechos y libertades públicas.

I. Hacia la comprensión de un sistema y sus consecuencias

Colombia al aprobar, mediante Ley 74 de 1972, la Convención Americana sobre Derechos Humanos denominada "Pacto de San José"[65], se convirtió en Estado Parte del sistema interamericano de protección de los derechos humanos. Esta decisión político-jurídica genera efectos y compromisos importantes a nivel interno, entre ellas la vinculación de los jueces nacionales al derecho convencional y el reconocimiento de la Corte IDH como juez límite de la responsabilidad internacional del Estado en materia de derechos humanos. Esta competencia solo se activa cuando las víctimas, luego de agotar los recursos internos, no obtuvieron las debidas garantías y protección judiciales[66]. Esto significa que el sistema regional opera bajo el *principio de complementariedad,* toda vez que la primera respuesta corresponde siempre a los jueces nacionales[67].

En ese sentido la Corte IDH ha afirmado, en su condición de intérprete auténtico de la Convención, sobre la existencia de un "control de convencionalidad" que los jueces internos están llamados a ejercer *ex officio*:

> Cuando un Estado ha ratificado un tratado internacional como la Convención Americana, sus jueces también están sometidos a ella, lo que les obliga a velar porque el efecto útil de la Convención no se vea mermado o anulado por la aplicación de leyes contrarias a sus dispo-

---

[65]   Firmada en San José, Costa Rica, el 22 de noviembre de 1969.

[66]   Según el art. 46 de la Convención Americana, para que una denuncia o queja de violación de la Convención por un Estado pueda ser admitida (por la Comisión Interamericana), se requiere, entre otros requisitos, que el peticionario: "a) que haya interpuesto y agotado los recursos de jurisdicción interna, conforme a los principios del Derecho Internacional generalmente reconocidos".

[67]   "Este da la primera opción de enjuiciamiento al Estado en que se cometieron los hechos, en un claro código de respeto y de confianza hacia la nación sub lite, pero de inmediato apoyo en caso de mermarse su posibilidad de sustanciación interna (…)." *Moraga Mejías*, Jurisdicción Internacional: teoría general, tribunales internacionales y tribunales de integración, 2018, p. 61.

siciones, objeto y fin. En otras palabras, los órganos del Poder Judicial deben ejercer no sólo un control de constitucionalidad, sino también "de convencionalidad" ex officio entre las normas internas y la Convención Americana, evidentemente en el marco de sus respectivas competencias y de las regulaciones procesales correspondientes[68].

Por lo anterior, desde el punto de vista funcional, los jueces nacionales colombianos forman parte del sistema interamericano de derechos humanos y constituyen la primera respuesta de justicia, en aplicación del derecho interno y del derecho internacional, a los cuales están vinculados de manera directa. Esto lleva a interrogar si, igualmente, están vinculados a los desarrollos jurisprudenciales y estándares de la justicia internacional en materia de protección de los derechos humanos. La justicia administrativa emitirá una respuesta.

II. En busca de la reparación integral[69]

En 1998 se produjo una importante reforma a los procedimientos judiciales con el objeto de armonizarlos con el espíritu de la Constitución de 1991, encaminada al logro de una justicia material y efectiva, con la expedición de la Ley 446. En ella se introdujeron unos principios y reglas muy importantes en materia de reparación de daños:

ARTICULO 16. VALORACIÓN DE DAÑOS. Dentro de cualquier proceso que se surta ante la Administración de Justicia, la valoración de daños irrogados a las personas y a las cosas, atenderá los principios de reparación integral y equidad y observará los criterios técnicos actuariales.

---

[68]   Corte Interamericana de Derechos Humanos, caso trabajadores cesados del Congreso (Aguado Alfaro y otros) vs. Perú, sentencia de 24 de noviembre de 2006.

[69]   "Sobre el contenido del núcleo esencial de la reparación integral se podría decir que está integrado, de un lado, por el derecho que tiene toda persona a no sufrir un daño injusto en sus intereses personales o patrimoniales y, de otro lado, por el derecho a obtener la indemnización y/o compensación que cubra en toda su dimensión los efectos causados por el daño, lo que consiste, efectivamente, no solo en el reproche jurídico sino en la constatación práctica y suficiente de la reparación de todos los perjuicios que estén en relación causal directa con el actuar del responsable." *Sandoval Garrido,* "Reparación integral y responsabilidad civil: el concepto de reparación integral y su vigencia en los daños extrapatrimoniales a la persona como garantía de los derechos de las víctimas", Revista de Derecho Privado, núm. 25, 2013, p. 272.

Sorprende que esta disposición que introdujo el principio de reparación integral no tuvo aplicación inmediata, al menos en los procesos de responsabilidad extracontractual del Estado. La respuesta clásica y única en materia de reparación de daños antijurídicos atribuidos a los entes públicos fue la indemnización o compensación pecuniaria, tanto para perjuicios patrimoniales como extrapatrimoniales. Sin embargo, la situación comenzó a cambiar, al menos, a partir de 2008 en la jurisprudencia del Consejo de Estado, cuando se presentaron cambios significativos en la fundamentación del juicio de responsabilidad y en los mecanismos de reparación.

Era lógico esperar que ello se produjera por cuanto la nueva Constitución incorporó de manera clara el derecho internacional en materia de derechos humanos, con carácter prevalente sobre el derecho interno[70]. En este contexto, a nivel del sistema universal de protección de los derechos humanos en 2005 se produjo un importante instrumento: la Resolución 60/147 aprobada por la Asamblea General de Naciones Unidas que tendrá importantes efectos en la jurisprudencia y en la legislación colombiana.

1. De la superación del estricto marco del derecho privado en materia de reparación de daños

Con ocasión de la conmemoración de los 50 años de la expedición de la "Declaración Universal de Derechos Humanos", Naciones Unidas expidió la Resolución 60/147 del 16 de diciembre de 2005, denominada "Principios y directrices básicos sobre el derecho de las víctimas de violaciones manifiestas de las normas internacionales de derechos humanos y de violaciones graves del derecho internacional humanitario a interponer recursos y obtener reparaciones".

La importancia que tiene este instrumento internacional para el caso que nos ocupa, es que por primera vez de manera explícita se supera el estricto marco pecuniario indemnizatorio como único mecanismo de reparación de daños atribuibles al Estado y se avanza a otros mecanismos que en muchos casos

---

[70]   "Articulo 93. Los tratados y convenios internacionales ratificados por el Congreso, que reconocen los derechos humanos y que prohíben su limitación en los estados de excepción, prevalecen en el orden interno". (Se subraya).
"Los derechos y deberes consagrados en esta Carta se interpretarán de conformidad con los tratados internacionales sobre derechos humanos ratificados por Colombia." (Se subraya).
"Articulo 94. La enunciación de los derechos y garantías contenidos en la Constitución y en los convenios internacionales vigentes, no debe entenderse como negación de otros que, siendo inherentes a la persona humana, no figuren expresamente en ellos." (Se subraya).

pueden ser más efectivos, más respetuosos y más adecuados para la dignidad de las víctimas. En efecto, el derecho a la reparación de violaciones a los derechos humanos se concretiza en cinco importantes mecanismos, a saber[71]:

Restitución

Esta medida busca, en la medida de lo posible, borrar los efectos de las conductas ilegales y restablecer plenamente la situación que probablemente existiría si no se hubiesen cometido *(restitutio in integrum)*[72]. Para que sea efectiva pretende incidir en las causas estructurales de la violación, como bien puede ser la restitución jurídica[73].

Compensación

Se trata de la clásica indemnización pecuniaria y opera siempre y cuando el daño es susceptible de ser evaluado económicamente y de conformidad con lo que resulte probado; además, debe existir proporcionalidad entre la gravedad de la violación y las circunstancias del caso concreto.

---

[71] Para la presentación de esta tipología sigo la importante y reciente publicación, en donde se presenta un amplio y documentado estudio analítico: *García García/Fierro Ferráez/Lisitsyna,* Guía en materia de reparaciones por violaciones de derechos humanos, relacionadas con la integridad física. Obligaciones internacionales y prácticas jurisdiccionales, 2019.

[72] Según la Corte IDH la medida de restitución es la primera que debe adoptarse y si esto no es posible acudir a otros mecanismos de reparación integral. Cfr. Caso Comunidad Garífuna Triunfo de la Cruz y sus miembros vs. Honduras. Fondo, "Reparaciones y Costas, sentencia de 8 de octubre de 2015", Serie C No. 305, párr. 255; Caso Velásquez Rodríguez vs. Honduras, "Fondo. sentencia de 29 de julio de 1988", párr. 26; Caso López Lone y otros vs. Honduras, "Excepción Preliminar fondo, reparaciones y costas. sentencia de 5 de octubre de 2015", párr. 222 y 287; Caso Rodríguez Vera y otros (Desaparecidos del Palacio de Justicia) vs. Colombia, Excepciones Preliminares, fondo, reparaciones y costas, sentencia de 14 de noviembre de 2014", Serie C No. 287, párr. 543.

[73] "La expresión «restitución jurídica» se utiliza a veces en los casos en que la restitución requiere o implica la modificación de una situación jurídica, bien en el marco del ordenamiento jurídico del Estado responsable, bien en el marco de sus relaciones jurídicas con el Estado lesionado. Estos casos comprenden la revocación, la anulación o la enmienda de una disposición constitucional o legislativa promulgada en violación de una norma de derecho internacional, la anulación o revisión de un acto administrativo o de una resolución judicial ilícitamente adoptados con respecto a la persona o a los bienes de un extranjero o la exigencia de que se adopten disposiciones (en la medida en que el derecho internacional lo autorice) para dar por terminado un tratado." Ibídem, p. 65.

"De acuerdo con los Principios y directrices de las Naciones Unidas, la compensación puede otorgarse por los siguientes daños: el daño físico o mental; la pérdida de oportunidades, en particular las de empleo, educación y prestaciones sociales; los daños materiales y la pérdida de ingresos, incluido el lucro cesante; los perjuicios morales; los gastos de asistencia jurídica o de expertos, medicamentos y servicios médicos y servicios psicológicos y sociales."[74]

Satisfacción

Posee un alto valor simbólico y de impacto en la psicología individual o social de las víctimas, como las disculpas públicas, el reconocimiento por parte del Estado de haberse incurrido en una violación a los derechos humanos (que en sí misma puede significar una forma de reparación), el enjuiciamiento de los autores responsables a través de las acciones penales o disciplinarias o la reapertura de dichas investigaciones, la garantía del derecho a la verdad en general, la reforma legislativa o de prácticas discriminatorias o ilegales, la formación en derechos humanos de agentes estatales y demás medidas de impacto cultural y colectivo, monumentos o evento conmemorativos de las víctimas o de los hechos, etc.[75]

Rehabilitación[76]

Esta medida de reparación tiene por objeto que las víctimas tengan la oportunidad de alcanzar, en la medida de lo posible, "el máximo de autonomía y de funciones y puede entrañar ajustes en su entorno físico y social. La rehabilitación de las víctimas debe centrarse en el restablecimiento, en toda la medida de lo posible, de su independencia física, mental, social y profesional y en la inclusión y participación plenas en la sociedad."[77]

---

[74]   Ibid, p. 71.

[75]   La Corte IDH ha ordenado las siguientes medidas de satisfacción, entre otras: La creación de centros educativos a nombre de las víctimas; la designación de un día de conmemoración en honor a las víctimas; la creación de una base de datos sobre desaparecidos; la creación de sistemas de información genética para identificar a desaparecidos forzados; mejoramiento de las condiciones de vivienda e infraestructura; implementación de programas de vivienda en beneficio de sobrevivientes de las regiones afectadas por la violencia sistémica; el mantenimiento y mejoramiento de sistemas de carreteras, alcantarillado y agua potable, el establecimiento de centros de salud; la publicación de la verdad de los hechos ocurridos, la historia de vida de la víctima. Ibíd, p. 85.

[76]   La Convención contra la Tortura y Otros Tratos o Penas Crueles, Inhumanos o Degradantes, fue el primer instrumento de Naciones Unidas que habla de rehabilitación como una medida muy importante de reparación integral. Ibíd, p. 89.

[77]   Comité contra la Tortura (CAT). Convención contra la Tortura y Otros Tratos o Penas Crueles, Inhumanos o Degradantes, Observación general núm. 3 de 13 de diciembre de 2012, párr. 11.

La Corte IDH ha prestado especial atención a las medidas de rehabilitación y desde 2001 ha ordenado a los Estados que brinden servicios educativos, médicos o servicios similares o becas a sobre-vivientes y familiares afectados por violaciones de derechos humanos.[78] Entre las medidas de rehabilitación que ha ordenado se encuentran las de atención médica, psicológica o psiquiátrica y psicosocial a las víctimas.[79] Las medidas psicosociales han sido ordenadas en casos en los que "se ha constatado que los daños sufridos por las víctimas se refieren no sólo a partes de su identidad individual sino a la pérdida de sus raíces y vínculos comunitarios."[80]

La Corte IDH no se ha limitado a la orden de prestar rehabilitación sino que ha sentado las características que esta rehabilitación debe tener. La rehabilitación debe tener el carácter de permanente y los programas deben tener un enfoque "multidisciplinario a cargo de expertos en la materia, sensibilizados y capacitados en la atención de víctimas de violaciones a los derechos humanos, así como un enfoque de atención colectiva."[81] Esta rehabilitación, debe ser gratuita y prestada a través de las instituciones públicas especializadas respectivas más cercanas a las víctimas, de forma adecuada y efectiva.[82]

Medidas de no repetición

Constituyen medidas de carácter general, esenciales, necesarias, preventivas y con efectos futuros, a partir de los hechos violadores de los derechos humanos, con el objeto de que no se repitan. Así lo establece la Resolución 60/147 de Naciones Unidas:

> Las garantías de no repetición han de incluir, según proceda, la totalidad o parte de las medidas siguientes, que también contribuirán a la prevención: a) El ejercicio de un control efectivo por las autoridades civiles sobre las fuerzas armadas y de seguridad; b) La garantía de que todos los procedimientos civiles y militares se ajustan a las normas internacionales relativas a las garantías procesales, la equidad y la imparcialidad; c) El fortalecimiento de la independencia del poder judicial; d) La protección de los profesionales del derecho, la salud y la asistencia sanitaria, la información y otros sectores conexos, así como de los defensores de los derechos humanos; e) La educación, de modo prioritario y permanente, de todos los sectores de la sociedad respecto de

---

[78]   Corte IDH. Caso del Caracazo Vs. Venezuela. "Fondo, sentencia de 11 de noviembre de 1999".
[79]   Ibidem, párrs. 352 y 353.
[80]   Ibidem, párr. 352.
[81]   Ibidem.
[82]   *García García/Fierro Ferráez/Lisitsyna*, op. cit., p. 91.

los derechos humanos y del derecho internacional humanitario y la capacitación en esta materia de los funcionarios encargados de hacer cumplir la ley, así como de las fuerzas armadas y de seguridad; f) La promoción de la observancia de los códigos de conducta y de las normas éticas, en particular las normas internacionales, por los funcionarios públicos, inclusive el personal de las fuerzas de seguridad, los establecimientos penitenciarios, los medios de información, el personal de servicios médicos, psicológicos, sociales y de las fuerzas armadas, además del personal de empresas comerciales; g) La promoción de mecanismos destinados a prevenir, vigilar y resolver los conflictos sociales; h) La revisión y reforma de las leyes que contribuyan a las violaciones manifiestas de las normas internacionales de derechos humanos y a las violaciones graves del derecho humanitario o las permitan.[83]

Igualmente, es preciso tener en cuenta que en 2005 Naciones Unidas expidió una declaración de *soft law* denominada "Conjunto de principios actualizado para la protección y la promoción de los derechos humanos mediante la lucha contra la impunidad", en la cual se definió el alcance de la garantía de no repetición."[84]

---

[83]   Naciones Unidas, "Principios y directrices básicos sobre el derecho de las víctimas de violaciones manifiestas de las normas internacionales de derechos humanos y de violaciones graves del derecho internacional humanitario a interponer recursos y obtener reparaciones", Resolución 60/147 del 16 de diciembre de 2005, Artículo 23.

[84]   Naciones Unidas, E/CN.4/2005/102/Add.1, 8 de febrero de 2005: "Principio 35. Principios Generales: El Estado deberá adoptar medidas adecuadas para que las víctimas no puedan volver a ser objeto de violaciones de sus derechos. Con ese fin, los Estados deben emprender reformas institucionales y otras medidas necesarias para asegurar el respeto del imperio de la ley, promover y mantener una cultura de respeto de los derechos humanos, y restaurar o establecer la confianza pública en las instituciones gubernamentales. (…)."

2. Un pronunciamiento pionero de la justicia administrativa y sus efectos transformadores

En 2008, el Consejo de Estado al resolver un caso de una desaparición forzada y ejecución extrajudicial de dos hermanos por parte de la Policía Nacional, fortaleció su sistema clásico de responsabilidad estatal de falla en el servicio al fundamentarlo en normas supranacionales de derecho internacional público y estimó, por primera vez, que era preciso romper los parámetros de la indemnización pecuniaria como única fórmula de reparación de daños y avanzar, aún de oficio, en otras medidas de reparación integral. Tuvo como referente las decisiones adoptadas por la Corte IDH en las cuales había hecho un uso amplio de otras medidas restaurativas. Dijo la providencia:

> [L]a reparación integral propende por el restablecimiento efectivo de un daño a un determinado derecho o interés jurídico y, por lo tanto, en cada caso concreto, el juez de la órbita nacional deberá verificar con qué potestades y facultades cuenta para lograr el resarcimiento del perjuicio, bien a través de medidas netamente indemnizatorias o, si los supuestos fácticos lo permiten (trasgresión de derechos humanos en sus diversas categorías), mediante la adopción de medidas o disposiciones de otra naturaleza (…).
>
> Así las cosas, con el fin de proteger y restablecer los derechos humanos, las autoridades oficiales en Colombia y, concretamente, las pertenecientes a la Rama Judicial del poder público, cuentan con amplias facultades otorgadas por el propio ordenamiento jurídico, de manera principal, por la Constitución Política, toda vez que es un imperativo categórico adoptar todas las medidas posibles dirigidas a la satisfacción de las garantías básicas del ser humano, en especial las de naturaleza fundamental (primera generación), como quiera que el propio texto constitucional reconoce que son de aplicación inmediata (art. 85 C.P.), sin que sea necesaria ningún tipo de regulación y reglamentación para que sean adoptadas las medidas para su protección y promoción (…)[85].

Además, se planteó como propósito que haya una verdadera justicia reparadora y así evitar el desplazamiento de la justicia interna hacia los tribunales internacionales.

---

[85]   Consejo de Estado, Sección Tercera, sentencia de 20 de febrero de 2008 (caso de los hermanos Carmona Castañeda).

En dicha decisión se ordenaron como medidas de reparación integral, además de una indemnización pecuniaria, (i) excusas públicas por parte del director de la Policía Nacional; (ii) el diseño e implementación por dicha entidad de un sistema pedagógico de promoción y respeto de los derechos humanos dirigido a la comunidad; y (iii) la publicación de la parte resolutiva de la sentencia en el Comando de Policía, por el término de seis meses.

En 2012 se produjo otro importante pronunciamiento jurisprudencial el cual, por primera vez, fundamentó medidas de reparación integral en la Resolución 60/147 de Naciones Unidas, así[86]:

> Ahora bien ¿en qué consiste dejar indemne a la víctima? La reparación integral tiene que ver, de un lado, con lograr que las víctimas puedan mejorar la situación en la que las sumergió el daño, superar el miedo, la zozobra y la desesperanza así como recuperar su dignidad y autoestima de modo que les sea factible ejercer a cabalidad sus derechos y, de otro, con mostrar que el Estado se encuentra atento al restablecimiento de la confianza institucional resquebrajada frente a las víctimas directas e indirectas y la comunidad política que no entendería que causado el daño y habiéndole sido atribuido a su autoridades no se tenga que indemnizar plenamente[87].
>
> En pocas palabras, la reparación, hace relación a un grupo de medidas que se encaminan a "lograr que las víctimas reciban una respuesta o reparación integral y a establecer [un conjunto] de medidas para garantizar el fin de las atrocidades y prevenir o evitar que estas se vuelvan a cometer."[88]

---

[86]   Consejo de Estado, Sección Tercera, Subsección B, sentencia de 14 de junio de 2012.

[87]   Cfr. *Beristain,* Diálogo sobre la reparación: experiencias en el sistema interamericano de derechos humanos, tomo II, Instituto Interamericano de Derechos Humanos –IIDH–, 2008, p. 11.

[88]   Comisión Colombiana de Juristas Verdad, Justicia y Reparación. Algunas preguntas y respuestas, Bogotá, 2006 (consultado en la red el día 18 de abril de 2012).

Para efectos de determinar los alcances de la reparación integral en el asunto de la referencia, la Sala tendrá en cuenta la Resolución 60/147 del 21 de marzo de 2006, adoptada por la Asamblea General de las Naciones Unidas. Este documento –que ha sido acogido por la Corte Interamericana de Derechos Humanos[89] y se ha proyectado asimismo sobre la jurisprudencia sentada por la Corte Constitucional[90] y por esta Corporación[91]–, contiene los principios y directrices básicos en la materia.

Siguieron diversos pronunciamientos como la sentencia de 2013[92], en la cual se reconoció que la justicia interna "está llamada a actuar como juez interamericano a nivel nacional en los casos de graves violaciones a derechos humanos" y, en tal sentido, "ejercerá un control de convencionalidad a la conducta omisiva del Estado".

---

[89] Corte IDH. Caso de la "Panel Blanca" (Paniagua Morales y otros) Vs. Guatemala. Reparaciones y Costas. Sentencia de 25 de mayo de 2001. Serie C No. 76, párr. 119 (…).

[90] Cfr. Corte Constitucional. Sentencias C-578 de 2002; C-872 de 2003; T-025 de 2004; C-979 de 2005; T-188 de 2007; T-821 de 2007; T-458 de 2010, entre otras muchas.

[91] Consejo de Estado, Sala Plena de lo Contencioso Administrativo Sección Tercera, Subsección C", sentencia de 7 de febrero de 2011, Rad. No. 66001-23-31-000-2004-00587-01; sentencia de 26 de mayo de 2011, Rad. No. 52001-23-31-000-1998-00515-01(18747); Consejo de Estado, Sala de lo Contencioso Administrativo, Sección Tercera, sentencia de 20 de febrero de 2008, Rad. No.: 76001-23-25-000-1996-04058-01(16996); sentencia de 19 de octubre de 2007, expediente 29.273; sentencia del 19 de julio de 2000, exp.11842; sentencia de 25 de septiembre de 1997, Exp. 10.241.

[92] "En ese orden, se advierte que la omisión del Estado colombiano configuró un desconocimiento de la posición de garante frente a los derechos de las víctimas de la desaparición forzada, pues se encontraba en el rol de reforzar la protección de los afectados, la cual no llevó a cabo, lo que significó la violación de los contenidos obligacionales del artículo 1.1 de la Convención Interamericana de Derechos Humanos; así como también de lo dispuesto en artículo 1 de la Convención sobre Desaparición Forzada de Personas, reiterando con ello un reproche a este actuar negativo y permitiendo así una imputación del daño antijurídico." Consejo de Estado, Sección Tercera, sentencia de 21 de noviembre de 2013, exp. 29764. Igualmente ver, entre otras, providencias de la Sección Tercera del Consejo de Estado: sentencia de 3 de mayo de 2013, exp. 32274; sentencia de 12 de marzo de 2014, exp. 28224; sentencia de 9 de octubre de 2014, exp. 29033; sentencia de 26 de febrero de 2015, exp. 28666; sentencia de 29 de abril de 2015, exp. 32014; sentencia de 28 de mayo de 2015, exp. 26958; sentencia de 28 de octubre de 2015, exp. 34507; sentencia de 11 de abril de 2016, exp. 36079; sentencia de 5 de abril de 2017, exp. 43422; sentencia de 9 de junio de 2017, exp. 53704; sentencia de 12 de junio de 2017, exp. 41226; sentencia de 19 de julio de 2018 exp. 57934; auto de 20 de febrero de 2020, exp. 58780.

Bajo este escenario de oxigenación del instituto de la reparación de daño imputables al Estado, al abrirse a la fundamentación y aplicación directa de normas de derecho internacional público y acoger los nuevos estándares y modalidades de reparación, se produjo la sentencia de unificación de 2014, en la cual se reconoció que las afectaciones graves a bienes o derechos constitucional o convencionalmente afectados deben ser reconocidas como una *tercera categoría* de daños inmateriales, bajo las siguientes características[93]:

i) Es un daño inmaterial que proviene de la vulneración o afectación a derechos contenidos en fuentes normativas diversas: sus causas emanan de vulneraciones o afectaciones a bienes o derechos constitucionales y convencionales. Por lo tanto, es una nueva categoría de daño inmaterial.

ii) Se trata de vulneraciones o afectaciones relevantes, las cuales producen un efecto dañoso, negativo y antijurídico a bienes o derechos constitucionales y convencionales.

iii) Es un daño autónomo: no depende de otras categorías de daños, porque no está condicionado a la configuración de otros tradicionalmente reconocidos, como los perjuicios materiales, el daño a la salud y el daño moral, ni depende del agotamiento previo de otros requisitos, ya que su concreción se realiza mediante presupuestos de configuración propios, que se comprueban o acreditan en cada situación fáctica particular.

iv) La vulneración o afectación relevante puede ser temporal o definitiva: los efectos del daño se manifiestan en el tiempo, de acuerdo al grado de intensidad de la afectación, esto es, el impedimento para la víctima directa e indirecta de gozar y disfrutar plena y legítimamente de sus derechos constitucionales y convencionales.

Además, acogió en su integridad las medidas de reparación integral previstas en la Resolución 60/147 de Naciones Unidas, al considerar que tienen plena consonancia con las obligaciones estipuladas por el artículo 63.1 de la Convención Americana.

---

[93]   Consejo de Estado, Sección Tercera, Sala Plena, sentencia de unificación de 28 de agosto de expediente No. 32988.

Sobre este proceso todavía en construcción y que puede estar expuesto a críticas, avances, perfeccionamientos conceptuales y prácticos o, aún, a retrocesos, la doctrina ha señalado[94]:

> [L]a jurisprudencia del Consejo de Estado colombiano ha progresado en cuanto a reparaciones a graves violaciones de derechos humanos, dando aplicación al control de convencionalidad. En efecto, se pasó de un mero resarcimiento económico por los daños materiales y morales causados a las víctimas, a la adopción de medidas que pretenden repararlas de manera integral, disponiendo para ello, la realización de actos no pecuniarios a cargo del Estado con el objetivo de preservar la memoria tanto individual como colectiva y de tratar de restituir los derechos transgredidos. Adicionalmente, al acuñar el concepto de reparación transformadora se da un paso más allá del entendimiento de la justicia como algo meramente retributivo y se avanza por la senda de un cambio sustancial en las condiciones sociales que fueron causa de la transgresión de los derechos de las víctimas. No obstante, aquella corporación judicial debe afrontar el desafío de ordenar medidas concretas de tales reparaciones transformadoras, con el fin de superar las condiciones de pobreza, exclusión y vulnerabilidad de las víctimas al momento de la violación de sus derechos.[95]

Merece un estudio especial, que desborda el objeto del presente escrito, la visión todavía tímida, pero no menos importante, que la jurisprudencia administrativa le ha otorgado al instituto de responsabilidad estatal en su dimensión transformadora de la realidad[96]. Si bien su solo planteamiento puede

---

[94]   *Pérez Niño/Zambrano Salazar/Cepeda Rodríguez*, "El impacto del control de convencionalidad en la jurisprudencia del Consejo de Estado colombiano en la reparación a víctimas de graves violaciones a derechos humanos", Eunomía. Revista en Cultura de la Legalidad, núm. 9, octubre 2015- marzo 2016, p. 175.

[95]   Sobre el debate y concepto de las reparaciones transformadoras ver: *Uprimmy Yepes/Saffón Sanín*, "Reparaciones transformadoras, justicia distributiva y profundización democrática", en *Díaz Gómez/Camilo Sánchez/Uprimny Yepes (eds.)*, Reparar en Colombia: los dilemas en contextos de conflicto, pobreza y exclusión, 2009, pp. 31-70.

[96]   Entre algunos pronunciamientos en esa dirección, es oportuno citar el siguiente en el cual se justifica la realización de una obra de arte en homenaje a las víctimas de graves violaciones a los derechos humanos por parte del Estado: "…estima la Sala que las medidas de satisfacción, rehabilitación y no repetición que se adopten frente a casos como el presente, deben ir más allá de buscar una reivindicación volcada hacia la pretérita época en la que ocurrieron las lesiones a los derechos de las víctimas, y deben propender, antes bien y además, por una modificación de las condiciones estructurales que dieron lugar a la victimización, de tal forma que se trate de una reparación verdaderamente transformadora que tienda a impedir el surgimiento de hechos similares en el futuro.(…). En este género de medidas de reparación integral, en clave de transformación de las condiciones estructurales que dieron lugar a la victimización, además de

sorprender a los defensores clásicos del derecho privado que son estrictos en considerar que se debe reparar única y exclusivamente los efectos dañosos causados a través de una indemnización o compensación económica, toda vez que ir más puede generar un enriquecimiento sin justa causa, lo cual constituye un argumento muy sólido, lo cierto es que en la responsabilidad del Estado la problemática en sí misma desborda un conflicto civil entre sujetos privados y adquiere características y efectos de interés público, toda vez que se enjuicia la conducta de quien está llamado a respetar, garantizar y proteger los derechos y libertades, y en un momento desafortunado se convierte en el mayor transgresor.

De allí la necesidad de reconocer que si bien en la responsabilidad civil por daños entre sujetos privados y la responsabilidad estatal por daños antijurídicos existen importantes vasos comunicantes en cuanto a su fundamentación, regulación jurídica y soluciones prácticas a casos concretos, como lo demuestra la historia de la reparación extracontractual a lo largo de más de cien años en Colombia, también lo es que se trata de problemáticas situadas en planos esencialmente diferentes en cuanto a su regulación jurídica (derecho público interno e internacional), al sujeto imputado (el Estado autodenominado de derecho, social y democrático) y a los efectos que produce una conducta dañosa en la conciencia colectiva, más allá de las víctimas directas que no merecían esta condición.

J. Conclusiones

El agitado, intrincado y no menos polémico proceso histórico de desarrollo del instituto de responsabilidad extracontractual del Estado en Colombia, muestra cómo ha cumplido a lo largo de su existencia una importante función de fortalecimiento del Estado de derecho en su dimensión de garantía y reparación de los daños antijurídicos a los derechos y libertades de los ciudadanos, que nunca debieron ser vulnerados por las autoridades públicas.

---

las políticas generales que puedan implementarse en el marco de la relación vertical que existe entre el Estado y las víctimas a propósito de la legislación vigente sobre la reparación de aquellas, también debe tenerse como insumo el componente simbólico que pueda ser aportado por los sujetos pasivos de las acciones vulneradoras, elemento este que sólo puede ser aprehendido por el obligado a llevar a cabo la reparación cuando a los afectados se los empodera para liderar los procesos de redefinición de imaginarios que se lleven a cabo en el marco de la rehabilitación." Consejo de Estado, Sección Tercera, Subsección B, sentencia de 12 de octubre de 2017, rad. 05001-23-31-000-2010-01922-01 (49416). Igualmente, ver, entre otras: Consejo de Estado, Sección Tercera, Subsección B., sentencia de 16 de agosto de 2018, exp. 37719.

Si bien en los juicios de responsabilidad estatal se debaten conflictos de resorte particular, las decisiones judiciales que declaran la prosperidad de las reclamaciones reparadoras tienen innegables efectos de interés público, no solo por su impacto en las arcas presupuestales, lo cual constituye un importante motivo de preocupación, sino, fundamentalmente, por la visibilización de situaciones de injusticia, inequidad o arbitrariedad que ameritan tomar en serio, si se trata de construir una sociedad y un Estado democráticos.

Luego del logro de la constitucionalización del derecho a la reparación de daños antijurídicos imputables al Estado, la fuerza de las circunstancias y el avance de la conciencia jurídica ha hecho que el instituto de la responsabilidad adquiera en los últimos años una dimensión, si bien problemática y controversial, necesaria e importante. El juez de la responsabilidad no solo es la expresión de una función jurisdiccional interna, sino que está inscrito en un sistema de derecho internacional, el cual espera que sea la primera y suficiente respuesta en la definición de los conflictos.

De allí que parezca razonable que en este periodo de "diálogo y apertura con el derecho internacional público", las decisiones judiciales internas se fundamenten en desarrollos y en estándares supranacionales, en especial los tratados de Derechos Humanos y de Derecho Internacional Humanitario, aprobados por Colombia, y en los pronunciamientos de las cortes internacionales, en especial de la Corte IDH.

Este acercamiento y reconocimiento ha permitido que hoy se asuma el derecho a la reparación como derecho fundamental y su correlación intrínseca con otros derechos declarados también como fundamentales como son a la verdad y a la justicia.

En este panorama era de esperar que se produzca una transformación en la mirada al tratamiento clásico de la reparación, fincada exclusivamente en una respuesta pecuniaria, y adquiera una tipología que trasciende lo estrictamente económico hacia una función transformadora de la realidad con componentes psicológicos y simbólicos de carácter individual y colectivo. Esta dimensión en construcción, que desde luego está expuesta a la crítica académica y pública tan necesaria, propende por consolidarse y no retroceder hacia espacios afortunadamente ya superados.

Parte 2: Derecho de sostenibilidad

El derecho administrativo económico y la sostenibilidad

Eddy De La Guerra Zúñiga

A. Introducción

En ocasiones anteriores desarrolle investigaciones cortas y escritos relativos al Derecho administrativo económico, su contenido mínimo, su necesaria renovación hacia nuevos contenidos, entre otros temas. Este artículo pretende dar continuidad a esas investigaciones y desarrollar el concepto sostenibilidad desde la generalidad del derecho administrativo hacia su vertiente económica.

En esa línea, se pretende demostrar que el Estado como agente interventor en la economía, tiene la capacidad y por lo tanto la responsabilidad de realizar y estimular actividades económicas con responsabilidad social y ambiental, de manera sostenida y sustentable. Para ello se partirá de una metodología hibrida, que parte del dogmatismo y se combina con el análisis económico del derecho. En este sentido se abordará una de las perspectivas del derecho administrativo económico (B). A continuación, se realizará un análisis de la relación entre la sostenibilidad y el derecho administrativo general (C), el cual se concreta en el correspondiente a la relación entre la sostenibilidad y el derecho administrativo económico (D). Finalmente se presentarán las conclusiones correspondientes (E).

B. El derecho administrativo económico

En un estudio previo definí y caractericé al Derecho administrativo económico como como una subrama derivada, ni siquiera del Derecho administrativo general, sino más bien del propio Derecho público, y señalé que desde el punto de vista normativo se trata de aquel conjunto de normas que forman parte del ordenamiento jurídico de los Estados, cuyo objeto de regulación es la intervención de la administración en la economía, sus agentes y relaciones; también afirmé que desde el punto de vista epistemológico, se trata de una disciplina jurídica encargada del estudio e investigación de este fenómeno de intervención de la relación económica de los ciudadanos, teniendo al Estado como la fuente de la norma que regula dichas relaciones, prestador de varios servicios y garante de los derechos y obligaciones derivadas de esta interacción[1]. Por lo tanto, esta subrama jurídica pública se encarga desde lo normativo de regular las intervenciones del Estado en la economía y desde lo epistemológico a estudiar la forma en que el ente público realiza efectivamente dichas intervenciones; por lo tanto, su principal objeto de estudio es relación entre Derecho y Economía en lo que resulta ser el ámbito del Derecho público económico[2].

Así el estudio sobre la administración económica y la regulación económica y social[3] constituyen un campo prolífico de investigación, donde los estudios tienden a concentrarse en la intervención administrativa del Estado en la economía[4].

Por otro lado, y tal como lo he señalado previamente[5] fenómenos administrativos como privatización, desregulación y liberalización[6] además de medidas anticrisis[7], estabilidad presupuestaria[8], globalización y su impacto en el derecho administrativo[9], son elementos fundamentales del Derecho administrativo económico, que debe al paso de la propia modernización del Estado comenzar a analizar estas temáticas desde el concepto "sostenibilidad".

Merece la pena señalar que el estudio tradicional del Derecho administrativo económico ha requerido además del análisis de la Constitución económica y sus principales elementos,[10] que incluyen de manera general el derecho a la

---

[1]   *De La Guerra*, "Capítulo 49 Renovación del Derecho Administrativo Económico", en *Fernández Ruiz/Pérez Gálvez*, Homenaje de AIDA al profesor Jesús González Pérez, 2019, p. 946.

[2]   Sobre este tema *vide: Martín*, Derecho público de la economía, 1985; *Retortillo*, Derecho administrativo económico, t. I, 1988; *Rivero Ortega*, Introducción al derecho administrativo económico, 2007.

[3]   Vide: *Rivero Ortega*, Derecho administrativo económico, 2015, p. 13-20.

[4]   Vide: *Serrano Acitores*, La intervención administrativa y económica en la actividad empresarial, 2015.

[5]   *De La Guerra*, "Capítulo 49", p. 947.

[6]   Vide: *Gómez-Oliveros, "Desregulación, Privatización y Derecho Administrativo"*, Revista española de derecho administrativo, núm. 84, 1994, pp. 678-680.

[7]   Sobre este tema, *vide: Rivero Ortega*, Derecho administrativo económico, 2015, pp. 19-23; también se puede consultar *Boto Álvarez*, Medidas anti-crisis y reforma de las administraciones: ¿Quid de los servicios públicos?, 2014.

[8]   Vide: *Calatayud Prats*, "La estabilidad presupuestaria, la suficiencia financiera y las garantías financieras y de pago de las competencias municipales tras la Ley 27/2013, de 27 de diciembre, de racionalización y sostenibilidad de la administración local", Dereito 25, núm. Extraordinario 2016, pp. 107-152.

[9]   Vide: *Chiti/González/Marchetti/Ponce Solé*, Derecho administrativo global: organización, procedimiento, control judicial, 2010.

[10] Vide: *Rivero Ortega*, Derecho administrativo económico, 2015, pp. 49-78.

propiedad[11], el derecho a libre empresa[12], regulación del mercado[13] y, de manera contemporánea, la protección del medioambiente[14]; salvo por el último, que se puede decir es reciente en relación con el desarrollo teórico del resto de contenidos, estos han venido siendo los objetos de estudio en los que más énfasis ha hecho la doctrina, tanto en esta subrama jurídica como en la del Derecho privado conocida como Derecho de la empresa[15].

En esa misma línea y partiendo de los objetos de conocimiento previamente descritos, la prestación de servicios públicos,[16] sus formas de gestión y la protección de los usuarios han sido determinados como asuntos de interés para esta subrama jurídica; al igual que la intervención del Estado en la economía, no solo como regulador, sino como actor, muy especialmente por intermedio de empresas públicas[17].

Por otro lado, no podemos olvidar que la intervención del Estado en la economía no viene únicamente a concretarse a través de los objetos de estudio mencionados; existen pues otras actividades de alto impacto y que derivan de la actividad financiera pública derivada de las funciones recaudatorias y erogatorias del Estado en el proceso natural de percepción de ingresos y concreción del gasto público.

---

[11]   Vide: *Rodríguez De Santiago,* "Las garantías constitucionales de la propiedad y de la expropiación forzosa a los treinta años de la Constitución española", Revista de administración pública, núm. 177, 2008, pp. 157-194.

[12]   Vide: *Ariño Ortiz,* Principios constitucionales de la libertad de empresa, libertad de comercio e intervencionismo administrativo, 1995.

[13]   *Martín,* El marco público de la economía de mercado, 1999; *Fernando Pablo,* "Las funciones del principio de unidad de mercado en la jurisprudencia constitucional", Revista española de derecho administrativo, núm. 73, 1992, pp. 29-45.

[14]   Vide: *Lozano Cutanda,* "Derecho ambiental: algunas reflexiones desde el derecho administrativo", Revista de administración pública, núm. 200, 2016, pp. 409-438.

[15]   *De La Guerra,* "Capítulo 49", pp. 947-948.

[16]   Vide: *Muñoz Machado,* Servicio público y mercado, tomos I, II, III y IV, 1998.

[17]   Vide: *Gil Estallo,* Política económica de la empresa pública, 1982; *Ricart,* Incentivos y control en la empresa pública, 1991; *Rodríguez-Arana,* La privatización de la empresa pública, 1991.

De ahí que haya venido sosteniendo que es necesario renovar el Derecho administrativo económico, incorporando objetos de conocimiento que hasta el momento han sido: o bien abordados de manera tangencial, o bien abordados por otras disciplinas jurídicas, con la finalidad de llevar a cabo investigaciones y, en consecuencia, construir doctrina altamente especializada que sea tanto interdisciplinaria como multidimensional[18]. Por esa razón es preciso partir del estudio de la actividad financiera del Estado[19], así como también a la relación jurídico-impositiva y a la relación jurídica del gasto público, no tan reconocida pues se trata de una teoría de reciente construcción[20], pues en ellas confluyen acciones del Estado que inciden de manera directa en la economía de los particulares.

Una temática de vital importancia para el tema que compete a este capítulo es la estabilidad presupuestaria que si bien ha sido profundamente estudiada en el ámbito de la subrama económica y desde lo jurídico en el ámbito del Derecho presupuestario[21], se trata pues de una subrama del Derecho financiero público, no así del Derecho administrativo; sin embargo, es necesario que esta temática sea profundamente abordada por el Derecho administrativo económico, en particular para debatir sobre la fuerza obligatoria del presupuesto como ley, el control de constitucionalidad de los presupuestos públicos y la garantía de los derechos por la vía del presupuesto; también, se debe analizar el impacto en la planificación nacional[22] en la economía, tanto nacional como globalizada.

Particular énfasis merece un acápite sobre crédito, empréstito y deuda pública acerca del impacto que generan en la economía las negociaciones y acuerdos con entidades tales como el Fondo Monetario Internacional y el Banco mundial[23], pues las medidas fiscales que de estos pactos se derivan inciden signifi-

---

[18]   *De La Guerra*, "Capítulo 49", pp. 947-948.

[19]   Vide: *Troya Jaramillo*, "De la actividad financiera y las ciencias que tratan de ella", en *Albán/De La Guerra/Galán* (Dir.), Derecho financiero y tributario: ensayos en honor del profesor José Vicente Troya Jaramillo, 2017, pp. 49-88.

[20]   Teoría acuñada por *Troya Jaramillo*, El derecho del gasto público: especial referencia a los derechos económicos sociales y políticos, 2014.

[21]   Para analizar esta temática desde la interdisciplinariedad, se recomienda doctrina especializada tal como: *Martínez Lago*, Temas de derecho presupuestario: hacienda pública, estabilidad y presupuestos, 2002; *Martínez Giner* (Coord.), Manual de derecho presupuestario y de los gastos públicos, 2018.

[22]   Vide: *Alcañiz Moscardó*, "El desarrollo local en el contexto de la globalización", Convergencia: Revista de ciencias sociales, vol. 15, núm. 47, 2008, pp. 285-317.

[23]   *Vide: Jiménez Jiménez/Montijano Guardia*, "El Fondo Monetario Internacional", en *Collantes González/De La Vega Justribó* (Coord.), Derecho internacional económico y de las inversiones internacionales, vol. 1, 2009, pp. 189-222; *Lichtensztejn,* Fondo Monetario Internacional y Banco Mundial: instrumentos del poder financiero, 2010.

cativamente en las empresas y el mercado local[24], así como la temática relativa gasto público[25] cuyo estudio permitiría comprender el verdadero costo de los derechos[26] desde la vertiente administrativa en el rol garante de los Estados en economías globales y ambientes altamente competitivos en los que interactúan tanto el sector público como el sector privado en la oferta a menor costo de bienes y servicios.

Ahora bien, todos estos temas, "objetos de estudio" si se quiere darles una connotación epistemológica –han venido desde sus respectivos orígenes siendo tanto regulados como conocidos desde una órbita jurídico tradicional, carente pues de una necesaria interdisciplinariedad, que permita incorporar matices tanto sociales y ambientales a la regulación de la intervención del Estado en la economía, situación que ha tendido al cambio a partir del reconocimiento del principio de desarrollo sostenible, de aquí que sea necesario desarrollar doctrina especializada sobre la sostenibilidad no solo en el ámbito del Derecho administrativo general, sino de su vertiente más específica, la económica.

C. La sostenibilidad y el derecho administrativo general

De acuerdo con Pérez Gálvez el "desarrollo sostenible se basa en tres factores: sociedad, economía y medio ambiente" y conforme el informe Brundthland[27] se define como la satisfacción "de las necesidades de las generaciones presentes sin comprometer las posibilidades de las del futuro para atender sus propias necesidades"[28].

Por su parte Sanz Larruga afirma que "la exitosa formulación del paradigma de la sostenibilidad –en sus diversas facetas: ambiental, social y económica– que prolifera en muchos textos programáticos y estratégicos de las organizaciones internacionales y de los gobiernos nacionales, elaborados con ocasión de la

---

24   *De La Guerra*, "Capítulo 49", pp. 953-954.
25   *Troya Jaramillo*, El derecho del gasto público: especial referencia a los derechos económicos sociales y políticos, 2014.
26   *Holmes/Sunstein*, El costo de los derechos: por qué la libertad depende de los impuestos, 2015.
27   Comisión Mundial de Medio Ambiente y Desarrollo *Nuestro futuro común* (conocido como "Informe BRUNTDLAND") adoptado en 1987, documento preparatorio para la Conferencia de las Naciones Unidas sobre el Medio Ambiente y el Desarrollo, celebrada en Río de Janeiro a principios de junio de 1992.
28   *Pérez Gálvez*, "Capítulo 1 El sueño de "hacer las Américas" y "hacer las Españas": Un viaje de ida y vuelta que ha propiciado el legado de una natural afinidad cultural y académica, y la existencia de una profunda relación fraternal", en *Fernández Ruiz/Pérez Gálvez,* Homenaje de AIDA al profesor Jesús González Pérez, 2019, pp. 78.

presente crisis económica, plantea importantes problemas de interpretación jurídica", afirma el autor que los problemas se presentan cuando "se pretende introducirlos acríticamente en los textos normativos, y esto se debe a que el desarrollo sostenible no es un mero recurso conceptual fruto de las nuevas corrientes de la economía ambiental" sino que de acuerdo con el autor, "constituye un verdadero principio jurídico que se traduce en importantes prescripciones y mandatos ordenados a la utilización racional de los recursos naturales y su proyección sobre las generaciones futuras"[29].

Ahora bien, el desarrollo sostenible[30] es un concepto configurado hacia el fin del siglo XX con finalidades estratégicas de carácter tanto social como ambiental. Es de acuerdo con Pérez Gálvez "una alternativa de reestructuración del concepto de desarrollo y procura la reconciliación entre el crecimiento económico, los recursos naturales y la sociedad". De acuerdo con el autor "es necesario no comprometer a largo plazo la vida en el planeta, ni la calidad de vida de todos los seres humanos. Este nuevo paradigma vertebrado en documentos como la Carta de la Tierra y otros posteriores tiene un potencial extraordinario"[31].

Conforme lo previsto en el principio tercero de la Declaración de Río sobre Medio Ambiente y Desarrollo "el derecho al desarrollo debe ejercerse en forma tal que responda equitativamente a las necesidades de desarrollo y ambientales de las generaciones presentes y futuras"; y de acuerdo con el principio número cuatro a "fin de alcanzar el desarrollo sustentable, la protección del medio ambiente deberá constituir parte integrante del proceso de desarrollo y no podrá considerarse en forma aislada"[32].

En este punto San Larruga recuerda que el concepto de desarrollo sostenible tiene su origen en la economía ambiental y prosperó en el ámbito del Derecho Internacional"[33] es un concepto "esencialmente controvertido, sugerente, evoca-

---

[29] *Sanz Larruga*, Sostenibilidad ambiental y Derecho Administrativo: ¿nuevo remedio ante la crisis económica o una exigencia constitucional? A propósito de la nueva Ley de Economía Sostenible, Comunicación al VIº Congreso de la Asociación de Profesores de Derecho Administrativo celebrado en Palma de Mallorca, los días 11 y 12 de febrero de 2011, pp. 1.

[30] Sobre el concepto de desarrollo sostenible y su evolución *vide: Jiménez Herrero*, Desarrollo sostenible. Transición hacia la coevolución global, 2000.

[31] *Pérez Gálvez*, "Capítulo 1 El sueño de "hacer las Américas" y "hacer las Españas": Un viaje de ida y vuelta que ha propiciado el legado de una natural afinidad cultural y académica, y la existencia de una profunda relación fraternal", en *Fernández Ruiz/Pérez Gálvez*, Homenaje de AIDA al profesor Jesús González Pérez, 2019, pp. 78.

[32] Naciones Unidas, Asamblea General, Declaración de Río sobre el medio ambiente y el desarrollo. Conferencia de las Naciones Unidas sobre el medio ambiente y el desarrollo. Cumbre de Río de Janeiro, 1992. Esta Declaración se basa en la declaración anterior sobre el desarrollo sostenible celebrada en Estocolmo en 1972.

[33] *Sanz Larruga*, Sostenibilidad ambiental y Derecho Administrativo, p. 3.

dor, exitoso, cargado de expectativas, con una imparable *vis* atractiva y con una gran flexibilidad que le otorgan grandes ventajas pero a la vez enormes inconvenientes [...] a causa de su desmesura retórica y de su banalización conceptual"[34].

Esta flexibilidad previamente advertida implica que puede y de hecho debería, aplicarse en todas las ramas del derecho, muy especialmente en su vertiente pública, ya que trata efectivamente de impacto de la actividad del Estado en el uso de los recursos, en particular los naturales no renovables, y por tanto en el impacto tanto social como ambiental que de sus actividades deriven.

En ese sentido y conforme lo previsto en el principio séptimo de la Declaración de Río, los estados deberán cooperar con espíritu de solidaridad mundial para conservar, proteger y restablecer la salud y la integridad del ecosistema de la tierra, ello en vista de que han contribuido en distinta medida a la degradación del medio ambiente mundial, los Estados tienen responsabilidades comunes pero diferenciadas. Los países desarrollados reconocen la responsabilidad que les cabe en la búsqueda internacional del desarrollo sustentable, en vista de las presiones que sus sociedades ejercen en el medio ambiente mundial y de las tecnologías y los recursos financieros de que disponen[35].

En ese sentido, el desarrollo sostenible ha venido cobrando fuerza de manera general y ha sido receptado en el Derecho administrativo por la directa imbricación con el Derecho ambiental, en ese sentido Jaria-Manzano señala:

> La progresiva toma de conciencia de la centralidad de la crisis ambiental en la vida de las sociedades contemporáneas, que se ha ido produciendo, paso a paso, en el último medio siglo, ha ido dando lugar a la aparición del derecho ambiental, que, en el curso de este tiempo, ha ido definiendo su impacto en el contexto de la cultura jurídica moderna[36]. Así, en un principio, el derecho ambiental aparecía como una nueva rama del derecho administrativo, un ámbito sectorial entre los muchos que la progresiva complejidad social iba generando en la tradición del derecho público. Sin embargo, la progresiva toma de conciencia de que lo ambiental no es un sector, sino que se configura como una totalidad, que interpela los mismos fundamentos de la gobernanza de las sociedades contemporáneas, ha ido modificando la imagen del derecho ambiental[37].

---

[34]   *Rodrigo Hernández,* El concepto de desarrollo sostenible en el Derecho Internacional, Anuario de la Asociación para las Naciones Unidas, 8, 2006-07, pp. 160-161.

[35]   Naciones Unidas Asamblea General, Declaración de Rio sobre el medio ambiente y el desarrollo.

[36]   *Jaria-Manzano,* "Los principios del derecho ambiental: Concreciones, insuficiencias y reconstrucción", Revista Ius et Praxis, Año 25, núm. 2, 2019, p 404.

[37]   *Jaría-Manzano,* Los principios del derecho ambiental, p. 404.

Así el desarrollo sostenible ha tenido mayor fuerza en unas de su subrayas del Derecho administrativo más que en otras, por ejemplo, en los ámbitos de la contratación pública, en la gestión de recursos y sectores estratégicos y muy especialmente del Derecho urbano que de manera interdisciplinaria se incardina con el Urbanismo, en ese sentido:

> El desarrollo sostenible en su versión ambiental ha permeado buena parte de la ordenación jurídico-administrativa sectoria y particularmente la regulación de los diferentes recursos naturales (suelo, biodiversidad, aire, aguas, etc.). Pero es especialmente significativo el impacto de sostenibilidad ambiental que se proyecta sobre el régimen jurídico de la ordenación del territorio y del urbanismo[38].

Y del urbanismo hacia adelante con el desarrollo además de otras ramas del Derecho *administrativo*, por ejemplo, el Derecho minero, tal como lo señala Moreno Molina quien afirma que "como consecuencia de este desarrollo, se ha producido la emergencia y definitiva consolidación de un nuevo paradigma ecológico del Urbanismo, lo que ha tenido su correlativa repercusión en el control urbanístico de la minería"[39].

De acuerdo con San Larruga desde el punto de vista del Derecho administrativo la sostenibilidad ambiental no deja de ser una aplicación de la eficacia administrativa desde la perspectiva del criterio de la eficiencia como principio de utilización racional de los recursos[40]; y por ello es que tiene repercusiones en cada uno de los contenidos regulados por el régimen jurídico administrativo.

En ese sentido, se podría colegir, aunque existan respetables opiniones en contrario, que su incorporación en calidad de principio en la Constitución de algunos Estados ha derivado de alguna manera del fenómeno de la constitucionalización del Derecho administrativo, que tiene matices y formas diversas en cada país.

Así por ejemplo "como sucede con el caso de España, el desarrollo sostenible no se incorpora al texto constitucional de manera explícita, pero, sin embargo, es construido por la jurisprudencia constitucional" y tal como señala

---

[38] *Sanz Larruga*, Sostenibilidad ambiental y Derecho Administrativo, p. 7.

[39] *Moreno Molina*, "Capítulo 31 El control de la actividad minera desde el Derecho Urbanístico", en *Fernández Ruiz/Pérez Gálvez*, Homenaje de AIDA al profesor Jesús González Pérez, 2019, pp. 609.

[40] *Sanz Larruga*, Sostenibilidad ambiental y Derecho Administrativo, p. 6. El autor recomienda además la lectura de En esta dirección la obra de *Schmidt-Assmann*, La Teoría General del Derecho Administrativo como Sistema. Objeto y fundamentos de la construcción sistemática, (traducción española de la obra alemana: Das Allgemeine Verwaltungsrecht als Ordnungs Idee, 1998), 2003, pp. 354-355.

Jaria-Manzano este podría considerarse también el caso de Chile, que, "como es sabido, fue pionero en la introducción de una disposición relativa a la protección del medio ambiente en su Constitución, en 1980, a través del apartado octavo del artículo 19, en el que se reconoce un derecho a vivir en un "ambiente libre de contaminación"[41].

En el caso de Colombia conforme lo previsto en el artículo 80 de la Constitución el Estado planificará el manejo y aprovechamiento de los recursos naturales, para garantizar su *desarrollo sostenible*, su conservación, restauración o sustitución. Además, deberá prevenir y controlar los factores de deterioro ambiental, imponer las sanciones legales y exigir la reparación de los daños causados. Así mismo, cooperará con otras naciones en la protección de los ecosistemas situados en las zonas fronterizas[42].

En el caso de Ecuador, que por la Constitución vigente desde el año 2008 se introdujo el sumak kawsay, conocido también como el régimen del buen vivir, la incorporación del desarrollo sostenible es a mi juicio particularmente atípica; de acuerdo con el artículo 59, se reconocen los derechos colectivos de los pueblos montubios para garantizar su proceso de *desarrollo humano* integral, sustentable y *sostenible*, las políticas y estrategias para su progreso y sus formas de administración asociativa, a partir del conocimiento de su realidad y el respeto a su cultura, identidad y visión propia, de acuerdo con la ley[43], lo que da a entender que no es la economía global la involucrada, ni el Estado únicamente el titular de las obligaciones para la consecución del desarrollo sostenible, serían también las personas individualmente y los pueblos.

Por otro lado, en el artículo 83 relativo a los deberes de las personas, señala como uno de aquellos el "respetar los derechos de la naturaleza, preservar un ambiente sano y utilizar los recursos naturales de modo racional, sustentable y sostenible".

---

[41] "Así, numerosas constituciones han incorporado la idea del desarrollo sostenible a su articulado, como es el caso de la de Argentina (reforma de 1994, art. 41, si bien de modo perifrástico), la de Polonia (1997, art. 5) 32 o la de Suiza (1999, art. 2). El caso más transparente, por su carácter sistemático, sería la Carta Francesa del Medio Ambiente, documento que se incorpora al derecho constitucional francés con el mismo carácter que la Declaración de los Derechos del Hombre y del Ciudadano (1789) y el Preámbulo de la Constitución de 1946." *Jaria-Manzano*, "Los principios del derecho ambiental", pp. 412-413.

[42] Colombia, Constitución Política de Colombia 1991, actualizada con los Actos Legislativos a 2016. Énfasis añadido.

[43] Ecuador, Registro Oficial 449 de 20-oct-2008. Última modificación: 13-jul-2011. Énfasis añadido.

En lo relativo al Estado conforme lo previsto en el artículo 275 el régimen de desarrollo es definido como el conjunto organizado, sostenible y dinámico de los sistemas económicos, políticos, socioculturales y ambientales, que garantizan la realización del buen vivir, del sumak kawsay[44]; es decir el desarrollo sostenible en sus tres elementos fundamentales: social, ambiental y económico.

Ahora bien, para los países que han asumido la responsabilidad de reconocer el principio de desarrollo sostenible desde el ámbito constitucional, se han deberían advertir cambios que se manifiesten de manera tangible en el ámbito del Derecho administrativo, para citar tan solo un ejemplo de manifestación positiva habré de referirme al caso de Brasil[45], que de acuerdo con Juárez Freitas "cambió totalmente el modo brasileño de pensar" y un caso tangible es de la contratación pública", país que ahora está "necesariamente obligado a pensar en términos de contratación sostenible, es decir, incorporar criterios objetivos, sociales, ambientales y económicos"[46]:

Cierro este acápite señalando entonces que el desarrollo sostenible no es una utopía para el Derecho administrativo, es tangible y se consolida a partir del reconocimiento constitucional; sin embargo, requiere pues de voluntad política, pues la sola configuración como principio no asegura su garantía efectiva, es necesaria además la planificación, misma que no puede concretarse en escenarios de crisis económica y de desequilibrio presupuestario.

---

[44]   Artículo 275 "El Estado planificará el desarrollo del país para garantizar el ejercicio de los derechos, la consecución de los objetivos del régimen de desarrollo y los principios consagrados en la Constitución. La planificación propiciará la equidad social y territorial, promoverá la concertación, y será participativa, descentralizada, desconcentrada y transparente. El buen vivir requerirá que las personas, comunidades, pueblos y nacionalidades gocen efectivamente de sus derechos, y ejerzan responsabilidades en el marco de la interculturalidad, del respeto a sus diversidades, y de la convivencia armónica con la naturaleza."

[45]   Brasil, Constitución Política de la República Federal de Brasil, 1988, principio configurado en el art. 225.

[46]   *Juárez Freitas*, Conferencia "Derecho administrativo y desarrollo sostenible: nuevas tendencias de control de políticas públicas", Derecho al Día, Año XV, Edición 274 06 de octubre de 2016.

D. La sostenibilidad y el derecho administrativo económico

En el acápite anterior se ejemplificó de manera muy breve el estrecho vínculo entre el principio del desarrollo sostenible con el Derecho administrativo general y se evidenció su incidencia en la regulación de algunas fenómenos administrativos tales como la regulación urbanística, la contratación pública, o los sectores estratégicos, actividades que están reguladas por normativa propia del Derecho administrativo; sin embargo, hay una parte de la actividad del Estado está regulada de manera especial por normas que por principio de especialidad requieren regulación específica que supera la esfera de esta rama jurídica, y que por lo tanto están regulados por normas propias de las disciplinas de Derecho público en su vertientes financiero, presupuestario y tributario; ramas que se vinculan con el Derecho administrativo en la configuración una disciplina ya descrita en acápites anteriores como Derecho administrativo económico y que tendría también directa relación con el principio del desarrollo sostenible.

De ahí que haya sostenido con insistencia previamente en que se amerita una renovación del Derecho administrativo económico que permita tanto regular como estudiar tanto la actividad económica como financiera del Estado de manera interdisciplinaria, en esa línea el desarrollo sostenible, tiene vital importancia.

Para el desarrollo de esta última parte de este capítulo se debe partir de bases generales, para ello me remitiré a la Resolución General la Asamblea General de las Naciones Unidas adoptada el 25 de septiembre de 2015 con la Agenda 2030 para el Desarrollo Sostenible denominada "Transformar nuestro mundo"[47] que consta de diecisiete objetivos y las ciento sesenta y nueve metas.

Con esta agenda se pretende "hacer realidad los derechos humanos de todas las personas y alcanzar la igualdad entre los géneros y el empoderamiento de todas las mujeres y niñas"[48]. La ONU reconoce en este documento que cada país es el principal responsable de su propio desarrollo económico y social y señala:

> En la nueva Agenda se indican los medios necesarios para implementar los Objetivos y las metas. Reconocemos también que esos medios incluirán la movilización de recursos financieros, así como la creación de capacidad y la transferencia a los países en desarrollo de tecnologías ecológicamente racionales en condiciones favorables, e incluso en condiciones concesionarias y preferenciales establecidas de mutuo

---

[47] Naciones Unidas Asamblea General, Transformar nuestro mundo: la Agenda 2030 para el Desarrollo Sostenible, Resolución aprobada por la Asamblea General el 25 de septiembre de 2015.
[48] Ibid. Introducción.

acuerdo. La financiación pública, tanto a nivel nacional como internacional, será vital para proporcionar servicios esenciales y bienes públicos y catalizar otras fuentes de financiación. Reconocemos el papel que desempeñarán en la implementación de la nueva Agenda los diversos integrantes del sector privado, desde las microempresas y las cooperativas hasta las multinacionales, y la función de las organizaciones de la sociedad civil y las organizaciones filantrópicas[49].

Lo que significa que cada Estado tiene tanto la capacidad como la obligación de garantizar el cumplimiento de todos los derechos en el marco de los principios del desarrollo sostenible, lo cual presenta una paradoja, un supuesto contradictorio en sí mismo.

Se supone que el desarrollo sostenible implica utilizar recursos de manera responsable, tanto a nivel social como ambiental, para garantizar todos los derechos, pero al mismo tiempo se configura como principio en situaciones de crisis económica, en las que se debe propender a la estabilidad y equilibrio presupuestario. Esta situación se agrava en países que dependen en gran medida de la explotación de sus recursos naturales no renovables, debido a que estas actividades causan grave impacto ambiental que afecta tanto a la naturaleza como a las personas y comunidades.

La recaudación de ingresos y el gasto público han sido materia de conocimiento del Derecho financiero público, que en un momento histórico se separó del Derecho administrativo[50] y cuyo divorcio mantuvo separado el estudio y de alguna manera desarticula la normativa aplicable, pero que pretendo vincular en este punto de mi escrito.

En materia de ingresos es necesario tomar en cuenta que la recaudación puede derivar o bien del poder tributario, o de la explotación de recurso patrimonial, en particular minas y petróleo; en cuanto a la materia impositiva, es necesario advertir los posibles escenarios frente a la recaudación tributaria en el marco de un sistema tributario justo inspirado en principios tales como igualdad, progresividad y capacidad contributiva.

La contradicción se puede advertir precisamente en los tributos cuyos fines extrafiscales son ambientales o de regulación, pues bajo el principio de "quien contamina paga" se advierte una confrontación con el principio de "capacidad contributiva"; dicha contradicción supone un ejercicio de ponderación ante el cuestionamiento: ¿qué es más importante, el fin fiscal, o las finalidades extra fiscales?; ante ello surge además una interrogante de mayor envergadura, ¿cómo

---

[49]   Número 41, "Transformar nuestro mundo: la Agenda 2030 para el Desarrollo Sostenible".
[50]   Sobre el tema recomiendo revisión de artículo de mi autoría ya referenciado "Renovación del Derecho administrativo económico".

se puede garantizar todos los derechos de manera equitativa sí, ciertos tributos bajo la premisa del desarrollo sostenible estarían sometiendo a imposición actividades ambientalmente nocivas?, podría suponerse que la idea de la tributación ambiental es reducir por la vía tributaria las actividades económicas privadas que suponen impacto ambiental; sin embargo al no poder tener alcance confiscatorio y por tanto no poder vulnerar la capacidad contributiva, se convierten en una licencia para realizar de manera controlada actividades económicas que generan daño ambiental, actividades que estarán permitidas siempre que se cumpla con las obligaciones tributarias que de ellas se deriven.

La paradoja se potencia cuando se trata de la explotación de recursos naturales no renovables, pues no cabe duda que estas actividades generan alto impacto ambiental además de generar afectaciones a personas y comunidades, muy especialmente las que viven en zonas de explotación; en este caso no amerita siquiera un ejercicio de ponderación, la naturaleza, sus derechos, y los de las personas afectados por estas actividades están, al menos en sede teórica por encima de los posibles beneficios económicos derivados de la explotación; sin embargo, se trata de actividades altamente lucrativas, de las que los estados no están dispuestos a prescindir; y ¿cómo habrían de estarlo? si el gasto público continúa creciendo y el recursos tributario no es suficiente.

Ante este escenario cabe preguntarse ¿a qué costo se puede alcanzar estabilidad y equilibrio presupuestario? O lo que es aún más complejo, ¿se puede alcanzar estas premisas y resultados y garantizar al propio tiempo desarrollo sostenible? Parecería ser que no, que se trata de supuestos inalcanzables; sin embargo, existen posiciones optimistas, por ejemplo, la sostenida por *Cara Fuentes*[51] apoyada en *Díaz y Priamo*:

---

[51]   *Cara Fuentes*, Derecho Administrativo y desarrollo sostenible del sector agroambiental, Revista digital de Derecho Administrativo, núm. 5, primer semestre/2011, pp. 107-128.

Entre ecología y economía no debería haber hostilidad. Los recursos ecológicos son también factores de producción, que toda economía debe administrar de forma correcta. Una economía bien gestionada ha de ser, necesariamente, "ecófila", como mínimo, compatible con el ambiente. Ambas disciplinas tienen la misma importancia y un énfasis desmedido por una de las dos puede conducir a un fatal desequilibrio. Cabe interrogarse acerca de si hay un límite ecológico para el crecimiento económico o, viceversa, si existe un techo económico para la protección ambiental[52]. Se puede afirmar que el desarrollo sostenible viene a ser la fórmula de solución ideal de la tensión entre economía y ambiente. A partir de ahí, queda claro que ese desarrollo sostenible debe actuar como premisa de toda la actividad productiva, [...], por la gran incidencia en la utilización de los recursos naturales que supone su práctica[53].

Es decir que el principio del desarrollo sostenible estaría brindando parámetros claros para realizar actividad económica y productiva de variado tipo que desde la ética ambiental permita respetar los derechos de la naturaleza, cuidar tanto de ella como de las personas y las comunidades, sin la necesidad de suprimir o eliminar la actividad, por lo que lo que supone la vulneración de derechos se consolida en la ejecución de actividades fuera de los parámetros configurados por el desarrollo sostenible.

Por lo tanto si se trata de extracción de recursos naturales no renovables se necesita garantizar la responsabilidad social, allí la consulta previa a los pueblos y nacionalidades que viven en zonas de impacto son indiscutibles; por otro lado, en los casos en los que se pueda y deba realizar actividad, la misma tiene que estar debidamente regulada y controlada, tanto si la realiza un ente público, como si está concesionada al sector privado, las licencias y permisos no pueden otorgarse sin estudios de impacto ambiental, se requiere además medidas de prevención y medidas de remediación.

Finalmente en el ámbito del gasto público, es necesario tomar en cuenta el tipo y la necesidad del gasto, y tomar en cuenta tal como ya se había señalado anteriormente el verdadero costo de los derechos, ya que una vez reconocidos en el catálogo constitucional el Estado está obligado a garantizarlos plenamente; en ese sentido es preciso que los Estados prioricen el gasto público y den prioridad al gasto social, optimizando el uso del recurso disponible y evitando al máximo la deuda pública que compromete el futuro, en cualquier caso, los ingresos deben ser obtenidos bajo criterios de sostenibilidad.

---

[52] *Aronette Díaz/Priamo Alvarenga*, "Ética, economía de mercado y medio ambiente", en Direito Agrário e Desenvolvimento Sustentável, 1999, pp. 204-205.

[53] Casella, "Ambiente, sostenibilidad, derecho agrario", en Desenvolvimento Sustentável, 1999, p. 420.

En cuanto a las actividades que directamente se relacionan con la actividad pública, el Estado ha de dar ejemplo de aplicación del principio de desarrollo sostenible, un ámbito muy propicio para hacerlo es la contratación pública, misma que tiene varios años de desarrollo tanto teórico y normativo encaminado hacia la compra pública social y ambientalmente responsable; al menos desde la órbita del Derecho administrativo económico, pues no se trata solamente de regular la economía a través del control de las actividades de los particulares en el mercado, se trata de autorregulación y control del propio Estado.

E. Conclusiones

Es un hecho conocido que ningún Estado puede gozar de superávit presu-puestario, el balance público se va a inclinar siempre por el déficit; sin embargo, se debe procurar que el mismo sea racional, que la obtención de recursos no ponga en peligro el futuro tal como reza el principio de desarrollo sostenible; pero además se debe garantizar que el gasto público sea eficiente, que satisfaga la mayor cantidad de necesidades posibles sin sacrificar a la naturaleza, ni a los pueblos, ni a las comunidades, que de ella dependen.

Mientras no exista voluntad política para materializar este principio, sin importar cuan consolidado se encuentre en un cuerpo constitucional, si predomina el criterio de recaudación frente a la preservación de la naturaleza, sus recursos y por tanto del futuro, se estará frente a una paradoja, sin posible modificación.

Innovación, regulación y el futuro de la energía

Sebastián Solarte Caicedo

A. Introducción: el cambio pretendido es ambicioso y no se logrará sin el sector privado

En el año 2015, los países que pertenecen a la Organización de las Naciones Unidas (ONU) visualizaron que, a 2030, en el planeta debería prevalecer un modelo de desarrollo sostenible que pondere, de forma equilibrada, aspectos económicos, sociales y ambientales[1]:

> Aspiramos a un mundo sin pobreza, hambre, enfermedades ni privaciones, donde todas las formas de vida puedan prosperar; un mundo sin temor ni violencia; un mundo en el que la alfabetización sea universal, con acceso equitativo y generalizado a una educación de calidad en todos los niveles, a la atención sanitaria y la protección social, y donde esté garantizado el bienestar físico, mental y social; un mundo en el que reafirmemos nuestros compromisos sobre el derecho humano al agua potable y al saneamiento, donde haya mejor higiene y los alimentos sean suficientes, inocuos, asequibles y nutritivos; un mundo cuyos hábitats humanos sean seguros, resilientes y sostenibles y donde haya acceso universal a un suministro de energía asequible, fiable y sostenible[2].

---

[1] *Asamblea General de las Naciones Unidas*, Transformar nuestro mundo: la Agenda 2030 para el Desarrollo Sostenible, 2015, p. 3.

[2] *Asamblea General de las Naciones Unidas,* Transformar nuestro mundo: la Agenda 2030 para el Desarrollo Sostenible, 2015, p. 4.

Esto implica un cambio drástico frente al modelo de desarrollo económico que ha prevalecido en el planeta, pues este condujo, entre otros, a que la desigualdad creciera agudamente a nivel mundial entre 1980 y 2018[3], el 0.9% de la población acumulara el 43.9% de la riqueza global[4] y la temperatura media superficial aumentara en 0.85°C entre 1880 y 2012 por el impacto humano[5]. Pese a tener certeza de lo anterior, aún no existe consenso sobre los sacrificios y las sinergias que deben darse entre los frentes económicos, sociales y ambientales para lograr esta transición[6].

Lo propuesto en el año 2015 por la ONU se destacan por su ambición. La Agenda 2030 materializa las pretensiones ya descritas en 17 Objetivos de Desarrollo Sostenible, compuestos por 169 metas interconectadas entre sí, a través de las cuales se busca coordinar los esfuerzos hacia un modelo de desarrollo sostenible que reporte beneficios globales. Entre los propósitos perseguidos con los Objetivos de Desarrollo Sostenible se destacan los siguientes: poner fin a la pobreza y el hambre; garantizar una vida sana y una educación inclusiva, equitativa y de calidad; adoptar medidas urgentes para combatir el cambio climático y sus efectos; lograr la igualdad entre los géneros; conservar la vida submarina y de los ecosistemas terrestres; promover un crecimiento económico sostenido, inclusivo y sostenible; lograr que las ciudades sean inclusivas, seguras, resilientes y sostenibles; garantizar modalidades de consumo y producción responsables; asegurar la disponibilidad de agua y de servicios de saneamiento básico; y garantizar el acceso a una energía asequible, segura, sostenible y moderna para todos[7].

Para el efectivo cumplimiento de la ambición que caracteriza los Objetivos de Desarrollo Sostenible, es necesario generar sinergias entre el sector privado y el sector público para su efectivo cumplimiento. En efecto, en la actualidad se considera que la correcta gobernanza de los asuntos públicos debe reconocer el rol que cumplen las empresas y, con esto en mente, se considera fundamental una constante interacción entre el Gobierno, el sector privado y la sociedad civil para la consecución de objetivos público[8].

---

[3]   *World Inequality Lab*, World inequality report 2018, 2018.
[4]   *Credite Suisse*, World wealth databook 2019, 2019.
[5]   *Grupo Intergubernamental de Expertos sobre Cambio Climático*, Climate change 2013: the physical science basis. Contribution of working group I to the Fifth Assessment Report of the Intergovernmental Panel on Climate Change, 2013.
[6]   *Sachs*, From millenium development goals to sustainable development goals, 2012, p. 2206.
[7]   *Asamblea General de las Naciones Unidas*, Transformar nuestro mundo: la Agenda 2030 para el Desarrollo Sostenible, 2015, p. 16.
[8]   *Trujillo*, "La gobernanza en la gestión de la sostenibilidad y otros asuntos públicos", en: *Gobernanza y gerencia del desarrollo sostenible*, 2018, pp. 144–147.

De hecho, el Objetivo de Desarrollo Sostenible No. 17 se refiere a las alianzas necesarias para cumplir con las metas propuestas y puntualiza que, en temas como la financiación, la tecnología y la construcción de capacidades, es fundamental el apoyo del sector privado. Este apoyo se ha propuesto desde el análisis de datos[9], la financiación[10] y la implementación de medidas.

Este último punto implica, entre otros, que las empresas incorporen criterios de sostenibilidad en sus estrategias, contribuyan a la transformación de las dinámicas de mercado y trabajen en la internalización de los costos sociales de sus actividades. Este es, precisamente, el punto que se analiza en este documento.

Si se quiere que el sector privado participe en la implementación de medidas que contribuyan al cumplimiento de los Objetivos de Desarrollo Sostenible, el Gobierno debe ser estratégico al encontrar herramientas para gerenciar estos nuevos paradigmas de gobernanza. Para esto, es fundamental que el sector público comprenda cuál es la naturaleza de las decisiones que toman las empresas. Por esta razón, en el siguiente capítulo se analiza de qué manera actúa una empresa y cómo puede contribuir al cumplimiento de los objetivos de desarrollo sostenible discutidos.

Con base en lo anterior el presente capítulo se organiza así: En primer lugar, se realizará una descripción de los conceptos de empresas, innovación y objetivos de desarrollo sostenible (B). Posteriormente se estudia la temática de regreso a lo público en lo correspondiente al rol del regulador ante cambios drásticos en los mercados (C). Ello se concreta en el ámbito general de la innovación, la regulación y el futuro de la energía (D) y la cuestión del regulador colombiano ante las tecnologías disruptivas en el sector eléctrico (E). En la parte final se desarrollan las conclusiones (F).

B. Empresas, innovación y Objetivos de Desarrollo Sostenible

Teniendo en cuenta que la consecución de los Objetivos de Desarrollo Sostenible requiere generar sinergias con el sector privado, es necesario entender algunas de las características que describen la manera como operan las empresas. Solo así será posible entender hasta qué punto pueden las empresas ser protagonistas en la implementación de medidas en favor de la sostenibilidad.

---

[9]   Véase, por ejemplo. la iniciativa Global Partnership for sustainable development.
[10]   Los ejemplos de financiación privada para el desarrollo sostenible son numerosos. Véanse, por ejemplo, Sustainable development goals fund y SDG impact.

Según la teoría microeconómica neoclásica, el objetivo de las empresas es maximizar sus beneficios[11]. Esto significa, en otras palabras, que la motivación de las firmas para entrar y participar en un mercado está dada por factores económicos relacionados únicamente con su productividad, sus ingresos y sus costos.

Sumado a lo anterior, e indagando sobre la función de la empresa en la sociedad, la visión tradicional de la economía fue alinear la gobernanza de las empresas con los intereses de sus accionistas[12]. Son recordadas las palabras de Milton Friedman, Premio Nobel en Economía de 1976, quien afirmó, en su artículo *The Social Responsibility of Business is to Increase its Profits*, que los administradores no deberían utilizar los recursos de la empresa para cumplir propósitos sociales que, al final, disminuirán las utilidades que recibirán los accionistas al final del ejercicio[13].

Sin embargo, esta posición, propia de sociedades y mercados libres y con mínima (o nula) intervención estatal, pareciera estar cada vez menos vigente. Como lo describe Jean Tirole, Premio Nobel en Economía de 2014, las empresas no pueden pensar únicamente en sus accionistas porque existen grupos que tienen una relación natural con ellas, como los empleados, los clientes, las comunidades cercanas e, incluso, el ambiente[14]. Por lo tanto, la gobernanza de las empresas debe propender también por la internalización del bienestar de estos grupos de interés mediante la creación de incentivos para que los administradores incorporen estos intereses en sus actuaciones[15].

Uno de los beneficios de esta posición es que permite alinear los intereses de las firmas con los objetivos de política pública alrededor del desarrollo sostenible. Si las empresas incorporan en su estructura de gobernanza los impactos sociales y ambientales de sus dinámicas de producción y consumo, se logra orientar su actuación y cada una de sus facetas hacia los Objetivos de Desarrollo Sostenible.

Si esto se logra, hay una faceta relacionada con el comportamiento de las firmas que podría tener una influencia particularmente fuerte en la consecución de los Objetivos de Desarrollo Sostenible: la innovación.

El concepto de innovación, desde sus inicios, ha estado ligado al de desarrollo. Desde el comienzo del Siglo XX, el economista Joseph Schumpeter consideraba que la producción de un país está en función de los factores de producción (tierra, capital y trabajo), la tecnología e innovación y los factores socioculturales[16].

---

[11] *Samuelson/Nordhaus,* Economics, 2010, p. 27.
[12] *Tirole,* Corporate governance, 2001, p. 69.
[13] *Friedman,* The social responsibility of business is to increase its profits, 1970.
[14] *Tirole,* 2001, op. cit., pp. 23–24.
[15] *Tirole,* 2001, op. cit., pp. 25–27.
[16] *Schumpeter,* Teoría del desenvolvimiento económico, 1978. Citado en: *Montoya* Schumpeter,

A estos últimos dos, Schumpeter les atribuyó un impacto mayor en la dinámica económica de un país, por lo que los relacionó directamente con el desarrollo económico. Pero, incluso entre estos dos factores, dice Schumpeter que en los cambios tecnológicos producto de la *innovación radical* –la que permite adelantar transformaciones revolucionarias en una economía– está el origen de los verdaderos procesos de cambio de los países[17].

Efectivamente, en la actualidad, se considera que la innovación tiene un potencial considerable para la consecución de objetivos de política pública[18]. Concretamente, se considera que la innovación tiene potencial para contribuir a la consecución de objetivos sociales o ambientales[19]. Por ejemplo, según la Organización para la Cooperación y el Desarrollo Económico (OCDE), la innovación puede contribuir con la separación entre el crecimiento económico y el agotamiento de los recursos naturales[20].

Este mismo potencial ha sido también leído como una necesidad: utilizar estrategias drásticas de innovación sería una manera efectiva de cumplir la ambiciosa tarea de repensar las dinámicas relacionadas, entre otros, con la energía, la comida, el agua, la vivienda o el cierre de brechas sociales. Por ende, la innovación debe estar enfocada a ser socialmente inclusiva y ambientalmente responsable, y así aspirar a cumplir con la Agenda 2030[21].

Complementando lo anterior, hoy en día existe una ventaja que facilita orientar los esfuerzos de innovación: existe suficiente información que permiten identificar con alta precisión los límites planetarios, sus dinámicas y las consecuencias de traspasarlos. Además, existe información detallada sobre las necesidades existentes en materia social y ambiental. Contar con estos datos permite identificar oportunidades y escenarios para utilizar efectivamente la innovación para el cumplimiento de las metas de sostenibilidad[22].

Hasta acá, se han explicado los argumentos por los cuales el sector privado –concretamente, las empresas y su innovación– están llamados a convertirse en aliados importantes del sector público en la consecución de los Objetivos de

---

innovación y determinismo tecnológico, 2004, pp. 209–213.

[17] *Schumpeter*, Teoría del desenvolvimiento económico, 1978. Citado en: *Montoya* Schumpeter, innovación y determinismo tecnológico, 2004, pp. 209–213.

[18] *Organización para la Cooperación y el Desarrollo Económico*, The innovative imperative. Contributing to productivity, growth and well-being, 2015, pp. 16–17.

[19] *Organización para la Cooperación y el Desarrollo Económico*, The innovative imperative. Contributing to productivity, growth and well-being, 2015, pp. 17–30.

[20] *Organización para la Cooperación y el Desarrollo Económico*, Towards green growth. A summary for policymakers, 2011, p. 10.

[21] Conferencia de las Naciones Unidas sobre Comercio y Desarrollo, New innovation approaches to support the implementation of the sustainable development goals, 2017, pp. 1–5.

[22] *Leach*, Transforming innovation for sustainability, 2012, pp. 1–3.

Desarrollo Sostenible. Sin embargo, en el proceso pueden surgir algunos elementos que, aparte de ayudar, representan un reto para las instituciones existentes. Concretamente, para el Gobierno puede ser desafiante que la innovación amenace las dinámicas de mercado vigentes y rompa las tendencias establecidas.

Este fenómeno es conocido como innovación disruptiva: una tecnología que emerge de un nicho de mercado y que, tras su desarrollo, se lanza por el mercado principal ocupado por una firma incumbente, desplazando la tecnología dominante al romper con la trayectoria que esta traía[23]. Esta problemática ha sido investigada desde la década de los setenta, pero las investigaciones hito que iniciaron su análisis sistemático datan de la década de los noventa: primero, Joseph L. Bower y Clayton M. Christensen publicaron el artículo *Disruptive Technologies: Catching the Wave*[24]; y, luego, Christensen publicó *The Innovator's Dilemma: When New Technologies Cause Great Firms to Fail*[25].

Este interés surgió debido a que en la academia comenzaron a percatarse de que empresas líderes estaban teniendo problemas para mantenerse dominantes en sus respectivos mercados. Al investigar acerca del tema, se ofrecieron unas explicaciones iniciales que, como lo narra Christensen, se relacionaron con la creciente complejidad tecnológica, errores gerenciales de tipo cognitivo y la inercia de la organización[26]. Sin embargo, los análisis posteriores permitieron comprender el impacto que tenían las nuevas tecnologías que llegaban a los mercados y modificaban los patrones establecidos.

En 1997, Christensen analizó el mercado de las unidades de disco y concluyó que cuando la innovación permitía mejorar el desempeño de aquellos elementos de un bien o servicio que el consumidor había valorado históricamente, las firmas incumbentes mantenían su poder de mercado. Sin embargo, cuando la innovación introducía cambios en el mercado a partir de nuevos atributos, las firmas entrantes liderarían el desarrollo del mercado a costa de los incumbentes[27].

---

[23]   *Fernández/Ovalle*, Tecnologías disruptivas: la derrota de las empresas establecidas, 2018, pp. 9–22.

[24]   *Bower/Christensen*, Disruptive technologies: catching the wave, 1995, pp. 43–53.

[25]   *Christensen*, The innovator's dilemma: when new technologies cause great firms to fail, 2013.

[26]   *Christensen*, Disruptive innovation: an intellectual history and directions for future research, 2018, p. 1047.

[27]   *Christensen*, Disruptive innovation: an intellectual history and directions for future research, 2018, p. 1047.

Los estudios posteriores permitieron encontrar algunas características nuevas de la innovación disruptiva y su relación con las firmas nuevas e incumbentes[28]. Por ejemplo, se encontró que, en algunos casos, las firmas incumbentes podían mantener su posición dominante en el mercado si creaban una unidad de negocio autónoma encargada de profundizar en tecnologías disruptivas en su mercado. También se evidenció que, en ocasiones, la disrupción podía crear un mercado completamente nuevo, en el que se encontrarían consumidores que no demandaban los bienes o servicios que se transaban en el mercado inicial.

Sobre este último punto, en tiempos recientes ha ganado fuerza la "Estrategia del Océano Azul", la cual permite a las empresas embarcarse en una permanente búsqueda de diferenciación y disminución de costos para abrir nuevos mercados, crear nueva demanda y alejarse de la competencia[29]. Este fenómeno es una respuesta a la saturación de ciertos mercados y conduce a nuevos liderazgos en la transformación de la economía. Esto permite ver que, en la actualidad, existen incentivos para que los empresarios busquen dar cambios drásticos a sus modelos de negocio en búsqueda de la sostenibilidad de su empresa.

Estas son algunas de las características que describen la innovación disruptiva. Por su potencial para generar cambios drásticos, se eleva como una opción interesante para introducir modificaciones serias a los mercados actuales. Sin embargo, como se anticipó anteriormente, esta situación representa un reto para el Gobierno: al desplazar productos, firmas o industrias incumbentes, la innovación disruptiva desafía también los esquemas regulatorios existentes. Este fenómeno genera una tensión entre la regulación y la innovación en la que la innovación suele tener la delantera. Esta situación puede catalogarse como disrupción regulatoria[30] y se profundiza en la siguiente sección.

---

[28]   *Christensen*, Disruptive innovation: an intellectual history and directions for future research" 2018, pp. 1047-1049.

[29]   *Maubourgne/Chan,* Blue Ocean Strategy, 2005.

[30]   *Cortez*, Regulating Disruptive Innovation, 2014, p. 177.

C. De regreso a lo público: el rol del regulador ante cambios drásticos en los mercados

La innovación por parte de las empresas puede contribuir al cumplimiento de los Objetivos de Desarrollo Sostenible. No obstante, la innovación, en su faceta disruptiva, puede representar un desafío para el regulador. En esta sección, se analizan los retos que enfrenta el Gobierno ante el surgimiento de cambios drásticos en los mercados.

Como lo señalan Fenwick et al., reformar el marco normativo para abordar las preocupaciones regulatorias asociadas a las tecnologías disruptivas es cada vez más importante[31]. Dada la novedad, lo usual es que estos fenómenos no encajen dentro de las estrictas categorías vigentes creadas por las agencias regulatorias[32]. Esto puede deberse a que las nuevas tecnologías surgen en mercados que ya se encuentran regulados de acuerdo con sus dinámicas tradicionales; pero también puede originarse en que el nuevo fenómeno disruptivo supone una serie de los riesgos que la regulación vigente no preveía –por ejemplo, el uso de drones– .

Ante esta situación, la doctrina ha resaltado diferentes elementos que deben analizar las agencias regulatorias al momento de regular las tecnologías disruptivas: la forma, el momento de inicio y la supervisión son algunos de los temas que han generado debate y que se abordan más adelante. Pero, antes, se mencionan unas guías introductorias que, según Fenwick et al., debería considerar el regulador al momento de aproximarse a esta situación[33]:

- Antes de intervenir, el Estado debería asegurarse de contar con distintas fuentes de datos para decidir qué, cómo y cuándo intervenir. Estos datos pueden dar señales o pistas que reduzcan la incertidumbre al momento de regular estas nuevas actividades.
- Una nueva forma de regular es a través de una aproximación basada en principios. La dificultad de anticipar con certeza las dinámicas que en el corto y mediano plazo pueden surgir en un mercado conducen a que sea inocuo optar por una regulación detallada y exhaustiva que prevea todos los supuestos. Por lo tanto, crear normas generales con base en los principios que deberían observar los agentes podría ser una alternativa efectiva para los reguladores. Como se comenta más adelante, esta

---

[31] *Fenwick/Vermeulen,* Regulation tomorrow: what happens when technology is faster than the Law?, 2017, p. 567.
[32] *Kaal/Vermeulen,* How to regulate disruptive innovation. From facts to data, 2016, p. 13.
[33] *Fenwick/Vermeulen,* Regulation tomorrow: what happens when technology is faster than the Law?, 2017, pp. 585-593.

apuesta por pasar de reglas estrictas a principios ha sido adoptada recientemente en Colombia por la Comisión de Regulación de Energía y Gas (CREG).

- Con el fin de poner a prueba las nuevas tecnologías en un espacio controlado, los reguladores pueden optar por crear un "sandbox" para realizar experimentos y minimizar el riesgo de que la regulación expedida no responda a las necesidades reales del mercado. Si bien no se relaciona con el objeto del presente texto, a modo de ejemplo, se resalta que la Superintendencia Financiera de Colombia creó *Innovasfc* en 2019 con el propósito de ofrecer un espacio de experimentación y asesoría en materia de Fintech –otro ejemplo de innovación disruptiva que permitirá, entre otros objetivos, cerrar brechas sociales en materia financiera–.

Como se observa, estas tres guías le permiten al regulador reducir el riesgo de incurrir en una falla regulatoria por desconocer la magnitud de las nuevas tecnologías y los impactos que podrían tener en el mercado. Con estas guías presentes, se pueden retomar las discusiones relacionadas con la forma, el momento de inicio y la supervisión de la regulación de las tecnologías disruptivas.

En primer lugar, la doctrina ha debatido sobre la forma en la que deberían regularse las tecnologías disruptivas. En términos generales, el regulador podría optar por expedir normas o por acercarse a la problemática desde una perspectiva menos estricta. Con respecto a esta segunda alternativa, se destaca la aproximación propuesta por Tim Wu en su artículo *Agency Threats*[34]. Según Wu, la innovación disruptiva es uno de varios escenarios en los que el regulador se enfrenta a un alto nivel de incertidumbre por la rapidez de los cambios en la industria. Ante escenarios como este, Wu sugiere que reaccionar a través de la expedición de normas resulta indeseable, pues la falta de información conduce a que exista un alto riesgo de promulgar reglas imprecisas y poco efectivas. Además, dado lo dispendioso que resulta modificar una norma expedida por una agencia reguladora, la norma imprecisa quedaría vigente en el ordenamiento jurídico por un considerable periodo de tiempo, lo cual puede tener consecuencias indeseadas.

---

[34]   *Wu*, Agency threats, 2011, pp. 1841–1857.

Por esto, la propuesta de Wu es que el regulador intervenga a través de amenazas (*threats*). Esta alternativa consiste en que la administración actúe a través de un esquema rápido y flexible de señales que se pueden enviar a las empresas para tener cierto control sobre sus actuaciones durante la etapa de evolución de la industria. Esto, a su vez, fomenta el debate público sobre la manera de intervenir en el mercado, lo cual le permitirá al regulador contar con más información para la toma de decisiones.

Estas amenazas pueden ser de diferente índole. En casos estudiados en Estados Unidos, se han observado amenazas como la expedición de borradores de regulación para evaluar la reacción del público, la promulgación de guías de comportamiento o la emisión de comunicados de prensa sobre el estándar esperado de la industria[35].

Sin desconocer las ventajas prácticas que ofrece, la propuesta de Wu no deja de ser problemática en países como Colombia por la dificultad de hacer cumplir en sede administrativa lo establecido mediante amenazas: en caso de que se materialice el comportamiento que se pretendía evitar, las autoridades de supervisión no podrían ejercer su función de control si no cuentan con una norma que proscriba dicho comportamiento. De lo contrario, se podrían vulnerar los principios de tipicidad y legalidad del derecho administrativo sancionador.

En efecto, las disposiciones del derecho administrativo sancionador exigirían que, en Colombia, deba optarse por un sistema de expedición de normas –actos administrativos– para crear obligaciones en cabeza de las empresas. Esta aproximación tiene como ventaja que, para expedir una norma, se debe seguir un proceso amplio de discusión de asuntos de interés público, lo cual fortalecería el resultado final. Además, una vez adoptadas, la aplicación de dichas normas por parte de las autoridades de supervisión se enmarcaría en lo permitido por el derecho administrativo sancionador.

Sin embargo, como se expuso anteriormente, regular tecnologías disruptivas desde este enfoque tiene el riesgo de que las normas no aborden de manera completa el problema o pierdan vigencia rápidamente, dada la alta incertidumbre por la velocidad con la que cambia la industria.

Teniendo en cuenta que las aproximaciones mencionadas presentan ventajas y desventajas jurídicas y fácticas, vale la pena recordar en este punto una de las tres guías propuestas por Fenwick et al.: ante la incertidumbre producida por la innovación disruptiva, regular mediante principios, y no a través de reglas estrictas, pareciera ser una alternativa viable. Este esquema, que es adoptado a través de una norma, pero cuyo contenido se caracteriza por ser general y flexible,

---

[35]   *Cortez*, Regulating Disruptive Innovation, 2014, p. 192–199.

podría adaptarse a las necesidades que surgen en los mercados con tecnologías disruptivas. En el caso colombiano, la CREG adoptó recientemente este enfoque mediante la Resolución CREG 080 de 2019, tema sobre el cual se vuelve más adelante.

Además de la discusión sobre la forma, la doctrina ha analizado cuándo debe el regulador intervenir. Una primera postura invita a la espera: como propone la primera máxima de Fenwick et al., la agencia regulatoria debería contar con suficientes fuentes de datos al momento de expedir las normas para mitigar el riesgo de incurrir en una falla por ausencia de información sobre el mercado. Por lo tanto, podría ser razonable demorar la regulación. Esta alternativa, además, evita disuadir a los futuros innovadores, quienes tendrían menos incentivos a innovar en un mercado que es intervenido tempranamente por el Estado[36].

Sin embargo, como lo señala Cortez, si se dilata la regulación en espera de tener más información, se corre el riesgo de perder beneficios que habrían obtenido otros actores en caso de que la regulación hubiese sido oportuna[37]. En efecto, las nuevas tecnologías pueden afectar a terceros al introducir riesgos que no se encontraban previstos, y la demora del regulador podría contribuir a esta situación. Además, si la tecnología disruptiva desplaza a firmas incumbentes, la inacción del regulador puede introducir un alto grado de inseguridad jurídica que puede, incluso, generar problemas que exceden la órbita del mercado y se desplacen hacia esferas sociales o políticas.

Ante la duda, Cortez sugiere que la regulación temprana puede tener varios beneficios: las decisiones son más objetivas, se evitan las pérdidas de beneficios a terceros y se evita que las empresas tengan que asumir los costos de cumplir con la regulación más adelante en el tiempo –después de tener su operación en marcha–[38].

En todo caso, aunque la regulación temprana pueda tener beneficios, Kaal y Vermeulen recuerdan que, en la práctica, va a ser prácticamente imposible que el regulador logre emitir oportunamente nuevas normas o modificaciones a las existentes porque la velocidad a la que actúa la administración es mucho más lenta que los cambios tecnológicos[39].

---

[36] *Kaal/Vermeulen*, How to regulate disruptive innovation. From facts to data, 2016, p. 20.
[37] *Cortez*, Regulating Disruptive Innovation, 2014, p. 201.
[38] *Cortez*, Regulating Disruptive Innovation, 2014, pp. 203–206.
[39] *Kaal/Vermeulen*, How to regulate disruptive innovation. From facts to data, 2016, pp. 20–21.

Un último punto de estudio se relaciona con la vigilancia de la regulación expedida por el regulador. Desde un análisis económico, si los agentes no perciben un riesgo de sanción por el incumplimiento de la regulación, no tendrán incentivos para cumplir más allá del deseo intrínseco de hacerlo. Por lo tanto, el regulador debe tener certeza sobre la manera como se aplicarán las reglas creadas.

Sumado a lo anterior, Cortez introduce un punto adicional de discusión: la entidad encargada debe decidir qué tan estricta será al momento de desplegar sus funciones de control, previendo las consecuencias que su severidad puede transmitir a un mercado en constante evolución[40]. En la práctica, las autoridades de supervisión cuentan con cierto grado de discrecionalidad. En el caso colombiano, por ejemplo, las autoridades pueden optar por desplegar sus funciones de inspección, vigilancia y control dependiendo de las circunstancias; incluso, al momento de imponer la sanción, cuentan con cierta libertad durante el proceso de dosificación. Por lo tanto, la entidad de supervisión debe ser cuidadosa y seleccionar con detalle su estrategia de monitoreo al mercado para no introducir efectos indeseados.

Hasta acá, se han presentado los argumentos teóricos que rodean los retos que enfrenta el regulador cuando surgen tecnologías disruptivas que desafían las instituciones económicas y jurídicas existentes. La doctrina ha tratado de responder cuándo y cómo regular estos fenómenos –asumiendo que la decisión es intervenir– y ha analizado también de qué forma deben ser aplicada la regulación por parte de las autoridades de supervisión. Sin embargo, como se evidenció, la incertidumbre es alta frente a la forma como debería abordar el regulador esta situación. Si se tiene en cuenta la importancia de la innovación disruptiva para el cumplimiento de los Objetivos de Desarrollo Sostenible, el riesgo de una mala regulación podría tener efectos negativos en la consecución de estas metas de política pública.

Ahora bien, para comprender en la práctica de qué manera se puede ver la tensión entre desarrollo sostenible, innovación y regulación, durante el próximo capítulo se analiza el caso de la disrupción en el sector eléctrico y de qué manera el regulador se adapta a estos nuevos desafíos.

---

[40]   *Kaal/Vermeulen*, How to regulate disruptive innovation. From facts to data, 2016, p. 221.

D. Innovación, regulación y el futuro de la energía

En los capítulos anteriores, se ha puesto de presente que el sector privado juega un rol fundamental en el cumplimiento de los Objetivos de Desarrollo Sostenible, pero, en ocasiones, cuando la innovación conduce al surgimiento tecnologías disruptivas, el Estado se enfrenta al reto de cómo regular este nuevo fenómeno.

Para ilustrar con un ejemplo esta situación, se analiza el caso de la innovación disruptiva en el sector eléctrico colombiano. A manera de contexto, se resalta que el Objetivo de Desarrollo Sostenible No. 7 pretende garantizar el acceso a una energía asequible, fiable, sostenible y moderna para todos a través de las siguientes metas[41]:

---

[41] Naciones Unidas, La Agenda 2030 y los Objetivos de Desarrollo Sostenible: una oportunidad para América Latina y el Caribe, 2018, pp. 37–38.

Tabla No. 1. Metas e Indicadores del Objetivo de Desarrollo Sostenible No. 7

Metas	Indicadores
7.1. De aquí a 2030, garantizar el acceso universal a servicios energéticos asequibles, fiables y modernos.	7.1.1. Proporción de la población que tiene acceso a la electricidad. 7.1.2 Proporción de la población cuya fuente primaria de energía son los combustibles y tecnologías limpios.
7.2. De aquí a 2030, aumentar considerablemente la proporción de energía renovable en el conjunto de fuentes energéticas.	7.2.1. Proporción de energía renovable en el consumo final total de energía.
7.3. De aquí a 2030, duplicar la tasa mundial de mejora de la eficiencia energética.	7.3.1. Intensidad energética medida en función de la energía primaria y el PIB.
7.a. De aquí a 2030, aumentar la cooperación internacional para facilitar el acceso a la investigación y la tecnología relativas a la energía limpia, incluidas las fuentes renovables, la eficiencia energética y las tecnologías avanzadas y menos contaminantes de combustibles fósiles, y promover la inversión en infraestructura energética y tecnologías limpias.	7.a.1. Corrientes financieras internacionales hacia los países en desarrollo para apoyar la investigación y el desarrollo de energías limpias y la producción de energía renovable, incluidos los sistemas híbridos.
7.b. De aquí a 2030, ampliar la infraestructura y mejorar la tecnología para prestar servicios energéticos modernos y sostenibles para todos en los países en desarrollo, en particular los países menos adelantados, los pequeños Estados insulares en desarrollo y los países en desarrollo sin litoral, en consonancia con sus respectivos programas de apoyo.	7.b.1. Inversiones en eficiencia energética en proporción al PIB y a la cuantía de la inversión extranjera directa en transferencias financieras destinadas a infraestructura y tecnología para servicios de desarrollo sostenible.

Fuente: ONU (2018)

Al analizar los compromisos adquiridos por Colombia en el marco de la Agenda 2030, se observa que los indicadores propuestos bajo el Objetivo de Desarrollo Sostenible No. 7 varían en comparación con los indicadores propuestos a nivel global. A continuación, se detallan los resultados esperados en el país[42]:

---

[42]   *Losada*, Energía asequible y no contaminante, 2019.

Tabla No. 2. Indicadores de Colombia frente al Objetivo de Desarrollo Sostenible No. 7

Metas	Indicadores	Línea Base (2015)	Meta a 2030
7.1. De aquí a 2030, garantizar el acceso universal a servicios energéticos asequibles, fiables y modernos.	7.1.1. Proporción de la población que tiene acceso a la electricidad.	97% de la población.	100% de la población.
7.2. De aquí a 2030, aumentar considerablemente la proporción de energía renovable en el conjunto de fuentes energéticas.	7.2.1. Porcentaje de la capacidad instalada de generación de energía eléctrica correspondiente a fuentes renovables.	69.8% de la matriz eléctrica.	73.3% de la matriz eléctrica
7.3. De aquí a 2030, duplicar la tasa mundial de mejora de la eficiencia energética.	7.3.1.Intensidad energética medida en función del PIB.	3.7 TJ / COP	2.9 TJ / COP
7.b. De aquí a 2030, ampliar la infraestructura y mejorar la tecnología para prestar servicios energéticos modernos y sostenibles para todos en los países en desarrollo, en particular los países menos adelantados, los pequeños Estados insulares en desarrollo y los países en desarrollo sin litoral, en consonancia con sus respectivos programas de apoyo.	7.b.1. Capacidad instalada de generación de energía eléctrica.	16,571 MW	23,487 MW

Fuente: Departamento Nacional de Planeación (2019)

En resumen, los datos contenidos en las anteriores tablas permiten ver que los retos en materia energética giran alrededor del aumento del número de personas con acceso a la energía eléctrica, el aumento de las energías renovables y la promoción de la eficiencia energética.

Pues bien, el sector eléctrico ha visto el surgimiento de una tecnología disruptiva que podría contribuir al cumplimiento de las anteriores metas, pero que amenaza las estructuras tradicionales de la industria: los recursos energéticos distribuidos –también conocidos como autogeneración a pequeña escala y generación distribuida–. Para su análisis, se toma como referencia el informe *A Chain Reaction: Disruptive Innovation in the Electricity Sector,* de la OCDE[43]. En este reporte, se analiza de qué forma se materializa dicha innovación disruptiva en el sector eléctrico y de qué manera impacta la estructura del mercado y las instituciones regulatorias existentes.

Para comprender su carácter disruptivo, es necesario recordar que, tradicionalmente, la generación de energía eléctrica se realiza en grandes instalaciones alejadas de las poblaciones, las cuales dependían de la existencia de redes eléctricas de transmisión y distribución para transportar la electricidad. Estas redes, por sus características, suelen ser consideradas como monopolios naturales.

Con la introducción de la autogeneración y la generación distribuida, los usuarios pueden obtener electricidad sin conectarse a la red nacional, a través de sistemas de generación a pequeña escala y a nivel local[44]. Por ejemplo, las personas pueden instalar paneles solares fotovoltaicos en zonas residenciales o comerciales para generar la energía eléctrica que requieren. De esta forma, se introduce un claro rompimiento con la estructura de mercado tradicional: los usuarios que cuentan con recursos energéticos distribuidos dependen cada vez menos de los generadores tradicionales y las redes de transmisión y distribución, las cuales, por su característica de monopolios naturales, solían tener una influencia determinante en la industria. Así mismo, los grandes consumidores tienen la capacidad de negociar directamente los precios de la energía que van a consumir, acabando con la intermediación propia de los sistemas eléctricos tradicional.

---

[43]   *Organización para la Cooperación y el Desarrollo Económico,* A chain reaction: disruptive innovation in the electricity sector, 2018.

[44]   *Organización para la Cooperación y el Desarrollo Económico,* A chain reaction: disruptive innovation in the electricity sector, 2018, p. 8.

La importancia de los recursos energéticos distribuidos se encuentra en crecimiento. Según la Agencia Internacional de Energía, en 2017 la capacidad instalada de recursos energéticos distribuidos representaba el 2.1% de la capacidad instalada mundial. No obstante, se estima que dicha capacidad podía aumentar de 135 GW en 2017 hasta 530 GW en 2024[45]. Por otro lado, hay países donde la autogeneración a pequeña escala y la generación distribuida ya tienen una mayor influencia: en Alemania, por ejemplo, estos sistemas de generación representaban, a 2014, el 68% de toda la capacidad de generación solar fotovoltaica[46].

El aporte de los recursos energéticos distribuidos al desarrollo sostenible debe ser analizado en dos vías. Primero, la autogeneración y la generación distribuida suelen operar a través de energías renovables. De hecho, suelen consistir en paneles solares, pequeñas turbinas eólicas o pequeñas plantas de biomasa o geotermia. Si se tiene en cuenta la alta dependencia global de los combustibles fósiles para la generación de energía eléctrica, los recursos energéticos distribuidos basados en energías renovables representan un claro avance en la disminución de emisiones de gases de efecto invernadero.

El segundo aporte de los recursos energéticos distribuidos al desarrollo sostenible consiste en la posibilidad de utilizar esta nueva tecnología para la instalación de sistemas autónomos de generación en lugares que no se encuentran conectados a las redes de transmisión, razón por la cual no reciben la energía eléctrica que proviene de las grandes generadoras del país. En Colombia, el 51% del territorio colombiano no se encuentra interconectado al Sistema Interconectado Nacional, por lo que ofrecerles servicios de energía eléctrica con la calidad y continuidad esperada es un reto en materia de política pública que los recursos distribuidos podrían solucionar[47]. Además, en estas zonas el 96% de la generación se realiza a través de la quema de combustibles fósiles[48], por lo que los recursos distribuidos basados en energía renovable permitirían contribuir a la descarbonización de estas regiones.

En los anteriores párrafos se presentó por qué esta nueva tecnología podría contribuir al cumplimiento de los Objetivos de Desarrollo Sostenible; pero, al igual que otros fenómenos disruptivos, representa un reto para el Estado. Para concretar este último punto, a continuación, se analizan tres posibles retos,

---

[45]   *Agencia Internacional de Energía,* World energy outlook 2017, 2017.

[46]   *Organización para la Cooperación y el Desarrollo Económico,* A chain reaction: disruptive innovation in the electricity sector, 2018, p. 9.

[47]   *Superintendencia de Servicios Públicos Domiciliarios,* Zonas no interconectadas. Diagnóstico de la prestación del servicio de energía eléctrica, 2019, p. 11.

[48]   *Superintendencia de Servicios Públicos Domiciliarios,* Zonas no interconectadas. Diagnóstico de la prestación del servicio de energía eléctrica, 2019, p. 11.

relacionados con (i) los cambios en la manera como se consume la energía eléctrica en la actualidad, (ii) los impactos en los agentes tradicionales de la industria y (iii) los efectos distributivos de los recursos energéticos distribuidos. Luego, se examina cuál debe ser el rol del regulador frente a estos retos.

Con respecto al primer punto, la autogeneración y la generación distribuida introducen un cambio sustancial a la forma como se consume la energía eléctrica. Como se comentó previamente, la electricidad suele ser generada en una planta que está alejada de las ciudades y es enviada hasta los usuarios finales mediante extensas redes de transmisión y distribución. Por lo tanto, con los recursos energéticos distribuidos, el usuario final pasa de jugar un rol pasivo –receptor de la electricidad– a un rol activo en el que él mismo puede generar la energía que consume. Cuando esto sucede, se empieza a atenuar la dependencia de los generadores y los operadores de las redes.

El hecho de que el usuario final pueda generar su propia energía tiene una característica adicional: los usuarios pueden convertirse eventualmente en oferentes de energía eléctrica. En efecto, a través de los recursos energéticos distribuidos, quienes tradicionalmente han consumido energía se convierten, también, en potenciales vendedores de energía. Esto se manifiesta en la posibilidad que tienen los usuarios de vender energía eléctrica a otros usuarios concretos o al sistema, ya sea porque su generación supera sus consumos o porque almacenan la energía generada y la venden posteriormente. Surge así el concepto de *prosumidor* en el sector eléctrico.

Esta tendencia plantea varios interrogantes. Uno de ellos se presenta en países como Colombia, en los que la continuidad es una de las características esenciales del servicio de energía eléctrica. Para ello, los gobiernos utilizan diferentes estrategias que permitan dotar de confiabilidad el sistema eléctrico, y así mitigan el riesgo de que el país no cuente con oferta eléctrica.

Sin embargo, cuando un país incrementa su dependencia en las energías renovables, surge un problema de intermitencia en la oferta de electricidad. Este tipo de fuentes se caracterizan, por regla general, por la variabilidad del recurso con el que se genera. Por ejemplo, un panel solar debe recibir luz solar para generar energía eléctrica. Por su parte, las turbinas eólicas dependen del nivel de viento. Por lo tanto, en ausencia de luz solar o viento, estas soluciones no permiten ofrecer energía eléctrica al sistema. Esto es una deficiencia que no tienen quienes generan electricidad con la quema de combustibles fósiles.

Por lo anterior, el Gobierno debe encontrar un balance que permita la entrada de las energías renovables sin sacrificar la continuidad del servicio. La OCDE señala que, ante esta dificultad, los gobiernos podrían intervenir para reducir la cantidad de electricidad generada a partir de las energías renovables con recurso variable, reducir o desplazar la demanda de electricidad, permitir intercambios de energía eléctrica cuando sea posible o promover el almacenamiento[49]. El Gobierno también podría, como sucede en Colombia, exigir contratos de respaldo para mitigar el riesgo de la intermitencia. No obstante, la OCDE propone también que sea el mercado el que se encargue de ajustar esta problemática a través de tres posibles soluciones: respuesta de la demanda, almacenamiento de energía eléctrica e intercambios de energía eléctrica entre usuarios[50].

Antes de detallar estas tres soluciones, es necesario explicar que, por ser soluciones de mercado, el principal motor para que funcionen es que existan incentivos asociados al precio de la energía eléctrica. Para esto, se tomará el ejemplo de los paneles solares: el momento del día en el que los paneles solares generan la mayor cantidad de energía coincide con uno de los puntos del día en el que la necesidad de electricidad es más baja. El exceso de oferta y la falta de demanda llevan a que, en este momento del día, el precio de la energía eléctrica generada con dichos paneles sea bajo. Por el contrario, en aquellos momentos de la noche en los que la oferta es escasa pero la demanda es alta, el precio de la electricidad generada con los paneles será alto.

Siendo así, cuando se mandan señales a través de los precios, los pro-sumidores tendrán incentivos para, por ejemplo, consumir la electricidad generada con sus propios recursos energéticos cuando el precio sea bajo, pero estarían interesados en venderla cuando el precio sea alto.

Con base en este análisis, las alternativas presentadas por la OCDE son las siguientes:

- La respuesta a la demanda permite a los usuarios aumentar o disminuir su consumo de energía eléctrica dependiendo de las señales de precio que reciban en tiempo real.
- Los sistemas de almacenamiento conducen a que los usuarios puedan conservar la energía eléctrica que generan con sus recursos energéticos distribuidos y tomar decisiones de consumo o venta dependiendo de las señales de precio.
- La habilitación de intercambios de electricidad entre usuarios consiste en que los prosumidores, con base en el precio y en su necesidad o disponibilidad, tomen decisiones de compra o venta de energía eléctrica. Esto podría darse a través de plataformas que permitan los intercambios entre pares, o "peer to peer", a través de las cuales los prosumidores

---

[49] *Organización para la Cooperación y el Desarrollo Económico,* A chain reaction: disruptive innovation in the electricity sector, 2018, p. 13.

[50] *Organización para la Cooperación y el Desarrollo Económico,* A chain reaction: disruptive innovation in the electricity sector, 2018, pp. 14–24.

pueden realizar intercambios dependiendo de la disponibilidad de oferta y demanda de energía eléctrica en un momento determinado. Para esto, es fundamental que se desarrolle el sistema de almacenamiento, toda vez que esto le permitiría al prosumidor conservar su energía eléctrica y tomar decisiones de venta o consumo dependiendo de los precios que refleje la plataforma de intercambios. Esta alternativa, además, permite que el usuario genere su propia energía y pueda transarla directamente en una plataforma, eliminando costos asociados a intermediarios.

Con base en lo anterior, el mercado podría ofrecer diferentes innovaciones tecnológicas que se desprenden de la disrupción generada por los recursos energéticos distribuidos para tratar de superar los retos de variabilidad y disponibilidad de electricidad. Pero, para que esto suceda, se requiere la realización de diferentes reformas regulatorias que le permitan a los usuarios participar directamente, sin intermediarios, en la compra y venta de energía eléctrica, así como tener a su disposición la información requerida para la toma de decisiones. Estos temas se mencionan más adelante.

El segundo de los retos que presentan los recursos energéticos distribuidos se relaciona con los agentes tradicionales de la cadena de valor. En la medida en que los usuarios dejen de tener el rol pasivo al final de la cadena y comiencen a ser prosumidores de electricidad, disminuirá paulatinamente la participación de actores tradicionales como los generadores, los transmisores y los distribuidores de energía eléctrica.

La OCDE se enfoca principalmente en el impacto que la autogeneración y la generación distribuida tendrán sobre la red eléctrica[51]. En la actualidad, las redes eléctricas de transmisión y distribución son monopolios naturales a los que el regulador suele garantizarles su remuneración, por lo que, en ausencia de obligaciones para hacerlo, sus operadores no tienen incentivos para mejorar su infraestructura o disminuir sus costos.

---

[51]   *Organización para la Cooperación y el Desarrollo Económico,* A chain reaction: disruptive innovation in the electricity sector, 2018, pp. 24–28.

Sin embargo, el aumento de los recursos energéticos distribuidos introduce un riesgo al sistema debido a que los prosumidores podrían prescindir de los servicios de las redes eléctricas en gran medida. En efecto, en la medida en que los prosumidores puedan instalar sus propios sistemas de generación y de almacenamiento, se reducirá la dependencia de las redes de transmisión que conducen la electricidad desde el generador hasta los centros urbanos; y si, además, los prosumidores instalan sus propias microrredes, podrían también prescindir de los servicios de las redes de distribución local.

En esta medida, el regulador se enfrenta al reto de estudiar de qué manera deberán funcionar las reglas de juego en una industria en la que las dinámicas entre actores están en constante cambio. Un ejemplo de esto es la remuneración de las actividades: si se considera que los ingresos de los operadores de la infraestructura de transmisión o distribución es remunerada por los usuarios que estos tengan, pero este número puede ir disminuyendo con el tiempo, los costos incrementarán para los usuarios que aún continúen con el operador. Esto, a su vez, podría incentivar a que los usuarios busquen alternativas menos costosas, como los recursos energéticos distribuidos. Esta espiral podría afectar considerablemente la estabilidad de la industria.

Por último, el tercer reto señalado por la OCDE se relaciona con el efecto distributivo de los recursos energéticos distribuidos[52]. Las consideraciones mencionadas hasta ahora parecieran beneficiar principalmente a los prosumidores, pero es poco probable que estos beneficios se distribuyan de manera equitativa sobre los hogares. Esto se debe, principalmente, a que no todos los consumidores tendrían la posibilidad de asumir los costos asociados a la instalación del servicio de generación y almacenamiento de electricidad. Además, las innovaciones mencionadas para mitigar el riesgo de intermitencia funcionan a partir de señales de precio que, según la OCDE, podrían no ser tomadas por los consumidores de bajos recursos. Por lo tanto, estos consumidores podrían reaccionar poco ante estos cambios cuando la demanda es inelástica y, en últimas, podría aumentar su gasto en electricidad.

Tras describir los principales retos que trae consigo la aparición de los recursos energéticos distribuidos, la OCDE analiza cuál debe ser el rol del regulador ante esta situación[53]. Para esto, enfatiza que el principal papel que debe jugar la agencia regulatoria es el de facilitar la integración de la autogeneración a pequeña escala y la generación distribuida.

---

[52] *Organización para la Cooperación y el Desarrollo Económico*, A chain reaction: disruptive innovation in the electricity sector, 2018, pp. 28–29.

[53] *Organización para la Cooperación y el Desarrollo Económico*, A chain reaction: disruptive innovation in the electricity sector, 2018, pp. 29–33.

Al hacerlo, es importante que el regulador conserve su neutralidad. Uno de sus principales retos será mantener un terreno de juego nivelado entre los diferentes actores del mercado, por lo que se debe evitar favorecer un tipo de negocio en particular.

Este papel neutral es interesante si se recuerda que los gobiernos se encuentran adelantando varias políticas para descarbonizar la economía y promover la integración de la energía renovable. Sin embargo, como el regulador está encargado de generar normas que permitan el funcionamiento eficiente de los mercados, su misión es asegurar que las políticas públicas verdes del Gobierno sean compatibles con el desarrollo adecuado de los mercados.

La neutralidad también implica que el regulador no debe ceder cuando observe que los incumbentes se ven amenazados por la entrada de las tecnologías disruptivas. Por ejemplo, en lugar de preocuparse si los prosumidores evitan las redes de transmisión y distribución, se debería monitorear si esta nueva dinámica de competencia fomenta en los operadores tradicionales un deseo de hacer inversiones eficientes en infraestructura.

Por último, mantener la neutralidad implica también evitar favorecer a las empresas de servicios públicos que sean de propiedad pública. En muchos países, por razones históricas, la provisión del servicio público de energía eléctrica ha estado en cabeza del Estado. Hoy en día, si bien en países como Colombia se ha fomentado la participación del sector privado, aún existen actores públicos. Por lo tanto, el regulador debe evitar distorsionar el mercado a través de señales que busquen evitar que las tecnologías disruptivas desplacen a los participantes públicos tradicionales.

No obstante, la neutralidad no implica que el regulador deba ser inactivo. De hecho, su papel es fundamental para acompañar las políticas públicas de transformación del sector energético en cumplimiento de los Objetivos de Desarrollo Sostenible. En los siguientes párrafos se mencionan algunas de las labores que podría adelantar el regulador, según la OCDE[54].

Su rol proactivo debe comenzar por revisar si las disposiciones regulatorias permiten que el usuario actúe como generador y vendedor de energía eléctrica. La cadena de valor de la energía eléctrica, por ser una industria tradicional, podría contar con una regulación que encasille a cada uno de los actores en su respectivo rol, y esto tendría que ser modificado para permitir la entrada de los recursos energéticos distribuidos.

---

[54] *Organización para la Cooperación y el Desarrollo Económico,* A chain reaction: disruptive innovation in the electricity sector, 2018.

Para esto, es fundamental que el regulador explore el potencial real que tienen los prosumidores, en el marco de esquemas de economía colaborativa, de comprar y vender energía eléctrica. Esto implica, en línea con lo anterior, que la agencia regulatoria promueva que los prosumidores cuenten con instalaciones que permitan la venta de excedentes de energía eléctrica a otros agentes.

Sumado a lo anterior, el regulador debe, en conjunto con otras entidades del Gobierno, promover el empoderamiento de los prosumidores para facilitar los mecanismos de mercado mencionados previamente. Para esto, los consumidores deben contar con medición inteligente e información en tiempo real sobre los precios de la electricidad en el área en la que se podrían llevar a cabo los intercambios. En ausencia de esta información, los intentos por promover los intercambios entre prosumidores serían inocuos.

La disponibilidad de información está directamente relacionada con que el regulador adopte un marco normativo que permita una metodología dinámica de determinación de las tarifas de energía eléctrica. En países como Colombia, los usuarios cuentan con información sobre el valor periódico de la electricidad consumida en el mercado atendido por su comercializador, lo que significa que los usuarios no tienen a su disposición precios en tiempo real ni a nivel local. Por ende, aunque la tecnología permita establecer precios dinámicos, se requiere que el regulador avale esta nueva forma de cobrar la electricidad.

Si los elementos mencionados no son habilitados, el potencial de los recursos energéticos distribuidos se limitaría a satisfacer la necesidad puntual del usuario que instala su solución energética. Esto, a su vez, desincentivaría la inversión en autogeneración o generación distribuida y, al final, reduciría su posibilidad de impacto en favor de los propósitos de sostenibilidad.

E. El regulador colombiano ante las tecnologías disruptivas en el sector eléctrico

Para concluir este trabajo, se examina el trabajo que ha adelantado la CREG en Colombia frente a la innovación disruptiva en el sector eléctrico colombiano. El análisis inicia con el estudio de la posición actual del regulador nacional frente a las dinámicas actuales del mercado y, seguidamente, se aborda puntualmente lo relacionado con los recursos energéticos distribuidos.

Primero, la CREG ha optado tradicionalmente por un modelo de regulación convencional, en el que se crean reglas para los agentes que desarrollan cada una de las actividades de la cadena de valor de los servicios de energía eléctrica y gas combustible y para las relaciones entre sí.

Esta tendencia cambió en el año 2019 con la expedición de la Resolución CREG 080. Mediante este acto administrativo, el regulador introdujo al ordenamiento jurídico nacional un conjunto de reglas generales de comportamiento derivadas de los principios establecidos en la ley, con el fin de orientar el comportamiento de las empresas que prestan los servicios de energía eléctrica y gas combustible. Esto representa una materialización de la aproximación a la regulación con base en principios que fue mencionada anteriormente y representa un cambio rotundo en la forma como se regulan los mercados de energía eléctrica.

Para comprender realmente la posición actual de la CREG, es necesario acudir al documento soporte de la Resolución CREG 080 de 2019. En este, el regulador manifestó que las nuevas tecnologías tienen el potencial para modificar estructuralmente la cadena tradicional del servicio, desdibujando los esquemas tradicionales[55]. Por esto, la CREG concluyó lo siguiente:

> Los desarrollos descritos hacen necesario (y en algunos aspectos inevitable) entonces un cambio en el enfoque de la regulación. El desarrollo tradicional de la regulación expedida por la CREG ha tendido a responder a problemas específicos a través de la emisión de reglas que pueden ser aplicadas, por ejemplo, a todo un eslabón de la cadena de valor o a las relaciones entre dos eslabones. En presencia de mercados relativamente estables, en los cuales es viable anticipar los cambios que se avecinan y surtir los procesos regulatorios en los tiempos establecidos, este esquema puede ser suficiente para garantizar un adecuado funcionamiento de los sistemas, de los mercados y una adecuada prestación de los servicios públicos. En las condiciones actuales, ese enfoque no responde a tiempo y en detalle las necesidades[56].

Se observa que, para la CREG, las dinámicas del mercado no permitían continuar exclusivamente con un enfoque regulatorio tradicional y que era inevitable la introducción de elementos flexibles en la regulación, tanto en su contenido como en su construcción. Por esto, mediante la Resolución CREG 080 de 2019, el regulador, a través de una regulación más simple, oportuna y eficaz, pretende promover la iniciativa de agentes privados, la transparencia en el mercado, la comunicación eficaz entre agentes y la autorregulación, y así proteger el buen funcionamiento del mercado y los derechos de los usuarios.

Este enfoque flexible, basado en principios y no en reglas estrictas, permite adaptarse a comportamientos futuros que aún no han sido previstos, evita que los agentes obtengan ventajas injustificadas mediante el cumplimiento creativo

---

[55] *Comisión de Regulación de Energía y Gas*, Documento CREG 048 de 2019, 2019, p. 10.
[56] *Comisión de Regulación de Energía y Gas*, Documento CREG 048 de 2019, 2019.

de la regulación[57] y reduce las asimetrías de información[58]. La CREG espera que este nuevo paradigma regulatorio, iniciando con las reglas generales de comportamiento, facilite la consolidación de los prosumidores y de los posibles agregadores de demanda[59].

Acompañando este nuevo desarrollo regulatorio, la CREG ha expedido normas que, puntualmente, facilitarían la incorporación de los recursos energéticos distribuidos. Para comenzar, las resoluciones CREG 024 de 2015, 030 de 2018 y 038 de 2018 han creado el marco aplicable a la autogeneración a pequeña y gran escala, así como a la generación distribuida. Estas disposiciones buscan facilitar la integración a la red de estos sistemas mediante la regulación de las condiciones y trámites de conexión, las condiciones para la medición y las ventas de energía eléctrica al sistema, lo cual vuelve más atractivos estos modelos de generación. Es importante anotar que el Congreso de la República tuvo un papel protagónico en la expedición de esta regulación: si bien desde la ley 143 de 1994 el legislador introdujo el concepto de autogenerador, mediante la ley 1715 de 2014 se dio al Gobierno la orden de promover la autogeneración a pequeña y gran escala y la generación distribuida.

Como complemento de lo anterior, y con el fin de facilitar la llegada de los recursos energéticos distribuidos a las zonas no interconectadas, la CREG expidió un régimen similar a través de la Resolución CREG 038 de 2018.

Adicionalmente, en 2018, la CREG participó en la discusión sobre infraestructura de medición avanzada, con la cual se logrará que los agentes interesados tengan mejor información sobre los consumos de los usuarios. Su participación obedeció a que, con la expedición de la Resolución 40072 de 2018, el Ministerio de Minas y Energía dispuso que el regulador tendría un plazo de doce (12) meses para adoptar las condiciones de implementación de la medición avanzada.

Esta resolución condujo a la expedición del Documento CREG 077 de 2018, en el cual, de manera informativa, se puso de presente la necesidad de regular esta situación para mitigar los riesgos propios del tratamiento de datos y de la falta de normas básicas para la interoperabilidad de equipos[60]. Este documento mencionó la necesidad de abordar aspectos como el suministro, la instalación, la administración, la operación, el mantenimiento y la reposición del medidor avanzado; el procedimiento a través del cual los operadores de red deberían presentar planes de implementación de medición avanzada a la CREG; la

---

[57]   *Baldwin/Cave/Lodge*, Understanding Regulation. Theory, Strategy, and Practice, 2012, p. 323.
[58]   *Comisión de Regulación de Energía y Gas*, Documento CREG 048 de 2019, 2019, p. 16.
[59]   *Comisión de Regulación de Energía y Gas*, Documento CREG 048 de 2019, 2019, p. 25.
[60]   *Comisión de Regulación de Energía y Gas*, Documento CREG 077 de 2018, 2018, p. 23.

interoperabilidad de los equipos de medición avanzada; el tratamiento de los datos y los requisitos para el acceso a la información producto de la medición avanzada, entre otros temas.

A pesar de lo anterior, lo dispuesto en el Documento CREG 077 de 2018 nunca se materializó en un acto administrativo que regule el comportamiento de los agentes. Por esta razón, el Ministerio de Minas y Energía tuvo que expedir una nueva resolución, la 40483 de 2019, que amplió el plazo que tenía la CREG para crear las normas aplicables a la medición avanzada hasta el 15 de abril de 2020. Se espera que, al hacerlo, el regulador aborde aquellos aspectos que ya identificó en el Documento CREG 077 de 2018.

Los anteriores párrafos muestran los avances de la CREG para permitir la incorporación de tecnologías disruptivas al sector eléctrico. Es especialmente importante el nuevo enfoque flexible que adoptó recientemente el regulador para evitar que los cambios tecnológicos le resten rápidamente vigencia a su regulación. No obstante, se observa que, al puntualizar la regulación existente en materia de recursos energéticos distribuidos, existen aún muchos vacíos en las normas actuales. Si bien existen normas para su integración a la red y la posibilidad de que los prosumidores vendan energía eléctrica, aún no se ha publicado la regulación en materia de medición avanzada. Adicionalmente, se observó que varios temas aún están por fuera de la agenda del regulador, como la posibilidad de incorporar un marco tarifario dinámico que permita poner un precio local y en tiempo real a la energía eléctrica. Tampoco se observó mayor desarrollo frente a la posibilidad de que los usuarios regulados, actuando como prosumidores, participen activamente en plataformas de compra y venta de energía eléctrica.

Por lo anterior, se concluye que, aunque el nuevo enfoque del regulador le permitirá actuar de manera flexible ante los cambios tecnológicos que se avecinan, existen temas pendientes que requieren intervención expresa del regulador. En ausencia de una acción en este sentido, continuará la dificultad para aprovechar completamente el potencial de los recursos energéticos distribuidos.

F. Conclusiones

El cumplimiento de los Objetivos de Desarrollo Sostenible requiere sinergias entre actores públicos y privados, pues el Gobierno, por sí solo, no podrá dar cumplimiento a las metas planteadas. En este proceso, uno de los aspectos que más fuerza ha ganado es la innovación disruptiva: replantear la manera como se vienen adelantando los procesos de producción y consumo para proponer ideas verdaderamente transformadoras permitiría a los países adoptar comportamientos más responsables desde lo social y lo ambiental.

No obstante, el carácter disruptivo implica también un reto para el Estado. Concretamente, las agencias regulatorias, quienes están encargadas de promover el funcionamiento eficiente del mercado, tienen que mitigar los riesgos que surgen con las nuevas tecnologías; pero, al hacerlo, deben actuar de una forma que logren abordar el problema íntegramente sin generar nuevas distorsiones a los innovadores, los incumbentes o terceros.

La innovación disruptiva en el sector eléctrico, representada a través de los recursos energéticos distribuidos, es un ejemplo de cómo las nuevas tecnologías pueden favorecer el cumplimiento de los Objetivos de Desarrollo Sostenible, pero, al hacerlo, desafían las instituciones existentes. El regulador colombiano, consciente de lo anterior, ha buscado adoptar un enfoque más flexible para abordar estos retos regulatorios, lo cual le permitirá satisfacer de mejor manera las necesidades que se irán presentando en un mercado dinámico y cambiante como el eléctrico. Sin embargo, aún quedan avances regulatorios que deben darse para que el país pueda aprovechar íntegramente el potencial de estos recursos energéticos distribuidos y materializar las posibles sinergias entre el sector privado y el sector público en favor de los Objetivos de Desarrollo Sostenible.

Promoción estatal para el desarrollo de las finanzas verdes[1]

Santiago Guerrero Sabogal

A. Introducción

América Latina, al reconocer la necesidad de una respuesta progresiva a la amenaza del cambio climático, particularmente en aras de garantizar la seguridad alimentaria dada la vulnerabilidad de la estructura productiva de la región,[2,3] los países se han comprometido con proyectos económicos basados a partir de dinámicas de sostenibilidad ambiental, tal como lo es el bajo consumo de carbón y las energías renovables.[4]

La visión de una economía renovable en América Latina se gesta, por un lado, en el sector privado, a partir de la elaboración de prácticas de gobierno corporativo y estrategias de mercado bajo un enfoque de desarrollo sostenible[5] y, por otro lado, en el sector público en virtud de la Conferencia de las Naciones Unidas

---

[1]   Se agradece a la abogada y politóloga Anne Marie Lauschus, LL.M., por la revisión e indicaciones al presente capítulo, así como también por la revisión a las señoras miembros del proyecto de semillero de investigación en derecho financiero, ambiental y desarrollo sostenible (Prof. Muriel Ciceri) de la Pontificia Universidad Javeriana, abogada Ángela María Urbano Coral y estudiante Pamela Rodríguez Tierradentro.
[2]   *Naciones Unidas,* Aprobación del Acuerdo de París, 2015, p. 2.
[3]   La región de América Latina y el Caribe es altamente vulnerable al cambio climático debido a su geografía, el clima, las condiciones socioeconómicas y los factores demográficos, e incluso la gran sensibilidad de sus recursos naturales tales como los bosques y su biodiversidad al cambio climático. Los costos económicos del cambio climático se estiman –aunque con un alto grado de incertidumbre, e incluyendo sólo algunos sectores y algunos de los posibles efectos o procesos de retroalimentación o adaptación– entre 1,5% y 5% del PIB de la región para el año 2050 (con alrededor de 2,5 C de aumento de temperatura). Estos impactos no son lineales, no son uniformes entre una zona y otra e incluyen efectos positivos para algunas zonas y períodos. *Cepal,* La economía del cambio climático en América Latina y el Caribe. Paradojas y desafíos del desarrollo sostenible, 2014, p. 9.
[4]   *International Finance Corporation,* Informe Finanzas Verdes Latinoamérica 2017 ¿Qué está haciendo el sector bancario de América Latina para mitigar el cambio climático?, 2017, p. 21.
[5]   *International Finance Corporation,* Informe Finanzas Verdes Latinoamérica 2017 ¿Qué está haciendo el sector bancario de América Latina para mitigar el cambio climático?, 2017, p. 31.

sobre el Cambio Climático (COP) de 2015.[6] Lo anterior, dado que, en dicha conferencia al reconocer la necesidad de trabajar en conjunto para amortiguar el cambio climático, y por ende modificar las dinámicas económicas existentes, los países firmaron el llamado Acuerdo de París con el fin de aceptar compromisos para su efectiva realización.[7]

A nivel internacional, la COP ha evidenciado, tanto en el sector privado como con la participación del Estado, la voluntad para la inversión de recursos en materia de proyectos de carácter sostenible, así como en el aumento de los flujos de capital entre los distintos países para el desarrollo de un mercado verde.[8] Lo anterior, con el fin de "fortalecer la necesaria diplomacia climática en protección de la humanidad y los fundamentos de la vida, en armonía con el desarrollo sostenible de la "casa común" a la que se refiere el papa Francisco en su encíclica 'Laudato Si'.[9]

De esta manera, cabe preguntarse cómo debe ser la interrelación entre el Estado y las empresas, con el fin de garantizar el cumplimiento de la agenda verde a nivel global. Expuesto lo anterior, el propósito del siguiente capítulo es evidenciar cómo la regulación e "intervención" del Estado a partir del Derecho Administrativo, con el fin de promover la sostenibilidad económica, social y ambiental del sector privado, más allá de tener una visión impositiva o sancionatoria, debe esbozar una serie de medidas que estimulen al sector privado.

Lo anterior se puede constatar a través del trabajo conjunto entre el Estado y el sistema financiero, a partir del fomento y de la aplicación de las "finanzas verdes", dado que, estas son mecanismos de acceso al capital, con los cuales las empresas pueden apalancar sus proyectos económicos desde una perspectiva de sostenibilidad ambiental, social y económica. A grandes rasgos, la banca sostenible es un área de los mercados financieros cuyo objetivo es promover un impacto ambiental positivo en las operaciones de este carácter, lo cual incluye la mitigación y adaptación por el cambio climático, así como las operaciones que buscan la prevención del mismo.[10]

---

[6]   *Naciones Unidas,* Aprobación del Acuerdo de París, 2015, p. 2.
[7]   *Naciones Unidas,* Aprobación del Acuerdo de París, 2015, p. 2.
[8]   *Naciones Unidas,* Aprobación del Acuerdo de París, 2015, p. 2.
[9]   Así *Muriel Ciceri,* Mercados y negocios verdes frente al cambio climático, Revista Semana, 2017, https://sostenibilidad.semana.com/impresa/21, p.21.
[10] *International Finance Corporation,* Informe Finanzas Verdes Latinoamérica 2017 ¿Qué está haciendo el sector bancario de América Latina para mitigar el cambio climático?, 2017, p. 3.

De esta forma, se puede replantear el papel de la intervención estatal y el Derecho Administrativo, puesto que, más allá de fungir como una herramienta en materia sancionatoria por violaciones a las normas ambientales, las autoridades deben considerar su función regulatoria a partir de un papel proactivo e incentivar la sostenibilidad ambiental, y en este caso en particular, las finanzas verdes.

En virtud de lo previamente expuesto, en primer lugar, se realizará una sucinta explicación de lo que se puede considerar como finanzas verdes (B). En segundo lugar, se analizará la relación entre el Estado y el sector privado para la promoción de la sostenibilidad ambiental en los mercados, a partir del estudio de la experiencia internacional respecto de Colombia a partir de las iniciativas[11,12] del Network for Greening the Financial System (NGFS)[13] y la Red de Banca Sostenible (SBN)[14] (C). Subsiguientemente, se analizará el trabajo conjunto realizado entre el Estado colombiano y el sistema financiero a partir del Protocolo Verde,[15] al ser este un mecanismo para fomentar las finanzas verdes y la economía sostenible en el país, al tomar como punto de partida la generación de obligaciones mutuas entre el sector privado y el sector público (D). Finalmente, se desarrollarán las conclusiones (E).

---

[11] *Network for Greening the Financial System (NGFS)*, First comprehensive report. A call for action. Climate change as a source of financial risk, 2019, p. 8.

[12] *Sustainable Banking Network*, Global Progress Report, 2018, p. 16.

[13] Para obtener mayor información sobre esta organización, consultar *Network Greening Financial,* About us, Systems, 2019, https://www.ngfs.net/en/page-sommaire/governance.

[14] Para obtener mayor información sobre esta organización, consultar "Sustainable Banking Network", International Finance Corporation, 2019, https://www.ifc.org/wps/wcm/connect/topics_ext_content/ifc_external_corporate_site/sustainability-at-ifc/company-resources/sustainable-finance/sbn.

[15] *Asobancaria*, Protocolo Verde, 2017, p. 2.

B. Finanzas verdes: noción, tendencias y barreras

Para el propósito del siguiente capítulo, se pueden comprender las finanzas verdes a partir de la definición brindada por *Kaminker*, que resulta adecuada por los elementos que utiliza para su construcción:

> (…) Green investments refer broadly to low carbon and climate resilient investments made in companies, projects and financial instruments that operate primarily in the renewable energy, clean technology and environmental technology markets as well as those investments that are climate change specific or ESG screened.[16]

A partir de la anterior definición, puede considerarse a las finanzas verdes como proyectos de inversión e instrumentos financieros que operan bajo dinámicas de sostenibilidad y resiliencia ambiental, con miras de mitigar y prevenir el cambio climático.

Igualmente, el enfoque ambiental y sostenible de los proyectos financieros por parte de los Estados, se puede ver materializado a partir de la Estrategia de Crecimiento Verde[17] realizada por la Organización para la Cooperación y el Desarrollo Económicos (OCDE). Entre los enfoques fomentados, se encuentran las planificaciones de eficiencia energética, incluyendo proyectos de energía renovable libres de gases contaminantes, nuevas tecnologías en materia de transporte, agricultura inteligente y planeación en materia de infraestructura.[18]

De esta forma, si bien se encuentra contemplado un mercado a nivel ambiental el cual se encuentra fomentado por los Estados, es necesario plantearse la importancia que tiene el sistema financiero para su desarrollo, pues juega el papel de intermediario en la canalización de fondos entre quienes quieren invertir en esta clase de proyectos, y entre quienes tienen el capital para su realización. Entre las tendencias de la banca en esta clase de proyectos, se encuentran, en primer lugar, los préstamos verdes, las cuales son líneas de crédito en las que el banco otorga en mutuo un monto de dinero para una destinación específica, a saber: la utilización de dicho dinero en proyectos de carácter sostenible, tales como la eficiencia energética, las energías renovables, la

---

[16]   *Kaminker/Kawanishi/Stewart/Caldecott/Howarth,* Institutional Investors and Green Infrastructure Investments: Selected Case Studies, OECD Working Papers on Finance, Insurance and Private Pensions, 2019, p. 16.

[17]   En inglés, Green Growth Strategy.

[18]   *Kaminker/Kawanishi/Stewart/Caldecott/Howart,* Institutional Investors and Green Infrastructure Investments: Selected Case Studies, OECD Working Papers on Finance, Insurance and Private Pensions, 2019, p. 16.

producción limpia, la construcción sostenible, entre otras.[19] Evidentemente, se incentivan esta clase de operaciones al brindar el capital con mejores condiciones de interés que los créditos bancarios convencionales.[20]

En segundo lugar, se encuentran los bonos verdes o green bonds, los cuales son instrumentos financieros de deuda que permiten el apalancamiento de proyectos que tienen como objetivo la mitigación o prevención del cambio climático.[21] A grandes rasgos, el mercado de bonos verdes surgió en el año 2007 con las primeras emisiones realizadas por los Bancos de Desarrollo Multilateral,[22] sin embargo, en el sector privado empezó su desarrollo principalmente en los años 2013 y 2014, con la producción de los Green Bond Principles.[23] A partir de esto, para el año 2017 este mercado reflejaba sumas de 155,5 miles de millones de dólares estadounidenses, de un mercado potencial de 90 billones; no obstante, dicha suma sólo refleja el 1% del mercado total de bonos, lo que denota su falta de desarrollo.[24]

En tercer lugar, se encuentra la financiación combinada o blended finance para la generación de proyectos sostenibles. A grosso modo, este mecanismo consiste en diferentes acuerdos o estructuras financieras que combinan recursos de diversa procedencia y que buscan vincular a distintos actores de la economía como bancos, empresas y Estados para la generación de una actividad económica específica.[25] De esta manera, los bancos e instituciones internacionales de desarrollo utilizan recursos provenientes de donantes (cooperación internacional) para apalancar tipos de fondos de naturaleza comercial, lo cual resulta económicamente provechoso para financiar proyectos ambientales.[26]

---

[19] *Shishlov/Bajohr/Deheza/Cochran,* Using credit lines to foster green lending: opportunities and challenges, 2017, p.6.
[20] *Shishlov/Bajohr/Deheza/Cochran,* Using credit lines to foster green lending: opportunities and challenges, 2017, p.6.
[21] *ICMA,* Green Bond Principles. Voluntary Process Guidelines for Issuing Green Bonds, 2018, p. 2.
[22] *Arruti/Garayoa/Garcia,* Bonos verdes y bonos sociales como motores de cambio, Boletín de Estudios Económicos, 2018, p. 240.
[23] *ICMA,* Green Bond Principles. Voluntary Process Guidelines for Issuing Green Bonds, 2014, p. 1.
[24] *Climate Bonds Initiative,* Bonds and Climate Change: State of the Market 2017, 2017, p. 19.
[25] *Basile/Dutra,* Blended Finance Funds and Facilities: 2018 Survey Results, 2018, p. 8.
[26] *OECD/United Nations Capital Development Fund,* Blended Finance in the Least Developed Countries 2019, 2019, p.10.

Si bien lo anterior denota un mercado financiero maduro respecto a las inversiones sostenibles, en la realidad se presentan distintas problemáticas o barreras en este mercado en específico.[27] Tales barreras pueden ser de circunstancias objetivas que afectan a los proyectos, como la condición económica del mercado, la regulación jurídica y los altos costes financieros, así como de circunstancias subjetivas, como la oferta y la demanda del mercado.[28]

Por un lado, respecto a las barreras objetivas,[29] las cuales se enfocan en el entorno global de inversión, podemos encontrar las siguientes:

- Barreras económicas: se refiere a las pérdidas o bajos rendimientos económicos en una operación en específico. Lo cual se puede presentar dada la inestabilidad o ausencia de políticas climáticas y ambientales, o a la existencia de subsidios a los combustibles fósiles;
- Barreras financieras: estas evidencian la dificultad de acceder al sistema financiero con ocasión a la existencia de altos riesgos reales y percibidos en la actividad en concreto, el alto costo de capital en comparación de los rendimientos que genera la oportunidad de empresa y la necesidad de inversiones iniciales de alto costo;
- Barreras jurídicas: se ocasionan ante la reglamentación insuficiente o incluso ausente[30] en el sector financiero, lo cual limita la generación de crédito para el desarrollo de estas actividades económicas, y la no integración de los riesgos climáticos como criterio a analizar por el sector financiero a la hora de fomentar estos proyectos.[31]

Por otro lado, en materia de barreras subjetivas, se pueden encontrar aspectos relevantes que afectan tanto la demanda como la oferta de la generación de empresa sostenible, y dentro de las cuales se encuentran las siguientes:

---

[27] Mihálovits/Tapaszti, Green Bond, the Financial Instrument that Supports Sustainable Development: Opportunities and Barriers, Public Finance Quarterly, 2018, p. 315.

[28] Mihálovits/Tapaszti, Green Bond, the Financial Instrument that Supports Sustainable Development: Opportunities and Barriers, Public Finance Quarterly, 2018, p. 315.

[29] *Shishlov/Bajohr/Deheza/Cochran*, Using credit lines to foster green lending: opportunities and challenges, 2017, p. 4.

[30] Si en un país no hay regulación sobre la materia, es muy fácil que el sector privado califique como "verde" cualquier instrumento, lo cual no solo afecta a los inversionistas, pues no tienen forma de constatar la finalidad sostenible de los recursos, sino que también afecta la credibilidad de esta clase de proyectos.

[31] *Shishlov/Bajohr/Deheza/Cochran*, Using credit lines to foster green lending: opportunities and challenges, 2017, p. 4.

- Conocimiento limitado de las oportunidades de inversión en proyectos sostenibles;
- Los proyectos sostenibles que, a diferencia de sus contrarios, implican un desarrollo mayor en el tiempo, por lo que pueden prevalecer las prácticas comerciales preeminentes y preferirse las ventajas corto-placistas en vez de ahorros y fuentes de ingreso a largo plazo;
- Falta de capacidad técnica para elaborar propuestas de inversión en esta clase de proyectos.[32]

Finalmente, en materia de barreras por la oferta del mercado, es decir, de circunstancias que afectan a las instituciones financieras para apoyar esta clase de actividades, se pueden encontrar las siguientes:

- Falta de acceso a capital de largo plazo, lo cual hace que sean dis-cordantes los intereses del empresario y su inversión climática, respecto a la capacidad de la institución financiera para respaldarla;
- Conocimiento limitado y falta de capacidad técnica al interior de las instituciones financieras para poner en marcha las etapas pre-operativas y de ejecución que implican los créditos verdes, tales como el fun-cionamiento de los instrumentos financieros verdes y la apreciación de los riesgos ambientales por parte de las entidades;
- Prácticas de gobierno corporativo en las entidades financieras que no se encuentran directamente encaminadas a las exigencias de las inver-siones climáticas privadas;
- Falta de mecanismos para la gestión de riesgos ambientales.[33] De esta manera, no se puede apreciar este factor para la calificación de un determinado crédito, para el otorgamiento de instrumentos de trans-ferencia o para la mancomunación de riesgos entre las entidades financieras y las empresas; y
- Asunción de costos y riesgos elevados en materia de negocios vinculados a los créditos verdes.[34]

En resumen, el objetivo por parte de los Estados es la mitigación y prevención del cambio climático, principalmente gracias al Acuerdo de París. No obstante, la pregunta es ¿cómo deben hacerlo?

---

[32] Mihálovits/Tapaszti, Green Bond, the Financial Instrument that Supports Sustainable Development: Opportunities and Barriers; Public Finance Quarterly, 2018, p. 315.

[33] *Shishlov/Bajohr/Deheza/Cochran*, Using credit lines to foster green lending: opportunities and challenges, 2017, p. 4.

[34] *Shishlov/Bajohr/Deheza/Cochran*, Using credit lines to foster green lending: opportunities and challenges, 2017, p. 4.

Por un lado, esto se ha realizado a partir de medidas de carácter negativo que buscan desincentivar la contaminación y en general los proyectos insostenibles, como el impuesto al carbono, las sanciones por violación a la normatividad ambiental u otras medidas de carácter administrativo que responsabilizan a las empresas por su impacto al medio ambiente.

Sin embargo, dichas medidas no son suficientes para alcanzar el fin propuesto y no generan la posibilidad de desarrollar empresa desde una perspectiva de sostenibilidad ambiental. Si bien dichas medidas desean combatir las afectaciones ambientales, resultan ser anacrónicas frente a las realidades económicas y sociales que se están viviendo.[35] De esta forma, es en este punto donde entra el sistema financiero. Dado que, y como se puede apreciar con lo expuesto anteriormente, este es crucial para la obtención del capital necesario para el desarrollo de proyectos sostenibles, lo cual es conocido como "finanzas verdes". A pesar de ello, existen distintas barreras que dificultan el desarrollo necesario para garantizar su cometido, que son, finalmente, la mitigación y prevención del cambio climático.

Por estas razones, es importante considerar cómo la intervención del Estado y el derecho administrativo regulatorio, más allá de ser impositivo o sancionatorio, puede desarrollarse a partir de la participación en el mercado, en especial, dentro del sistema financiero. De esta manera, el Estado puede partir de iniciativas que, por un lado, promocionen la empresa sostenible y, por el otro, confronten las barreras que afectan al mercado financiero en este cometido.

Así las cosas, la financiación progresiva en favor del clima, más allá de la utilización adecuada de los fondos públicos, promueve el crecimiento económico sostenible, la creación de mercados verdes y el desarrollo de negocios climáticos.[36]

Respecto a lo anterior, a nivel internacional podemos encontrar iniciativas como el Network for Greening the Financial System (NGFS), así como la Red de Banca Sostenible (SBN). De la misma manera, en Colombia se puede encontrar el Protocolo Verde, el cual nace, precisamente, de la colaboración entre el sector financiero y el Estado para la promoción de la empresa sostenible.

---

[35]   *Muriel Ciceri*, Mercados y negocios verdes frente al cambio climático. Revista Semana, 2017, https://sostenibilidad.semana.com/impresa/21, p. 21.

[36]   Así *Muriel Ciceri*, Mercados y negocios verdes frente al cambio climático, Revista Semana, 2017, https://sostenibilidad.semana.com/impresa/21, p. 21.

C. Experiencia internacional de colaboración Estado-empresas: NGFS y la SBN

A continuación, se expondrá la experiencia internacional en materia de colaboración Estado-sector privado para la comisión de la mitigación y prevención del cambio climático. Concretamente, se analizarán las experiencias del NGFS y la SBN, al ser proyectos que se están desarrollando en Colombia con el apoyo de entidades financieras a nivel global.[37,38]

I. Network for Greening the Financial System (NGFS)

El Network for Greening the Financial System (NGFS) nace como una iniciativa del Banco de Francia y de otros 34 miembros internacionales, entre estos bancos centrales y entidades de supervisión financiera, con el fin de afrontar los riesgos ambientales, sociales y económicos surgidos a partir del cambio climático.[39] Su misión, en términos generales, consiste en realizar recomendaciones de carácter técnico y metodológico a entidades financieras de carácter privado, sobre una perspectiva de negocio ambientalmente sostenible. Además, establece pautas en materia de regulación para los Estados, con el objetivo de garantizar la eficiencia de la supervisión y el control de estas entidades. De esta manera, busca garantizar el correcto funcionamiento de las entidades financieras en el mercado.[40]

Para cumplir con estos propósitos, el NGFS plantea cinco principios rectores respecto al funcionamiento de los bancos centrales y las entidades de control:

- Compromiso con las estrategias climáticas;
- Gestionar los riesgos climáticos;
- Promover objetivos climáticos inteligentes;
- Mejorar las conductas a favor del medio ambiente; y
- Tener en consideración el impacto ambiental de nuestras acciones.[41]

---

[37] *Sustainable Banking Network*, Global Progress Report, 2018, p. 16.
[38] *Network for Greening the Financial System (NGFS)*, First comprehensive report. A call for action. Climate change as a source of financial risk, 2019, p. 8.
[39] *Network for Greening the Financial System (NGFS)*, First comprehensive report. A call for action. Climate change as a source of financial risk, 2019, p. 1.
[40] *Network for Greening the Financial System (NGFS)*, First comprehensive report. A call for action. Climate change as a source of financial risk, 2019, p. 1.
[41] *Network for Greening the Financial System (NGFS)*, First comprehensive report. A call for action. Climate change as a source of financial risk, 2019, p. 1.

Asimismo, el NGFS[42] consolidó tres cuerpos de trabajo continuo, los cuales tienen como base el desarrollo de programas bajo la dirección de organismos especializados y con experiencia en el área de buenas prácticas ambientales, políticas macroeconómicas y de financiamiento verde.[43] Los cuerpos consisten en:

- Supervisión: busca establecer un mapa de las actuales prácticas de supervisión, las cuales deben integrar los riesgos ambientales bajo las dinámicas de los riesgos microprudenciales de inversión.[44] Por otro lado, pretende incentivar la revelación de información por parte de las entidades financieras respecto a los riesgos ambientales de su actividad financiera.[45] Este cuerpo se encuentra liderado por el Banco Popular de China.

- Macro-finanzas: analizan el impacto del cambio climático en la macroeconomía, así como el impacto económico de la transición hacia una economía sostenible.[46] Esta área se encuentra liderada por el Banco de Inglaterra.

- Transversalidad de las finanzas verdes: se encarga de "hacer verde" las actividades de los bancos centrales y de los órganos de control, así como del monitoreo de la actividad de las finanzas verdes en los países. Se encuentra liderado por el Banco Federal de Alemania.[47]

---

[42]   El NGFS, además de publicar su primer reporte en abril del año 2019 "First comprehensive report. A Call for action", igualmente publicó un documento de carácter más técnico y como complemento del primero: "Macroeconomic and financial stability. Implications of climate change".

[43]   *Network for Greening the Financial System (NGFS)*, First comprehensive report. Macroeconomic and financial stability. Implications of climate change, 2019, p. 3.

[44]   *Network for Greening the Financial System (NGFS)*, First comprehensive report. A call for action. Climate change as a source of financial risk, 2019, p. 9.

[45]   *Network for Greening the Financial System (NGFS)*, First comprehensive report. A call for action. Climate change as a source of financial risk, 2019, p. 9.

[46]   *Network for Greening the Financial System (NGFS)*, First comprehensive report. A call for action. Climate change as a source of financial risk, 2019, p. 9.

[47]   *Network for Greening the Financial System (NGFS)*, First comprehensive report. A call for action. Climate change as a source of financial risk, 2019, p. 9.

En el año 2019, el NGFS publicó su primer reporte, el cual muestra los resultados esbozados a partir de la aplicación de los principios previamente expuestos. Como eje estructural, consideró la necesaria acción colectiva y coordinada de las entidades públicas y privadas a nivel global para enfrentar las consecuencias del cambio climático.[48] De esta manera, el NGFS, al ser una organización fundada con miras hacia la internacionalización y conformada a partir de distintos bancos centrales y órganos de supervisión, realizó las siguientes recomendaciones[49], tanto a los bancos centrales, a los órganos de supervisión y a las entidades financieras:

1. Integrar los riesgos ambientales a la estabilidad financiera y, por ende, monitorear y supervisar su cumplimiento

Para ello se debe, en primer lugar, evaluar los riesgos financieros relacionados con el medio ambiente, a partir de:

- Rastrear los canales de transmisión de riesgos físicos y de transición al interior del sistema financiero, para de esta manera adoptar indicadores clave de riesgo y lograr su efectivo monitoreo; y
- Considerar cómo los impactos físicos y transicionales del cambio climático pueden ser incluidos en la previsión macroeconómica y el monitoreo para la estabilidad del sistema financiero.[50]

En segundo lugar, se deben integrar los riesgos ambientales en la supervisión financiera por parte de los entes. Esto se elabora a partir de:

- El compromiso con las entidades financieras. Para asegurar que los riesgos ambientales son entendidos y discutidos a nivel administrativo, deben ser considerados como un riesgo en la gobernanza y en la toma de decisiones al interior de la empresa.[51] Esto con el objetivo de asegurar la identificación, el análisis, y la administración y reporte de riesgos ambientales; y

---

[48] *Network for Greening the Financial System (NGFS)*, First comprehensive report. A call for action. Climate change as a source of financial risk, 2019, p. 9.

[49] *Network for Greening the Financial System (NGFS)*, First comprehensive report. A call for action. Climate change as a source of financial risk, 2019, p. 9.

[50] *Network for Greening the Financial System (NGFS)*, First comprehensive report. A call for action. Climate change as a source of financial risk, 2019, p. 20.

[51] *Network for Greening the Financial System (NGFS)*, First comprehensive report. A call for action. Climate change as a source of financial risk, 2019, p. 20.

- Establecer metas en materia de supervisión respecto a las entidades financieras, a medida que la vigilancia e inspección de los riesgos ambientales sea comprendida en el gobierno corporativo de la entidad.[52]

2. Integrar factores de sostenibilidad dentro de la gestión de cartera propia de los bancos centrales

Al reconocer las diferencias institucionales en cada jurisdicción, el NGFS fomenta el liderazgo de los bancos centrales, bajo el ejemplo de cada una de sus operaciones. Por lo tanto, bajo el cumplimiento de sus facultades administrativas, y por debajo de los límites de la ley, se recomienda que integren parámetros de sostenibilidad en la administración de sus portafolios.[53]

3. Cerrar las brechas de información

A partir de las iniciativas del G20 Green Finance Study Group (GFSG)[54] y del Programa de las Naciones Unidas para el Medio Ambiente (PNUMA),[55] el NGFS recomienda que las autoridades administrativas correspondientes en cada país compartan la información relevante en materia de evaluación de riesgos climáticos y, de ser posible, hagan la información pública y disponible en repositorios. Sobre este punto, el NGFS considera que esta acción es una forma de aunar esfuerzos entre los distintos grupos de interés, públicos y privados, para romper las brechas de información que afectan el desarrollo de las actividades económicas sostenibles.[56]

---

[52]   *Network for Greening the Financial System (NGFS)*, First comprehensive report. A call for action. Climate change as a source of financial risk, 2019, p. 20.

[53]   *Network for Greening the Financial System (NGFS)*, First comprehensive report. A call for action. Climate change as a source of financial risk, 2019, p. 28.

[54]   Para mayor información sobre este grupo, consultar "Sustainable Finance Study Group (SFGS)", Climate Action in Financial Institutions, 2018, https://www.mainstreamingclimate.org/sfsg/.

[55]   Para mayor información sobre este programa, consultar "Programa de las Naciones Unidas para el Medio Ambiente", Naciones Unidas, https://www.un.org/ruleoflaw/es/un-and-the-rule-of-law/united-nations-environment-programme/.

[56]   *Network for Greening the Financial System (NGFS)*, First comprehensive report. A call for action. Climate change as a source of financial risk, 2019, p. 29.

La entrega de información que realicen las entidades administrativas consistiría en una lista detallada de elementos y datos que les permitiría a las autoridades e instituciones financieras mejorar la evaluación de riesgos y oportunidades relacionados con el clima. Por ejemplo, datos de nivel de activos físicos, riesgos físicos y de transición, así como datos de determinados activos financieros en el mercado.[57]

4. Crear capacidad intelectual, soporte técnico e intercambio de conocimientos

El NGFS alienta a los bancos centrales, a las entidades de supervisión y a los entes financieros a trabajar juntos en la construcción de capacidad interna para la realización de proyectos sostenibles.[58] Asimismo, dichas entidades deben colaborar con los stakeholders para mejorar su entendimiento respecto de los factores relacionados con el cambio climático y cómo estos pueden ser vistos a manera de un riesgo para el sector financiero, así como una oportunidad de inversión.[59]

De esta manera, el NGFS recomienda a los bancos centrales, entidades de supervisión y entes financieros:

- Garantizar suficientes recursos al interior de las entidades, para hacer frente a las oportunidades de negocios derivadas de actividades sostenibles, así como de los riesgos ambientales que puede generar una determinada empresa;
- Capacitar a los empleados en materia de sostenibilidad y prácticas financieras sostenibles;
- Trabajar de la mano con la academia; y
- Ofrecer colaboración técnica a las entidades financieras en caso de que lo necesiten. De esta manera, se permite mejorar su capacidad de acción y se estimula su participación en actividades sostenibles.[60]

---

[57] *Network for Greening the Financial System (NGFS)*, First comprehensive report. A call for action. Climate change as a source of financial risk, 2019, p. 30.

[58] *Network for Greening the Financial System (NGFS)*, First comprehensive report. A call for action. Climate change as a source of financial risk, 2019, p. 30.

[59] *Network for Greening the Financial System (NGFS)*, First comprehensive report. A call for action. Climate change as a source of financial risk, 2019, p. 30.

[60] *Network for Greening the Financial System (NGFS)*, First comprehensive report. A call for action. Climate change as a source of financial risk, 2019, p. 31

Un elemento clave para lograr la efectiva prevención de riesgos ambientales en el sector financiero es la colaboración interna y externa a las entidades que lo conforman. Internamente, la naturaleza transversal de los riesgos ambientales – estos también pueden generar riesgos financieros, sociales y económicos– permiten innovar en materia de colaboración conjunta y trabajo mutuo con las entidades de supervisión financiera.[61] Los bancos centrales y las entidades de supervisión pueden formar redes internas dentro del sistema financiero con el fin de juntar la capacidad necesaria para afrontar los riesgos ambientales al interior de cada organización.[62] A nivel externo, se pueden presentar casos de colaboración con la academia, entidades no gubernamentales, órganos estatales, expertos de las ciencias naturales, entre otros sectores. Esto con el objetivo de mejorar la capacidad de reacción del sistema financiero respecto al cambio climático.[63]

5. Lograr una divulgación robusta a nivel internacional respecto a la protección del medio ambiente

El NGFS enfatiza en la importancia de divulgar la información a nivel internacional en materia de protección ambiental. Es así como los miembros del NGFS fundaron su apoyo colectivo a las recomendaciones desarrolladas por el Task Force on Climate-related Financial Disclosures (TCFD).[64] Las recomendaciones de este organismo proporcionan un marco amplio para la divulgación de información en materia de protección ambiental, desde una perspectiva que puede ser comparable y útil para la decisión de las empresas respecto a los riesgos que pueden estar dispuestos a asumir o a las oportunidades de negocio que pueden elaborar relacionadas con el clima.[65]

A partir de lo anterior, el NGFS recomienda a los encargados de la formulación de leyes y a los entes de supervisión, que consideren la realización de acciones para fomentar una adopción más amplia de las recomendaciones del TCFD, así como el desarrollo de un marco de divulgación ambiental e intern-

---

[61] *Network for Greening the Financial System (NGFS)*, First comprehensive report. A call for action. Climate change as a source of financial risk, 2019, p. 31.

[62] *Network for Greening the Financial System (NGFS)*, First comprehensive report. A call for action. Climate change as a source of financial risk, 2019, p. 31.

[63] *Network for Greening the Financial System (NGFS)*, First comprehensive report. A call for action. Climate change as a source of financial risk, 2019, p. 31.

[64] *Baker*, TCFD-Based Reporting. A Practical ESG Guide for Institutional Investors, 2019, p. 5.

[65] *Network for Greening the Financial System (NGFS)*, First comprehensive report. A call for action. Climate change as a source of financial risk, 2019, p .32.

acionalmente consistente.[66] Esto implica que las autoridades trabajen de la mano con las instituciones financieras para garantizar la efectiva divulgación de información relacionada con el medio ambiente.[67]

Como lo indica el informe de progreso del NGFS en octubre del año 2018,[68] fortalecer la divulgación de información por parte de las entidades financieras trae una gran serie de beneficios, a saber:

- Es esencial para la eficiencia y el buen funcionamiento del mercado de capitales.[69] Esto debido a la mejora que implica en los mecanismos de fijación de precios para los riesgos relacionados con el clima, así como la facilitación de la vigilancia del sistema financiero;
- Una mejor divulgación puede conducir a una mejor gestión de riesgos.[70] La disciplina de gobierno corporativo, en materia de divulgación pública, requiere que las instituciones financieras establezcan los procedimientos necesarios para identificar y gestionar mejor sus propios riesgos; y
- Permite a los actores del mercado y a los encargados de la formulación de políticas identificar y aprovechar rápidamente las oportunidades de negocio sostenibles. De esta manera, se contribuye al crecimiento continuo del mercado de las finanzas verdes.[71]

---

[66] *Network for Greening the Financial System (NGFS)*, First comprehensive report. A call for action. Climate change as a source of financial risk, 2019, p. 32.

[67] *Network for Greening the Financial System (NGFS)*, First comprehensive report. A call for action. Climate change as a source of financial risk, 2019, p. 33.

[68] *Network for Greening the Financial System (NGFS)*, NGFS First Progress Report, 2018, p. 7.

[69] *Network for Greening the Financial System (NGFS)*, NGFS First Progress Report, 2018, p. 7.

[70] *Network for Greening the Financial System (NGFS)*, NGFS First Progress Report, 2018, p. 7.

[71] *Network for Greening the Financial System (NGFS)*, NGFS First Progress Report, 2018, p. 7.

6. Apoyar el desarrollo de una taxonomía de actividades económicas en materia de sostenibilidad

El NGFS alienta a quienes desarrollan las políticas públicas a reunir a los stakeholders y a los expertos en materia financiera y ambiental, a desarrollar una taxonomía que mejore la transparencia alrededor de las actividades económicas.[72] Lo anterior pretende contribuir a la transición económica hacia actividades bajas en consumo de carbono y al desarrollo de una economía que tenga en cuenta los riesgos ambientales.[73] De esta manera, la taxonomía debería:

- Facilitar, para las instituciones financieras, la identificación y administración de los riesgos ambientales;
- Facilitar la comprensión respecto a las distintas diferenciales de riesgo entre los diferentes tipos de activos; y
- Movilizar capital hacia inversiones verdes de bajo consumo de carbono, acorde a lo establecido en el Acuerdo de París.[74]

Las taxonomías de las finanzas verdes dan las bases para definir los instrumentos financieros verdes; entre estos, créditos verdes, bonos verdes y fondos verdes.[75] El hecho de establecer unas características y bases fundamentales de una economía sostenible permite el desarrollo de un mercado amplio en este ámbito, tal como las energías renovables, el transporte y la construcción verdes, entre otros. Sin establecer unos lineamientos claros de lo que se puede entender como finanzas verdes, es imposible desarrollar proyectos bajo la visión de sostenibilidad.[76] Gracias a este desarrollo de taxonomías, para finales del año 2018 la cifra pendiente de créditos verdes de los 21 bancos más grandes de China alcanzó la cifra de 8.23 trillones de RMB, lo cual representó el 10% del total agregado de préstamos en el país.[77]

---

[72]   *Network for Greening the Financial System (NGFS)*, First comprehensive report. A call for action. Climate change as a source of financial risk, 2019, p. 33.

[73]   *Network for Greening the Financial System (NGFS)*, First comprehensive report. A call for action. Climate change as a source of financial risk, 2019, p. 33.

[74]   *Network for Greening the Financial System (NGFS)*, First comprehensive report. A call for action. Climate change as a source of financial risk, 2019, p. 34.

[75]   *Network for Greening the Financial System (NGFS)*, First comprehensive report. A call for action. Climate change as a source of financial risk, 2019, p. 34.

[76]   *Network for Greening the Financial System (NGFS)*, First comprehensive report. A call for action. Climate change as a source of financial risk, 2019, p. 34.

[77]   *Network for Greening the Financial System (NGFS)*, First comprehensive report. A call for action. Climate change as a source of financial risk, 2019, p. 34.

En otro orden de ideas, ya desde la perspectiva del caso colombiano, la Superintendencia Financiera de Colombia (SFC), que es el órgano administrativo del Estado encargado de la inspección, vigilancia y control de las entidades financieras, hace parte del NGFS desde diciembre del año 2018.[78] Su afiliación es aún reciente, por lo que no es pertinente analizar los resultados desplegados; sin embargo, el hecho de hacer parte de este organismo denota la iniciativa estatal de incentivar las prácticas sostenibles por parte de las entidades financieras, así como la voluntad de los órganos estatales por hacer eficiente su función de regulación respecto a las estrategias climáticas de las empresas y el impacto ambiental de sus actividades.[79]

Lo explicado anteriormente evidencia, en primer lugar, cómo los bancos centrales también están comenzando a desempeñar su papel en promover las finanzas verdes.[80] En segundo lugar, el NGFS resalta cómo las autoridades e instituciones financieras necesitan desarrollar nuevos enfoques de análisis y supervisión basados en escenarios futuros derivados de los riesgos del cambio climático.

Actualmente, no solo se busca prever los riesgos sociales y ambientales para garantizar un aspecto reputacional de la actividad, sino también para garantizar la sostenibilidad del sistema financiero ante las transformaciones estructurales que afronta la economía por el cambio climático.

En tercer lugar, señala de la misma manera una problemática que se evidencia en las finanzas verdes: la falta de conocimiento y de capacidad técnica para realizar esta clase de operaciones en el mercado, lo cual, como se expuso previamente, es una barrera para el desarrollo de los instrumentos financieros verdes. Esto debido a que la participación de los bancos centrales y órganos de control resulta ser trascendental, con el objetivo de aunar esfuerzos para confrontar dichas barreras en el ejercicio de sus funciones administrativas.

[78] *Network for Greening the Financial System (NGFS),* First comprehensive report. A call for action. Climate change as a source of financial risk, 2019, p. 8.

[79] *Network for Greening the Financial System (NGFS),* First comprehensive report. A call for action. Climate change as a source of financial risk, 2019, p. 4.

[80] *Bruin/Hubert/Evain/Clapp/Stackpole/Bolt,* Physical climate risk Investor needs and information gaps, 2019, p. 4.

II. Red de Banca Sostenible (SBN)

El siguiente proyecto a analizar es la Red de Banca Sostenible (SBN), la cual consiste en una plataforma de instituciones de carácter regulatorio y de asociaciones bancarias que buscan contribuir en cada Estado, a que sus respectivas instituciones y entidades de control puedan guiar a su correspondiente sector financiero en materia de finanzas sostenibles y economía verde.[81] La SBN cuenta con 35 países miembros. A nivel administrativo, se encuentra respaldada por la Corporación Financiera Internacional (IFC), la cual es la institución primaria del Banco Mundial dedicada al sector privado.[82] Asimismo, el IFC brinda asistencia técnica a la SBN respecto a cuestiones metodológicas y proyectos a nivel global.[83]

Actualmente, los miembros de esta organización representan $42.6 trillones de los activos bancarios a nivel global, más del 85% de los activos bancarios totales de los mercados emergentes.[84] Las iniciativas de mercado financiero desarrolladas por los miembros del SBN generan un progreso significativo al direccionar el sistema financiero hacia la sostenibilidad ambiental, lo cual se deriva de sus políticas en materia de bonos verdes, así como de sus prácticas de gobierno corporativo bajo una cultura de sostenibilidad.[85]

América Latina representa cerca de un tercio de los afiliados a la SBN: 11 de 34 países.[86] Cuenta con cinco países miembros –Brasil, Colombia, Ecuador, México y Perú–, los cuales direccionan el camino y la política financiera de la región, al establecer los principios y los fundamentos del financiamiento sostenible.[87]

En el año 2018, la SBN publicó su último informe a nivel global,[88] en el que evidenció avances y problemáticas en diversos aspectos de la sostenibilidad ambiental en el sistema financiero. De esta manera, estableció un Marco de Medición general para los miembros de la Red, a partir del cual se pueden comparar enfoques en la gestión de la política ambiental y el fortalecimiento de los planes de sostenibilidad financiera en el mercado, entre otros elementos de medición.[89] Este reporte se elaboró a partir de aportes realizados por 15 países y

---

[81]   *Sustainable Banking Network*, Global Progress Report, 2018, p. iii.
[82]   *Sustainable Banking Network*, Global Progress Report, 2018, p. iii.
[83]   *Sustainable Banking Network*, Global Progress Report, 2018, p. iii.
[84]   *Sustainable Banking Network*, Global Progress Report, 2018, p. v.
[85]   *Sustainable Banking Network*, Global Progress Report, 2018, p. v.
[86]   *Sustainable Banking Network*, Global Progress Report, 2018, p. 2.
[87]   *Sustainable Banking Network*, Global Progress Report, 2018, p. 3.
[88]   *Sustainable Banking Network*, Global Progress Report, 2018, p. iii.
[89]   *Sustainable Banking Network*, Global Progress Report, 2018, p. iii.

sus respectivas entidades bancarias centrales y de supervisión. Entre los países se contó con la participación de Indonesia, China, Nigeria, Suráfrica, Colombia, Bangladesh, Pakistán, Mongolia, Kenia, México, Vietnam, Perú, Marruecos, Turquía y Ecuador.[90]

El Marco de Medición refleja tres pilares fundamentales que deben ser observados por los bancos centrales, los órganos de supervisión y las entidades financieras.[91] Estos pilares consisten en: i) cómo integrar las consideraciones ambientales y sociales (E&S) dentro de la gestión de riesgos de la entidad financiera y en las operaciones económicas de estas entidades; ii) cómo expandir los flujos financieros hacia proyectos sostenibles; y iii) cómo permitir la implementación de políticas en materia de mecanismos de ejecución, marcos multidimensionales en el mercado, desarrollo de capacidades al interior de las entidades y la participación de las múltiples partes interesadas.[92] A continuación, se esbozará brevemente cada uno de ellos.

1. Administración de riesgos E&S

Este pilar se enfoca en los requisitos necesarios para establecer políticas y principios para la administración de los riesgos ambientales y sociales por parte de las entidades financieras.[93] En ese sentido, las prácticas de los miembros del SBN son evaluadas a partir de la integración que realiza el sector financiero en la gestión de estos riesgos, así como de la gobernanza al interior de las entidades con miras hacia la sostenibilidad, lo que es conocido como "gobernanza de E&S".[94,95]

---

[90] *Sustainable Banking Network*, Global Progress Report, 2018, p. viii.
[91] *Sustainable Banking Network*, Global Progress Report, 2018, p. ix.
[92] *Sustainable Banking Network*, Global Progress Report, 2018, p. ix.
[93] *Sustainable Banking Network*, Global Progress Report, 2018, p. 13.
[94] *Sustainable Banking Network*, Global Progress Report, 2018, p. 13.
[95] *Sustainable Banking Network*, Global Progress Report, 2018, p. 13.

Los resultados generales evidenciados por esta organización indican que, entre los miembros del SBN, en relación con la administración de los riesgos ambientales y sociales, las políticas en materia de sostenibilidad al interior del sistema financiero mejoraron considerablemente.[96] En primer lugar, en 14 de los 15 países miembros los bancos empezaron a considerar esta clase de riesgos para el management de la entidad, así como para el desarrollo de sus actividades económicas ordinarias.[97] En segundo lugar, al interior de las entidades financieras en cada país, se presentó el desarrollo de prácticas de gobierno corporativo bajo una visión de sostenibilidad ambiental y social.[98]

Sin embargo, el informe no proporcionó detalles específicos sobre los mecanismos implementados por las entidades, además de los roles y las responsabilidades administrativas al interior de cada una de ellas.[99] Lo cual puede implicar consecuencias negativas, dado que, si no se llega a presentar un desarrollo efectivo y claro en materia de prácticas de gobierno corporativo, la implementación de prácticas sostenibles puede ser inocua.[100] En resumidas cuentas, para elaborar y mantener este tipo de prácticas a largo plazo, se necesita cada vez más de un mayor apoyo en materia técnica, como de capacitación en problemáticas ambientales.[101] Para lo anterior, las distintas entidades de supervisión y de banca central prestan su apoyo en los países miembros, con el fin de lograr su efectiva aplicación.[102]

---

[96] *Sustainable Banking Network*, Global Progress Report, 2018, p. 14.
[97] *Sustainable Banking Network*, Global Progress Report, 2018, p. 14.
[98] *Sustainable Banking Network*, Global Progress Report, 2018, p. 14.
[99] *Sustainable Banking Network*, Global Progress Report, 2018, p. 15.
[100] *Sustainable Banking Network*, Global Progress Report, 2018, p. 15.
[101] *Sustainable Banking Network*, Global Progress Report, 2018, p. 16.
[102] *Sustainable Banking Network*, Global Progress Report, 2018, p. 16.

2. Financiación de las finanzas verdes

Este pilar se enfoca en la promoción de los productos y servicios derivados de las finanzas verdes.[103] Lo anterior es propuesto a partir de cuatro políticas: promoción, definición, medición y reporte de impactos.[104,105] Asimismo, cada uno de los componentes incluye dos indicadores: indicadores centrales, los cuales representan los componentes fundamentales para comprender cada política o principio; y subindicadores, que son iniciativas complementarias que promueven las políticas o principios en materia de sostenibilidad.[106]

De esta manera, los indicadores centrales miden la amplitud de las políticas y principios en desarrollo de las finanzas sostenibles, mientras que, los subindicadores se enfocan principalmente en la claridad, profundidad y granularidad de tales normas y principios.[107]

Los resultados generales de estos indicadores muestran la presencia de cierta homogeneidad en los resultados de las iniciativas financieras propuestas por los diferentes miembros del SBN.[108] De esta manera, instrumentos financieros como los bonos verdes ya están siendo aplicados por algunos Estados.[109] Sin embargo, otros productos financieros provenientes de operaciones bancarias como los "seguros sostenibles" o servicios de banca verde emitidos por bancos minoritarios, no son una realidad.[110] Cabe decir que el capital requerido para el desarrollo de actividades sostenibles proviene principalmente del sector privado. Por esto, en casi todos los países, sus respectivos gobiernos y legisladores introducen incentivos para su desenvolvimiento.

---

[103]   *Sustainable Banking Network*, Global Progress Report, 2018, p. 25.
[104]   *Sustainable Banking Network*, Global Progress Report, 2018, p. 25.
[105]   Las anteriores políticas están directamente relacionadas con los principios de bonos verdes realizados por el ICMA, pues dicha organización contempla cuatro pilares esenciales para el desarrollo de las inversiones verdes, las cuales se basan igualmente, en la planificación integral de la inversión y los resultados. Estas son: 1. Uso de los Fondos (definición sobre los usos de los recursos) 2. Proceso de Evaluación y Selección de Proyectos (medición interna del proyecto) 3. Gestión de los Fondos (manejo de los resultados) 4. Informes (información actualizada sobre el uso de los fondos), *ICMA*, Green Bond Principles Voluntary Process Guidelines for Issuing Green Bonds, 2018, p. 2.
[106]   *Sustainable Banking Network*, Global Progress Report, 2018, p. 25.
[107]   *Sustainable Banking Network*, Global Progress Report, 2018, p. 25.
[108]   *Sustainable Banking Network*, Global Progress Report, 2018, p. 24.
[109]   *Sustainable Banking Network*, Global Progress Report, 2018, p. 24.
[110]   *Sustainable Banking Network*, Global Progress Report, 2018, p. 24.

Dichos incentivos consisten en:

- Reconocimientos positivos para las entidades que cumplan con actividades económicas sostenibles, así como consideraciones preferenciales a nivel tributario y reconocimiento durante la supervisión de los órganos encargados; y
- Aumento del capital adquirido en los créditos para el desarrollo de actividades verdes.[111]

3. Ambiente propicio

Los dos anteriores pilares marcan las políticas y principios de las finanzas verdes que son aplicados por los miembros del SBN; sin embargo, los resultados evidenciados son limitados.[112] Esto se debe a que estos países aún se encuentran en las primeras etapas de la evolución de su industria hacia la sostenibilidad, por lo que es necesario, desde el punto de vista de la SBN, el fortalecimiento de las políticas de interrelación entre las entidades públicas –banca central y entes de supervisión– con las entidades financieras del sector privado.[113] Lo anterior con el fin de desarrollar mecanismos efectivos de supervisión y cumplimiento, en materia de aplicación de proyectos financieros verdes.[114]

Cabe mencionar que es difícil encontrar países por fuera de la SBN que estén desarrollando los pilares de sostenibilidad de la misma manera en que lo están haciendo sus miembros, dado el compromiso serio por parte de los países miembro para confrontar las adversidades del cambio climático y tratar su prevención y mitigación.[115] De acuerdo con los resultados de las evaluaciones, los 15 países miembros de la SBN comenzaron sus iniciativas locales en materia de sostenibilidad, enfocándose en prevención de riesgos, capacidad técnica y compromiso con los diferentes grupos de interés.[116] Los resultados en estas políticas demuestran efectos prácticos y coherentes en la aplicación de distintos instrumentos financieros verdes, teniendo en cuenta, evidentemente, las limitaciones económicas e industriales en estos países.[117]

---

[111] *Sustainable Banking Network*, Global Progress Report, 2018, p. 24.
[112] *Sustainable Banking Network*, Global Progress Report, 2018, p. 31.
[113] *Sustainable Banking Network*, Global Progress Report, 2018, p. 31.
[114] *Sustainable Banking Network*, Global Progress Report, 2018, p. 31.
[115] *Sustainable Banking Network*, Global Progress Report, 2018, p. 31.
[116] *Sustainable Banking Network*, Global Progress Report, 2018, p. 32.
[117] *Sustainable Banking Network*, Global Progress Report, 2018, p. 33.

El desenvolvimiento expresado por los miembros de la SBN es consistente con la tendencia internacional del mercado hacia la construcción constante de un conjunto robusto de políticas, regulaciones, directrices y marcos de monitoreo que se apoyan mutuamente para la aplicación de prácticas sostenibles en el mercado financiero.[118]

A nivel concreto, las políticas elaboradas por los países-miembros se pueden evidenciar, por ejemplo, en el caso del Banco Central de Brasil, el cual aprobó una resolución obligatoria que exige a los bancos el desarrollo y la ejecución de una Política de Responsabilidad Social y Ambiental, esto con el objetivo de gestionar los riesgos sociales y ambientales, prevenir las pérdidas provocadas por su actuación y, fundamentalmente, comprometerse con los stakeholders afectados con su conducta.[119] Colombia, por otro lado, es considerada por la SBN como un modelo de referencia en materia de participación de las entidades financieras, y en general del sector privado, con el gobierno nacional. Lo anterior se evidencia en la generación del Protocolo Verde, el cual consiste en un conjunto de directrices voluntarias sobre las mejores prácticas en la gestión de riesgos sociales y ambientales en el sector bancario.[120]

Se puede ver, entonces, que la razón de ser de la SBN es promover el aprendizaje bajo la condición de igualdad entre los Estados, así como la adopción pronta y efectiva de políticas de financiamiento sostenible.[121] Países como México y Perú tomaron como aprendizaje la experiencia de Brasil y Colombia, lo cual les permite desarrollar sus propias iniciativas en materia de financiamiento sostenible.[122]

Como se puede apreciar, en términos generales, a partir de distintas asociaciones bancarias, bancos centrales y entes de supervisión, la SBN busca la generación de prácticas de gobierno corporativo sostenible y la realización de instrumentos financieros para el apalancamiento de proyectos sostenibles, así como el desarrollo de una cultura de protección al medio ambiente. De esta forma, la SBN recomienda la aplicación de determinadas políticas al interior de las instituciones financieras, al igual que busca acompañar en materia técnica a las instituciones, para la generación de finanzas verdes.

Lo particular de esta organización es que se desarrolla en mercados emergentes, por lo cual se evidencia cómo se pueden socavar ciertas barreras presentes tanto en la oferta como en la demanda de instrumentos financieros verdes, que

---

[118] *Sustainable Banking Network*, Global Progress Report, 2018, p. 37.
[119] *Sustainable Banking Network*, Global Progress Report, 2018, p. 3.
[120] *Sustainable Banking Network*, Global Progress Report, 2018, p. 3.
[121] *Sustainable Banking Network*, Global Progress Report, 2018, p. 37.
[122] *International Finance Corporation*, Informe Finanzas Verdes Latinoamérica 2017 ¿Qué está haciendo el sector bancario de América Latina para mitigar el cambio climático?, 2017, p. 45.

se acentúan aún más en esta clase de mercados. Entre las barreras iniciales que afronta esta organización se encuentran tanto la falta de acceso a capital, como la ausencia de mecanismos de gestión de riesgos y la escasez de capacitación técnica para la elaboración de esta clase de proyectos.

Como caso concreto, uno de los aspectos que resalta la SBN en el contexto colombiano es la realización del Protocolo Verde, debido a que este denota la participación conjunta del Estado con el sector privado para la generación de prácticas corporativas sostenibles al interior de las entidades financieras. Por tanto, resulta imperativo analizar de manera sucinta esta institución, al ser referente en la promoción del sector financiero dentro de la economía verde.

D. Protocolo Verde: esfuerzos públicos y privados para el fomento de la sostenibilidad

El sector financiero y el gobierno nacional suscribieron en el año 2012 un histórico acuerdo denominado Protocolo Verde, el cual busca juntar esfuerzos para promover el desarrollo sostenible del país, la preservación ambiental y la explotación sostenible de los recursos naturales. De esta manera, el Protocolo tiene por objeto la convergencia del Gobierno Nacional y el sector financiero colombiano, para que el segundo incorpore y desarrolle políticas y prácticas que sean ambientalmente responsables, en armonía con el desarrollo económico sostenible.[123] Para esto, se elaboraron una serie de estrategias compartidas entre el Estado y el sector financiero, las cuales tienen como eje central la colaboración mutua.[124]

A grandes rasgos, estas estrategias pretenden lo siguiente:

- Establecer políticas e instrumentos que promuevan el financiamiento y el desarrollo de proyectos sostenibles, a través de facilidades de crédito e inversión. Además de la generación de programas que promuevan el uso sostenible de los recursos naturales, la competitividad de los distintos sectores del mercado y el mejoramiento de la calidad de vida de las personas.[125]
- Para el desenvolvimiento de este punto, el sector financiero, por un lado, se compromete a acrecentar progresivamente la cartera de productos y servicios bancarios, destinados a financiar actividades con finalidad

---

[123]   *Asobancaria*, Protocolo Verde, 2017, p. 3.
[124]   *Asobancaria*, Protocolo Verde, 2017, p. 3.
[125]   *Asobancaria*, Protocolo Verde, 2017, p. 6.

ambiental y social, así como la promoción de condiciones diferenciadas de financiamiento para proyectos de esta índole.[126] El Estado, por otro lado, promoverá beneficios tributarios que puedan ser utilizados por los particulares para el desarrollo de sus proyectos sostenibles. Además, fomentará dentro del sector empresarial estrategias de autogestión y autorregulación, con un enfoque de protección ambiental, lo cual es conocido como "Sostenibilidad Corporativa". De esta forma, buscará identificar, junto con el sector financiero, posibles fondos y recursos de cooperación para el desarrollo de acciones en el marco del Protocolo.[127]

- La estrategia de ecoeficiencia busca fomentar dentro de las entidades financieras, el consumo sostenible de recursos naturales renovables o de bienes y servicios que se derivan de esta naturaleza.[128] Este consumo implica por parte del sector financiero, la adopción de medidas en sus procesos de contratación y de compras atinentes a criterios ambientales y sociales. Mientras que el Estado, en la otra cara de la moneda, debe proponer criterios de sostenibilidad en los procesos de contratación, especialmente en lo relativo a la construcción sostenible.[129]

- En tercer lugar, se deben establecer sistemas de análisis de riesgos, que no sólo permeen los aspectos económicos de la inversión, sino también los impactos y costos ambientales y sociales que puede generar una determinada actividad económica.[130] Esto implica, por parte del sector financiero, la adopción de mecanismos de consulta y diálogo con los *stakeholders*, con el fin de facilitar y mejorar la implementación del Protocolo, sin afectar los intereses de la sociedad.[131]

En desarrollo de estas estrategias, los bancos comerciales y los bancos de desarrollo comenzaron a evaluar la implementación de sistemas de administración de riesgos de carácter ambiental y social, conocidos también como ARAS, así como la promoción de la "Sostenibilidad Corporativa" al interior de las entidades, es decir, de una cultura de los negocios enfocada hacia la protección ambiental.[132]

---

[126]   *Asobancaria*, Protocolo Verde, 2017, p. 6.
[127]   *Asobancaria*, Protocolo Verde, 2017, p. 6.
[128]   *Asobancaria*, Protocolo Verde: cinco años gestionando la estrategia ambiental en la banca colombiana, Semana económica, 2017, p. 7.
[129]   *Asobancaria*, Protocolo Verde, 2017, p. 7.
[130]   *Asobancaria*, Protocolo Verde: cinco años gestionando la estrategia ambiental cn la banca colombiana, Semana económica, 2017, p. 7.
[131]   *Asobancaria*, Protocolo Verde, 2017, p. 7.
[132]   *International Finance Corporation*, Aligning Colombia's Financial System with Sustainable Development, 2015, p. 8.

Cabe señalar que también existe una experiencia reglamentaria de buenas prácticas de gobierno corporativo, establecidas en el *Código País* o Circular Externa 028 de 2014, la cual regula asuntos de control en materia de gestión de riesgos dentro de las empresas.[133] Sin embargo, los riesgos emergentes derivados del impacto ambiental de la actividad económica de las empresas, tales como el riesgo de los activos en desuso (stranded assets), los riesgos sociales y los riesgos climáticos, entre otros, no eran enteramente incorporados en la evaluación de riesgos de las entidades financieras, por lo que el carácter especializado de este protocolo resulta ser fundamental.[134]

Tras la elaboración del protocolo y su aplicación por las distintas entidades financieras del país:

Según el Informe de Sostenibilidad 2015 de Asobancaria, con 27 entidades financieras reportando, se logró identificar la colocación de recursos por aproximadamente $1.2 billones de pesos en proyectos con beneficios ambientales y sociales. De la misma manera, se identificó que $8.2 billones de pesos de la cartera desembolsada por estas entidades contó con un análisis de criterios de riesgos ambientales y sociales.[135]

Dos años después, en el 2019, la SFC entregó los primeros resultados fruto de la encuesta realizada sobre los riesgos derivados del Cambio Climático y las Finanzas Verdes por parte de las entidades vigiladas.[136] Este informe se elaboró, precisamente, a partir del trabajo realizado con la SBN y por la decisión de la SFC de incorporar objetivos estratégicos en la gestión del riesgo climático como un factor de estabilidad del sistema financiero.[137]

En dicho informe los resultados no son del todo positivos, los avances en materia de finanzas verdes siguen siendo mínimos. A grandes rasgos, esta situación se evidencia por distintos factores, tales como la ausencia de una política clara en materia ambiental, así como la no previsión de los riesgos ambientales y el cambio climático como una situación alarmante para las actividades económicas del país.[138] Igualmente, se puede considerar la ausencia

---

[133]   *Superintendencia Financiera de Colombia*, Circular Externa 028 de 2014, 2014, p. 4.

[134]   *Asobancaria*, Protocolo Verde, 2017, p. 8.

[135]   *Asobancaria*, Protocolo Verde: cinco años gestionando la estrategia ambiental en la banca colombiana, Semana económica, 2017, p. 1.

[136]   *Superintendencia Financiera de Colombia*, Riesgos y oportunidades del cambio climático, 2019, p. 2.

[137]   *Superintendencia Financiera de Colombia*, Riesgos y oportunidades del cambio climático, 2019, p. 12.

[138]   Sólo el 23% de los establecimientos bancarios considera los riesgos ambientales como un factor del riesgo financiero, mientras que sólo el 7% considera que el cambio climático puede representar un riesgo financiero real para las actividades económicas. *Superintendencia Financiera de Colombia*, Riesgos y oportunidades del cambio climático, 2019, p. 15.

de información por parte de las empresas y de capacidad técnica a nivel ambiental, como factores considerables ante la falta de determinación de los riesgos ambientales y de oportunidades económicas en el mercado de las finanzas verdes. De igual manera, la carencia de una definición y estructura común para clasificar lo que se considera verde ha provocado la falta de desarrollo de este mercado.

Cabe mencionar que, de acuerdo con el informe de la SFC, el principal motivo para la elaboración de un posible sistema de administración de riesgo ambiental se debe a circunstancias de Responsabilidad Social. Esto puede ser problemático, ya que dicha forma de responsabilidad responde a cuestiones "ultraístas" de las entidades y a un factor reputacional de la empresa, más no necesariamente a una propuesta material y eficiente en respuesta a las problemáticas del cambio climático.

A partir de lo anterior, la SFC propone el desarrollo de un sistema financiero más sostenible desde el enfoque ambiental. Para esto, la Superintendencia gesta un plan de trabajo con el fin de robustecer las iniciativas del sector financiero frente a los riesgos físicos. Asimismo, la SFC busca trabajar en conjunto con las distintas entidades financieras "para entender mejor cómo gestionar los riesgos de transición y facilitar el desarrollo responsable y ordenado de las finanzas verdes".[139]

En resumen, el Protocolo Verde es una institución pilar en materia de colaboración público-privada para el fomento de las finanzas verdes en el país. Además, resulta interesante la transversalidad con la que es buscada su aplicación por parte de las entidades financieras, debido a que no solo se estructura a partir del desarrollo de instrumentos financieros, sino también desde la cultura de sostenibilidad en la autorregulación y gobernanza de las entidades, así como en la protección de los intereses de los stakeholders, lo cual denota la responsabilidad que poseen esta clase de entidades como ejes fundamentales en la movilización de capital. Asimismo, la promoción transversal de las políticas del Protocolo Verde se evidencia igualmente desde la iniciativa estatal, lo cual se muestra a partir del desarrollo de políticas en materia tributaria, así como en el establecimiento de criterios ambientales en asuntos de contratación de las entidades.

---

[139] *Superintendencia Financiera de Colombia,* Riesgos y oportunidades del cambio climático, 2019, p. 18.

E. Conclusiones

El objetivo por parte de los Estados bajo el marco del Acuerdo de París es la mitigación y prevención del cambio climático; no obstante, la pregunta es ¿cómo se debe hacer?

Ante este interrogante, es fundamental considerar concebir posiciones adicionales a las medidas de carácter negativo desarrolladas por el Derecho Administrativo que buscan desincentivar la contaminación, como es el caso del impuesto al carbono. Lo anterior debido a que estos proyectos, en contraposición a los del sector privado, no fomentan las dinámicas de empresa sostenible y generan una cultura de "quien tiene dinero contamina". Es por esto que, el sistema financiero es crucial en la movilización del capital necesario para el desarrollo de proyectos sostenibles bajo las dinámicas de las finanzas verdes; sin embargo, la existencia de distintas barreras en el mercado dificulta el desarrollo necesario para garantizar esta clase de iniciativas.

Es en esta problemática donde el Estado, y en particular la regulación fruto del Derecho Administrativo, puede propiciar el fomento de las finanzas verdes a partir de mecanismos que reduzcan las barreras existentes en este mercado. Lo cual puede realizarse ya sea a partir del accionar de los bancos centrales, como de las entidades de supervisión en ejercicio de sus funciones de inspección, vigilancia y control.

Lo anterior se evidencia a partir de la experiencia internacional –la SBN y el NGFS–, así como de la nacional con el Protocolo Verde. En estas experiencias se puede reflejar cómo la participación y la colaboración conjunta del Estado con las entidades financieras es fundamental para derribar las barreras presentes en el mercado, a la vez que garantizar el desarrollo de una economía sostenible.

La extrafiscalidad en Colombia y protección medioambiental

César Sánchez Muñoz

A. Introducción

Los tributos en principio se conciben como instrumentos para financiar el gasto público de la administración, sin embargo, las exacciones tienen en su seno afectaciones económicas a los individuos, pues pueden influir en el comportamiento de los contribuyentes, lo cual nos ubica en el campo de la extrafiscalidad.

Dicha forma de emplear el sistema impositivo serviría para por ejemplo la protección del medio ambiente, esto es, establecer gravámenes a ciertas conductas que pueden ser nocivas para el entorno y que el legislador considera deben modificarse, de tal manera que, por un lado, se obtienen ingresos, y por el otro, se incentiva el cambio de conductas, lo que nos lleva al llamado doble dividendo.

En este contexto, el presente escrito analiza los llamados tributos de ordenación en el sistema jurídico colombiano a propósito de la protección medioambiental y cómo su uso genera tensiones de rango constitucional entre los principios de libertad económica, capacidad económica e igualdad. Concordantemente se analiza la extrafiscalidad en Colombia (B.). Posteriormente, se estudian los principios constitucionales y la extrafiscalidad ambiental (C.), para finalmente desarrollar un acápite de conclusiones (D.).

B. La extrafiscalidad en Colombia

El ordenamiento jurídico colombiano no cuenta con una disposición expresa relativa a la extrafiscalidad, sin embargo, a través de la interpretación sistemática del texto constitucional y gracias a los aportes de la jurisprudencia, así como de la doctrina especializada, se le puede caracterizar en concordancia con los distintos propósitos y objetivos de carácter social y político definidos en la Constitución Política[1].

---

[1] *Falcón y Tella*, Las medidas tributarias medioambientales y la jurisprudencia constitucional, en [coord.] *Estévez Pardo*, Derecho del Medio Ambiente y Administración Local, 2004, pp. 213-227.

Entonces, para determinar su contenido jurídico, se debe partir en primera instancia de la premisa que el tributo es un instrumento que emplea el Estado para satisfacer las necesidades de los asociados[2] en el marco de los mandatos constitucionales de los regímenes democráticos modernos.

En España, por ejemplo, el tribunal constitucional[3] consideró que la extrafiscalidad se puede extraer de las normas de rango constitucional que desarrollan las políticas sociales y económicas del Estado, lo cual concluye después del análisis de una regulación sobre la expropiación forzosa en Andalucía.

En el caso colombiano, partimos de la idea que el Estado tiene como función primordial lograr, por lo menos, la satisfacción de las necesidades básicas de los asociados y garantizar el cumplimiento de sus derechos, y por el otro, que todos cumplan con sus deberes y obligaciones, Art. 2 Superior:

> Son fines esenciales del Estado: servir a la comunidad, promover la prosperidad general y garantizar la efectividad de los principios, derechos y deberes consagrados en la Constitución; facilitar la participación de todos en las decisiones que los afectan y en la vida económica, política, administrativa y cultural de la Nación; defender la independencia nacional, mantener la integridad territorial y asegurar la convivencia pacífica y la vigencia de un orden justo.
>
> Las autoridades de la República están instituidas para proteger a todas las personas residentes en Colombia, en su vida, honra, bienes, creencias, y demás derechos y libertades, y para asegurar el cumplimiento de los deberes sociales del Estado y de los particulares.

Esta disposición de rango constitucional sirve como eje argumentativo para entender porqué el legislador desarrolla distintos instrumentos jurídicos que tendrían como justificante el garantizar el bienestar de la sociedad. Así, es entendible que las exacciones no solo sirvan para financiar el gasto que conlleva la consecución de una gama de escenarios que se plantean en la disposición en comento, sino para también modificar conductas que coadyuven a dicho objetivo.

La doctrina colombiana[4] considera que el Art. 334 superior enmarca la posibilidad de los fines extrafiscales de los tributos en el ámbito jurídico nacional al referirse al análisis de los ingresos públicos.

---

[2]   *Calle*, Política económica: objetivos e instrumentos, Presupuesto y gasto público, núm. 3, 1979, p. 58.

[3]   Tribunal Constitucional, sentencia núm. 37 de 1987.

[4]   *Muñoz*, Los ingresos de la hacienda pública, 2010, pp. 307-353.

Artículo 334. La dirección general de la economía estará a cargo del Estado. Este intervendrá, por mandato de la ley, en la explotación de los recursos naturales, en el uso del suelo, en la producción, distribución, utilización y consumo de los bienes, y en los servicios públicos y privados, para racionalizar la economía con el fin de conseguir en el plano nacional y territorial, en un marco de sostenibilidad fiscal, el mejoramiento de la calidad de vida de los habitantes, la distribución equitativa de las oportunidades y los beneficios del desarrollo y **la preservación de un ambiente sano.** Dicho marco de sostenibilidad fiscal deberá fungir como instrumento para alcanzar de manera progresiva los objetivos del Estado Social de Derecho. En cualquier caso, el gasto público social será prioritario. (Negrilla fuera de texto).

Así, se observa que efectivamente esta disposición sirve como sustrato argumentativo para la configuración de un gravamen de ordenación, amén de que otorga prevalencia a destinar recursos para el gasto social, dentro del cual se incluye la protección del ecosistema.

Incluso, la disposición en comento puede ser la piedra angular para la concreción de las exacciones con contenido medio ambiental en concordancia con el Art. 2 de los fines del Estado, en la medida que se busca garantizar los derechos de los asociados, lo cual, está en relación con la tarea de la organización político-administrativa de "preservar un ambiente sano" y con las disposiciones que establecen el derecho a la vida y el ámbito de competencia estatal de impulsar el desarrollo sostenible (Art. 80 CN).

Estas disposiciones se entrelazan con las competencias del legislador en el ámbito impositivo, lo cual nos lleva a las disposiciones constitucionales sobre la materia, esto es, el artículo 150, numeral 12, y 21, en concordancia con el 154 y 338 *ibídem*, que tienen dos ámbitos: la posibilidad de establecer gravámenes u otorgar beneficios. En ambos casos, según la Corte Constitucional el Congreso determina y define los sujetos pasivos de los mismos bajo el amparo "de las amplias facultades otorgadas al legislador y no se requiere una justificación especial para el ejercicio de la facultad impositiva, sino tan sólo la existencia de una justificación aceptable desde el punto de vista constitucional"[5]. El siguiente cuadro presenta las normas de rango constitucional que se relacionan con la materia en comento:

---

[5]   Corte Constitucional, sentencia C-717 de 2003.

	ARTÍCULO	NORMA
1	Preámbulo	Protección de la vida
2	Art. 1	Interés general
3	Art. 2, inc. I.	Garantizar los derechos
4	Art. 8	Proteger la naturaleza
5	Art. 49, inc. I a V.	Salud; saneamiento ambiental
6	Art. 58, inc. I a III	Función ecológica de la propiedad
7	Art. 63	Bienes de uso público.
8	Art. 65	Protección a los alimentos
9	Art. 78	Regular bienes que atenten contra la salud
10	Art. 80	Responsabilidad del Estado de proteger el medio ambiente
11	Art. 150, Nro. 12	Potestad Tributaria
12	Art. 150, Nro. 21	Extrafiscalidad
13	Art. 287 Nro. 1 a 4	Potestad tributaria territorial
14	Art. 289	Protección medio ambiental
15	Art. 294	Imponer gravámenes incluso para protección medio ambiental en relación con el 317 CN.
16	Art. 300, Nro. 2, 4	Extrafiscalidad
17	Art. 313	Extrafiscalidad
18	Art. 317	Recursos para la protección medioambiental.
19	Art. 333	Intervención en la libertad económica para garantizar el interés social del cual forma parte la protección medioambiental

Fuente: Elaboración propia. Obtenido de la Constitución Política de Colombia.

Estas disposiciones se refieren a los derechos que el Estado debe proteger y garantizar, de tal manera que sería adecuado emplear el sistema impositivo para el fin propuesto, como por ejemplo otorgar beneficios tributarios[6], los cuales deben tener una justificación clara.

Entonces, encontramos dos formas de usar las exacciones con fines de ordenación. La primera será a través de beneficios en los tributos financieros, como por ejemplo en renta al considerar que un ingreso no está gravado, lo cual se vincula con el gasto fiscal o tax expenditure. Al final dar exenciones que "son instrumentos a través de los cuales el legislador determina el alcance y contenido del tributo, ya sea por razones de política fiscal o extrafiscal, teniendo en cuenta cualidades especiales del sujeto gravado o determinadas actividades económicas que se busca fomentar"[7].

La segunda forma se relaciona con gravar ciertos comportamientos que se quieren modificar, a través de la imposición, como las tasas de vertimientos que tendrían como elemento esencial atacar el problema de las descargas a los ríos.

I. Beneficios tributarios (gasto fiscal)

A partir de la estructuración de los elementos de la obligación tributaria (hecho generador) se otorgan tratos favorables a ciertos actores para mejorar su situación o para que modifiquen sus comportamientos. La jurisprudencia constitucional en primera instancia hace referencia al sujeto pasivo del tributo, para luego establecer los beneficios que se pueden dar en materia impositiva. Así la Corte[8] analiza lo primero en referencia a los tratos preferenciales en materia impositiva dados a ciertos actores de la vida nacional, en la medida que las exenciones tengan iniciativa del ejecutivo.

> A él corresponde, entonces, con base en la política tributaria que traza, evaluar la conveniencia y oportunidad de excluir a ciertos tipos de personas, entidades o sectores del pago de impuestos, tasas y contribuciones que consagra, ya sea para estimular o incentivar ciertas actividades o comportamientos, o con el propósito de reconocer situaciones de carácter económico o social que ameriten la exención[9].

---

[6]   Corte Constitucional, sentencia C-717 de 2003; sentencia C-544 de 1993; sentencia C-674 de 1999; sentencia C-741 de 1999; sentencia C-776 de 2003.
[7]   Corte Constitucional, sentencia C-804 de 2001.
[8]   Corte Constitucional, sentencia C-989 de 2004.
[9]   Corte Constitucional, sentencia C-183 de 1998.

Esta posición de la Corporación no es aislada[10] y sobre el contenido jurídico de los beneficios tributarios, la Corte[11] considera que estos se establecen por medio de figuras como:

TIPOS DE BENEFICIOS TRIBUTARIOS	
	FIGURA
1	Exenciones
2	Deducciones de base
3	Regímenes contributivos sustitutivos
4	Suspensión temporal del recaudo
5	Concesión de incentivos tributarios
6	Devolución de impuestos

Fuente: Elaboración propia a partir de la sentencia C-989 de 2004 de la Corte Constitucional

De todas formas, la Corporación considera que a pesar de que un tributo genere ciertos tratamientos diferenciados o beneficios puntuales, en ocasiones lo que se busca es llegar a concretar principios fundamentales de la imposición como la justicia, de tal manera que a juicio de la Corte "para que una determinada disposición se pueda considerar como un beneficio tributario, debe tener esencialmente el propósito de colocar al sujeto o actividad destinataria de la misma, en una situación preferencial o de privilegio, con fines esencialmente extrafiscales"[12], esto en el marco de una serie límites de acuerdo a los principios constitucionales.

Así por ejemplo la figura de la pérdida fiscal no es un beneficio, es una "aminoración estructural" que busca la equidad en la medida que permite a las personas jurídicas compensar las pérdidas fiscales con los futuros tributos a pagar, bajo el entendido que dicha aminoración forma parte de un conjunto de "maneras o formas de no hacer de un tributo una herramienta de castigo o un elemento de injusticia"[13].

[10]   Corte Constitucional, sentencia C-577 de 2009.
[11]   Corte Constitucional, sentencia C-540 de 2005.
[12]   Corte Constitucional, sentencia C-989 de 2004.
[13]   Corte Constitucional, sentencia C-540 de 2005.

Por otra parte, un caso, esta vez sí, de usar el sistema tributario como instrumento de política pública extrafiscal la encontramos en el IVA, con el cual se buscó la formalización al incentivar que las personas naturales tuvieran una devolución de dos puntos de la exacción, si pagan con medios electrónicos[14] y de paso se atacaba la evasión[15].

Finalmente es importante precisar que los beneficios tributarios, como género, solamente pueden ser otorgados por el Congreso en relación con la reserva de ley, pero la iniciativa corresponde al Ejecutivo. Ya en el contenido, y de acuerdo con nuestro objeto de estudio, es reiterada la posición que una cosa es otorgar tratamientos diferenciados en aras de justicia impositiva y otra, es buscar fines extrafiscales.

II. Imposición de gravámenes

A diferencia de las leyes que otorgan beneficios, que cuentan con una cláusula de competencia que establece que Gobierno tiene la iniciativa legal (Art. 154 CN), en el ámbito de la imposición tanto el Ejecutivo como el Legislativo, tienen la posibilidad de proponer gravámenes financieros o de ordenación, lo cual implica una suerte de corresponsabilidad entre las ramas del poder público para lograr los fines del Estado por medio del sistema tributario.

Un ejemplo de un tributo extrafiscal lo encontramos en el impuesto sobre la renta, específicamente en el aspecto cuantitativo, cuando se restringe la posibilidad de tomar ciertos costos en la depuración, lo cual a juicio de la Corte es acorde con el Art. 334:

> tales limitaciones pueden tener también otras finalidades de política económica general, como estimular ciertas actividades o desestimular otras, pues la política tributaria no tiene como única meta financiar los gastos de las autoridades públicas, sino que es también una de las maneras como el Estado interviene en la economía[16].

Así las cosas, encontramos que es dable buscar influir en el comportamiento, esto en el entendido de que el Estado debe garantizar el bienestar general e incluso individual, amén de proteger ciertos derechos como la salud, de ahí que el Congreso apruebe gravámenes o reconfigure los existentes para lograr los fines en cuestión.

---

[14]   Corte Constitucional, sentencia C-989 de 2004.
[15]   Corte Constitucional, sentencia C-445 de 1995.
[16]   Corte Constitucional, sentencia C-409 de 2006.

Tal vez, el caso más visible se refiere a la imposición sobre el tabaco. Sobre el tema la Corte reconoce que las exacciones son una forma de disminuir el consumo de dicho producto, amén de que hay una obligación estatal en este sentido, producto, incluso, de un tratado internacional.

> En los artículos 6 y 7 (sic) el Convenio insta a los Estados a reconocer que las medidas de impuestos y precio son herramientas importantes para reducir el consumo del tabaco. En este sentido, reconociendo la soberanía tributaria de cada Estado, señala que los productos del tabaco deberán ser objetos de políticas especiales. La Corporación considera que tales disposiciones se ajustan a la Carta, toda vez que el instrumento se limita a señalar directrices en materia tributaria, y respeta el derecho soberano de los Estados a decidir y establecer su propia política fiscal, facultad reconocida por el artículo 338 de la Carta Política. Lo mismo puede decirse del reconocimiento que hace el Convenio en relación con la eficacia de las medidas legislativas, ejecutivas y administrativas para prevenir el consumo del tabaco[17].

Y es que el origen de la argumentación del tributo de ordenación del caso en cuestión[18] deviene de los propios debates de la iniciativa.

Así las cosas, como es evidente, el legislador entiende que existe una suerte de análisis económico en la medida que el incremento del precio del bien conlleva menos consumo, de tal forma que se logra modificar conductas y también un ingreso para el fisco, lo cual entendemos como la teoría del doble beneficio.

---

[17]   Corte Constitucional, sentencia C-665 de 2007.
[18]   Corte Constitucional, sentencia C-664 de 2009.

Este planteamiento es aceptado por la jurisprudencia constitucional al analizar los tratamientos diferenciados en materia de IVA en las zonas de frontera para ciertos bienes de carácter agrícola e incluso para electrodomésticos[19]

> los tributos no solamente son instrumentos que permiten obtener los ingresos requeridos para atender los gastos del Estado –función fiscal–, sino que también son herramientas de intervención del Estado en la economía. Uno de los fines extrafiscales de los tributos más importantes es el estímulo de las actividades económicas. Mediante figuras como las exenciones, exclusiones y beneficios tributarios, es posible crear estímulos a ciertas actividades económicas o en determinadas regiones del país[20].

Entonces, al final en términos generales la jurisprudencia define los criterios de los tributos de ordenación entre los cuales se destaca la posibilidad de que ciertos principios cedan ante los fines que buscan la imposición extrafiscal, pero sin llegar a escenarios confiscatorios, todo en el marco de fines justificados constitucionalmente de acuerdo con las políticas públicas.

C. Los principios constitucionales y la extrafiscalidad ambiental

Partimos de la premisa que los principios son límites a la actuación del legislador, así como criterio de interpretación para los operadores jurídicos, amén de que pueden tener aplicación directa por parte de los jueces a través de la excepción de inconstitucionalidad. Y es que esta categoría dogmática no sólo contiene valores, sino que además pueden llegar a "establecer especies precisas de comportamientos"[21], es decir que plantean un deber ser, pero frente a situaciones concretas[22], pues de todas formas los valores no son de "eficacia inmediata"[23].

Así las cosas, es dable entender que los valores nos llevan a alcanzar esos fines plausibles del Estado, como la protección medio ambiental y por supuesto la posibilidad de usar distintos instrumentos en el marco de la política pública como la imposición.

---

19 Corte Constitucional, sentencia C-912 de 2010.
20 Corte Constitucional, sentencia C-884 de 2010.
21 *Avila, Teoría de los principios*, 2011, pp. 25-28.
22 *Zagrebelsky*, El derecho dúctil, 2003, p. 111.
23 *Lobo*, Princípios e teoria geral do direito tributário ambiental, *Direito tributário ambiental*, 2005, pp. 21-54.

Todos ellos establecen fines a los cuales se quiere llegar. La relación entre dichos fines y los medios adecuados para conseguirlos, depende, por lo general, de una elección política que le corresponde preferencialmente al legislador. No obstante, el carácter programático de los valores constitucionales, su enunciación no debe ser entendida como un agregado simbólico, o como la manifestación de un deseo o de un querer sin incidencia normativa, sino como un conjunto de propósitos a través de los cuales se deben mirar las relaciones entre los gobernantes y los gobernados, para que, dentro de las limitaciones propias de una sociedad en proceso de consolidación, irradien todo el tramado institucional.[24]

De todas formas, la acción del legislador no puede ser ilimitada, pues bajo el pretexto de la consecución de dichos fines se pueden transgredir derechos de los asociados. Por ello, es necesario tener presente a los principios como garantes y límite a la actuación del Estado, que nuestro caso se refiere a la regulación tributaria en torno a la extrafiscalidad medio ambiental.

En este contexto, encontramos que emplear los tributos como una forma de protección del entorno nos lleva a distintos escenarios de tensiones entre normas de rango constitucional, los cuales corresponde analizar.

En primera instancia encontramos una relación entre la libertad de actuación y la protección del medio ambiente. Así el disfrute o aprovechamiento del entorno lo entendemos como un derecho, pero dicho aprovechamiento no puede ser ilimitado y esto se da en relación con garantizar el acceso al mismo por parte de las generaciones presentes y futuras, y no no solo de la humanidad, sino de los seres vivos en general. Entonces, cabe la pregunta: ¿es dable gravar el disfrute y acceso al medio ambiente?

Para responder este cuestionamiento partimos de la inviabilidad de que los Estados impongan gravámenes sobre el ejercicio los derechos de libertad que tienen "una naturaleza polivalente en el ordenamiento jurídico colombiano, pues se trata de manera simultánea de un valor, un principio y, a su vez, muchos de sus ámbitos son reconocidos como derechos fundamentales plasmados en el texto constitucional".[25] Tal como sería el caso del disfrute del medio ambiente, el libre desarrollo de la personalidad, la vida y la seguridad.

Entonces, en principio, habría una imposibilidad de una exacción sobre el acceso al medio ambiente, como es el caso de bienes de uso público como los ríos, que son inalienables, así tengan un contenido económico, y cuyo disfrute en principio no podría estar gravado. No obstante, si hay una concesión ello es posible, así como en las situaciones de una actividad de explotación económica sobre

---

24　　Corte Constitucional, sentencia de Tutela 778 de 1992.
25　　Corte Constitucional, sentencia de Tutela 276 de 2016.

estos. Sin embargo, ¿en eras del bienestar general se pueden plantear otras excepciones?, como ¿gravar el acceso o disfrute? La respuesta, sería afirmativa, pero en el marco de un mínimo existencial vinculado al disfrute del ecosistema y a obtener de él ciertos beneficios. Ahora bien, el hecho de que haya un mínimo no significa situaciones desproporcionadas, por ello deben darse regulaciones específicas, amén de que es dable una suerte de "justicia tributaria ambiental" que se relaciona con el hecho de que todos ponen y todos se benefician.

Ahora bien, partimos del escenario de la producción y prestación de servicios. Para realizar estas actividades se necesitan materias primas que mayoritariamente provienen de la explotación de recursos naturales (renovables y no renovables), y esto genera una posible tensión entre el crecimiento económico y la sostenibilidad ambiental. Así, nos encontraríamos en sede de la justicia ambiental, en la medida que la protección del entorno y la sostenibilidad es un asunto de todos[26]. Sin embargo, a pesar de que existe una corresponsabilidad entre los miembros de la sociedad, es dable entender que todos aportan, pero quienes más afectan el ecosistema y reciben mejores o mayores beneficios deben asumir más costos por sus actuaciones.

En efecto, es plausible que los sujetos que afectan directamente el entorno deben asumir las consecuencias de sus actuaciones. Al final, es evitar, lo que en economía se llama, el free rider (gorrión), que en este caso sería el contaminador que realiza emisiones o descargas nocivas al medio ambiente, de tal manera que es un elemento de justicia básica que pague por sus actividades contaminantes y no traslade el costo a la sociedad.

Pero si por un lado tenemos al contaminador productor, por el otro, está el consumidor pagador. Este se relaciona con el costo que debe asumir quien utilice los recursos naturales para su beneficio. En el caso colombiano el ejemplo más claro es la tasa por uso de agua de la Ley 99 de 1993, en la cual quienes se aprovechan del recurso para sus actividades, es decir como insumo, deben cancelar un monto. De todas formas, no se ahonda en esta figura porque no es objeto de estudio. Sin embargo, si se puede vincular este aspecto con el suscriptor de los servicios de alcantarillado que usa un bien (agua) y lo emplea, para luego desecharla en el drenaje, lo cual conlleva que asuma un costo por sus actuaciones en referencia a la tasa de vertimientos.

---

[26]   *Dodson,* Jusitice and the enviromental. Conceptions of environmental sustentability and theories of distributive justice, 1998, pp. 62-87.

Así las cosas, quien realiza la afectación debe internalizar los costos de afectación al ecosistema vía tributación. Entonces, ¿cuál es límite a la imposición? En el caso de los impuestos prima facie habría que alinear el tributo con la capacidad económica para determinarlo, pero en el escenario de la tributación ambiental este principio se modula en relación con el contaminador pagador, bajo una justificación de rango constitucional, aunque de todas formas para esta especie tributaria debe existir una capacidad económica real o potencial.

> La justicia en el deber de tributar deriva de la demostración de la capacidad contributiva medida en función del hecho que se pretende gravar; la obligación tributaria surge de la existencia de un hecho revelador de capacidad contributiva, cuya realización atribuida al sujeto que la realiza le da nacimiento. Si no existe dicha capacidad o si se atribuye a un sujeto ajeno a esa fuerza económica, la medida será inconstitucional, a menos de que supere un juicio de ponderación de valores constitucionales por obra de un objetivo extrafiscal o de ordenamiento que realice un valor o principio constitucional[27].

Y el valor está en la protección del entorno y para ello se busca un cambio de conducta a través de impactar el bolsillo de quien afecta el entorno, pues debe internalizar los costos y asumir las consecuencias de sus actuaciones. Por lo cual es dable que, en lugar de emplear un impuesto, se use la tasa y que el agente contaminador cancele la exacción, más por un principio de equivalencia o beneficio que por la capacidad económica y para quien no tiene recursos, se propone la figura del mínimo existencial o contaminante. Así el resto la sociedad no debe pagar por sus actuaciones en el marco de una justicia tributaria ambiental, aunque es muy probable que el vertimiento que se realiza es consecuencia de la producción de un bien para un tercero o la prestación de un servicio, de tal manera que ambos se incluyen en la relación y deben aportar en la medida que ambos se beneficiaron, y no por su patrimonio, que de todas formas existe ya sea de forma real o potencial[28].

---

[27]   Corte Constitucional, sentencia C-822 de 2011.
[28]   *López*, Tributación ambiental en España a nivel subcentral: CCAA y CCLL noviembre de 2013, Dereito , Vol. 22, pp. 225-244.

I. Libertad económica

La Corte Constitucional establece que la libertad económica tiene en su seno la libre competencia y la libertad de empresa. El primer aspecto es entendido como una suerte de igualdad de armas, además del derecho a concurrir a un mercado "en la ausencia de barreras u obstáculos que impidan el despliegue de la actividad económica lícita que ha sido escogida por el participante"[29] y el segundo se relaciona con la posibilidad que tienen los individuos de emplear bienes para la producción o prestación de servicios y poder obtener ganancias o beneficios[30].

Los tributos afectan ambos ámbitos, pues exacciones altas pueden llegar a generar que sea inviable entrar en un mercado o que una actividad no genere utilidad alguna, e incluso que dé lugar a pérdidas. Esta realidad se podría dar en la medida que los insumos sean costosos por la carga impositiva elevada o porque las exacciones sobre el bien o el servicio que se provee sean tan elevadas que es inviable que los consumidores la compren o contraten, respectivamente.

En este contexto, en relación con el tema que nos ocupa de las exacciones con contenido ambiental, la libertad económica también se puede afectar, pero esto es necesario verlo en detenimiento. En primera instancia el prohibir ciertas actividades que son nefastas y generan efectos totalmente negativos al entorno en busca de salvaguardar el derecho a la vida.

Un ejemplo ilustra mejor este análisis. Se prohíbe el vertimiento de cianuro porque es un veneno que conlleva que el agua ya no sea consumible para los seres vivos. En todo caso, si el individuo realiza la descarga, esta debe gravarse con tarifas elevadas directamente proporcionales con el costo de la afectación, independientemente de las medidas sancionatorias del caso, bajo el principio del contaminador pagador, pero con un carácter intenso.

La situación en mención ¿es una limitación a la libertad económica? La respuesta es afirmativa, pero de no ser ser así se llega al todo vale, que para este análisis será conseguir riqueza a cualquier costo, en desmedro de los derechos de los demás y la destrucción del ecosistema.

Para otro sector, la respuesta es negativa. Primero, porque el agente contaminante no tiene un derecho a destruir el entorno y por lo tanto no hay un principio de libertad económica que proteger. Segundo, un concepto de justicia básica: ¿por qué un tercero debe asumir los costos por la afectación que realiza al entorno un agente contaminador? Se puede pensar en el caso de un conductor que tiene un vehículo altamente contaminante y que le sirve para movilizarse de paseo. ¿Es dable que la sociedad asuma el costo de la mitigación? se podría pensar

---

29 Corte Constitucional, sentencia C-032 de 2017.
30 Corte Constitucional, sentencia C-524 de 1995.

en un principio de solidaridad, por lo cual la comunidad afronta los efectos de la situación y no sólo para este individuo, sino para todos los miembros de la misma, algo inviable porque los recursos son limitados para asumir la mitigación. Entonces, ¿Cómo hacerlo? Con autorregulación y mínimos existenciales.

En conclusión, la libertad económica puede llegar a modularse, pues no se prohíbe realizar la actividad productora ingresos, pero quien realiza la misma debe asumir las consecuencias de los efectos negativos que genera al ecosistema por medio del pago de tributos.

II. Capacidad económica

La capacidad económica forma parte de la justicia tributaria[31], en la medida que el principio modula y determina el monto que debe aportar un sujeto para financiar los gastos del estado de acuerdo con su riqueza y esto se materializa en dos ámbitos: primero "constituye un presupuesto lógico de la imposición (regla económica) que obliga al legislador a seleccionar determinadas circunstancias indicativas de la existencia de dicha capacidad. Por otro, opera como un criterio de modulación de la carga impositiva, habida cuenta que la capacidad de pago depende también de factores que determinan distintos niveles de necesidad como la edad, el número de hijos, etc."[32]

El hecho que los individuos aporten a financiar los gastos público conlleva un elemento esencial de los sistemas democráticos de acuerdo con la solidaridad[33] en relación con la justicia, que tiene un contenido difuso que debe ser materializado y para ello la doctrina lo vincula, en el ámbito impositivo, con la capacidad económica

---

[31] *Ruiz,* ¿Es Boloña una oportunidad para renovar la enseñanza del derecho financiero en España? 2011, p. 16.

[32] *Ruiz,* Bolonia como oportunidad para renovar la enseñanza (y la investigación) en Derecho Tributario en España, en [aut. libro] *Herrera,* VII Jornada metodológica de derecho financiero y tributario, *García Añoveros,* Interpretación del derecho financiero y tributario. La asignatura de derecho financiero y tributario en los nuevos planes de estudio, 2011, p. 121.

[33] *Rozo,* Las funciones extrafiscales del tributo a propósito de la tributación medio ambiental en el ordenamiento jurídico colombiano., Foro: Revista de derecho, núm. 1, 2003, pp. 1-43.

la idea de justicia en la esfera tributaria ha tendido a concretarse, como veremos, en criterios materiales que giran en torno a la capacidad económica. No es que ambas (justicia y capacidad económica) sean una misma cosa (r6). Es sencillamente que se establece una relación entre ellas en virtud de la que se hace factible transitar de lo abstracto a lo concreto[34].

Dicha capacidad es entendida en un "doble plano: como medida general de la igualdad tributaria y como derecho fundamental del contribuyente"[35]. En el contexto colombiano la referencia a la justicia tributaria deviene del numeral 5 del Art. 98 de la CN. que establece el deber de contribuir al financiamiento del Estado bajo los "conceptos de justicia y equidad", por lo cual el principio en mención deviene de dicha disposición.

Ya en el caso de la extrafiscalidad, se plantea una modulación de la capacidad económica, así, por ejemplo, en las exacciones ambientales habrá un balance entre la actividad del contaminador pagador, que tiene en sus espaldas por lo menos dos deberes. El primero aportar financiar los gastos del Estado y por el otro asumir los costos de su afectación en relación con la justicia y no sólo la vinculada a la capacidad económica, sino la ambiental. y es la discusión entre el "bienestar social, frente a la riqueza individual"[36].

Este concepto, podemos señalar que su exigencia incorpora unos límites máximos y mínimos al establecimiento de tributos. Así, el mínimo vendría representado por la necesidad de gravar manifestaciones de capacidad económica, de tal forma que la flexibilización de este principio permite que, por razones diversas, justificadas en muchos casos por otros preceptos constitucionales, se puedan dejar de gravar ciertas manifestaciones de riqueza, pero no se admite en ningún caso el gravamen de supuestos que no manifiesten riqueza. Por su parte, el límite máximo coincidiría con la prohibición de los tributos confiscatorios.

Así no habría una tensión entre capacidad económica y solidaridad porque se vinculan unas con otras, por decirlo de otra manera están en el mismo escenario. De todas formas, para entender la modulación del principio de capacidad económica en relación con la extrafiscalidad en el caso medio ambiental, es necesario ver el bosque completo: la forma como interactúan todos los derechos y principios para lograr un fin superior.

---

[34] *Pont Mestres,* En torno a la capacidad económica como criterio constitucional de justicia tributaria en los Estados contemporáneos., 1974, pp. 1-85.

[35] *Herrera,* Capacidad económica y sistema fiscal. Análisis del ordenamiento español a la luz del derecho alemán, 1998, p. 64.

[36] *Verdu,* Discurso de contestación a: En torno a la capacidad económica como criterio constitucional de justicia tributaria en los Estados contemporáneos., 1974. p. 85-98.

Cuando los fines extrafiscales adquieren cierta relevancia, la capacidad contributiva, por sí sola, no cubre todos los aspectos de la Justicia, por lo que será necesario acudir a otros principios de espectro más amplio, tales como la igualdad, la solidaridad o el bienestar económico, pero por ello mismo más difíciles de ponderar y controlar jurídicamente[37].

Entonces, para resolver una posible tensión entre el principio es cuestión en relación con la tributación ambiental, se entiende que este se contrapone a derechos como la vida y un ecosistema sano, lo cual justifica disminuir la intensidad del principio de la capacidad económica en la imposición medio ambiental.

III. Igualdad tributaria

La igualdad tributaria está íntimamente relacionada con la capacidad económica, incluso este último postulado termina siendo una unidad de medida para realizar una comparación entre distintos sujetos o realidades. Y es que la igualdad por sana lógica parte de una pregunta básica: ¿igualdad respecto a qué o quién? Entonces, justamente para aplicar este concepto debemos referirnos a una unidad de medida[38], un patrón de referencia para comparar a los sujetos o situaciones y el criterio es la capacidad económica.

Por otra parte, este principio de igualdad coadyuva a materializar el deber ser de una nación en relación con la consecución de la justicia y equidad en sede impositiva, pero en el caso de los tributos de ordenación se plantea particularidades que deben ser abordadas. Rodríguez Bereijo al estudiar la igualdad en el campo impositivo establece que la figura debe observarse en tres escenarios distintos[39]:

- Como igualdad ante los impuestos: todos deben soportar las cargas de sostenimiento del gasto público.
- Como igualdad en los impuestos: configuración de acuerdo con la capacidad económica.
- Como igualdad por medio de los impuestos: corregir las inequidades. Quien más tiene, más paga.

[37] *González,* Incentivos fiscales a las actividades de I + D en defensa, Boletín de información, 2003, núm. 280, pp. 83-116.
[38] *Toribio,* Controle da extrafiscalidade, 2015, pp. 92-125.
[39] *Rodríguez Bereijo,* Igualdad tributaria y tutela constitucional. Un estudio de jurisprudencia, 2011, p. 46.

En efecto, en primera instancia partimos que existe un principio de generalidad de aportar al financiamiento del Estado (#9, Art. 95 CN), es decir *igualdad ante los impuestos,* sin embargo, de acuerdo con el principio del contaminador pagador este aspecto debe limitarse básicamente por un concepto de justicia en relación con las externalidades negativas que genera el agente contaminador, quien debe asumir los costos de la mitigación y no la sociedad en su conjunto.

Por otro lado, si bien es cierto que los impuestos se configuran de acuerdo con la capacidad económica[40], premisa correcta en relación con la exacciones recaudatorias de tal manera que la carga impositiva se reparta de forma justa entre los contribuyentes, esto es, proporcionalmente a la riqueza que tiene cada cual, pero frente a los gravámenes extrafiscales, en nuestro caso ambientales, que buscan modificar conductas cabe la pregunta si ¿es viable configurar el tributo con base en la *igualdad en los impuestos* planteada por Rodríguez Bereijo? Si se parte del postulado que el propósito del tributo medioambiental es financiar el gasto por la mitigación la respuesta es afirmativa, sin embargo, esta salida es incongruente con la esencia de un tributo de ordenación que es modificar conductas y en materia medioambiental menos, al tener como referente el contaminador pagador.

Y es que la relación entre este último principio y el de capacidad económica es inviable y "la solución al conflicto requiere ponderar el sacrificio del principio de capacidad económica con el bien jurídico de protección medioambiental"[41]. Pero esta inaplicación de la capacidad económica pasa por justificaciones plausibles.

Finalmente, la *igualdad por medio de los impuestos* plantea un reto mayor. Así, es necesario determinar tratos diferenciados a sujetos que realizan conductas iguales o similares (generales y concretas) y esto se refleja en pagos distintos, que en principio deberían darse bajo la situación que quien más riqueza tiene, más paga, lo cual se justificaría por razones plausibles, es decir por fines constitucionalmente justificados, como por ejemplo la protección medioambiental.

---

[40]   *Uckmar,* Principios comunes del derecho constitucional tributario, 2002, p. 165.
[41]   *Taboada,* El principio "quien contamina paga" y el principio de capacidad económica, en [aut. libro] *Taveiro Torres,* Direito tributário ambiental., 2005, p. 94.

Pensemos en el caso de un Sujeto X con capacidad económica E1 que vierte un metro cúbico de una sustancia C1 al río en el sitio T1 y otro Sujeto Y, con capacidad económica 2E1 (el doble) que X1 que realiza el idéntico comportamiento. ¿Debe pagar el segundo mayor tributo? Si el objetivo es modificar el comportamiento la respuesta es negativa y en caso de darse tratamientos diferenciados entre ambos sujetos debe haber una argumentación fuerte desde el punto de vista constitucional. Al final es encontrar criterios de discriminación justificados, por ejemplo, mínimos exentos[42].

Así las cosas, la igualdad termina siendo un retén, un freno, para que el legislador otorgue beneficios o imponga gravámenes de forma discrecional.

> Sobre el particular, la jurisprudencia constitucional insiste en que el principio de equidad tributaria exige que la imposición esté basada en una evaluación de las condiciones fiscales y extrafiscales del sujeto pasivo y el hecho generador, la cual determine que, en caso de que opere un tratamiento desigual, se encuentre justificado mediante una razón suficiente y compatible con los postulados constitucionales[43].

Entonces dicho tratamiento desigual pasa necesariamente por un control de proporcionalidad, esto es adecuación, necesidad y proporcionalidad en estricto sensu, y no solamente una simple finalidad justificable. Así, sobre la adecuación se entiende que la regulación debe efectivamente lograr el propósito planteado, incluso de forma permanente y no ocasional, más allá, de las intenciones del legislador, y en el caso que nos convoca, será modificar conductas para proteger el recurso hídrico. En este punto, es necesario tener presente que una regulación extrafiscal que termine siendo confiscatoria o estranguladora es proscrita en el ordenamiento constitucional y en caso de llegarse a una regulación así se llegará a una sanción y no a un tema impositivo, por lo cual sería más dable apelar al comando y control.

---

[42]   *Aurelio Zilveti*, Capacidade contributiva e mínimo existencial, en [aut. libro] *Shoueri/Zilveti, Direito tributário,* 1998.
[43]   Corte Constitucional, sentencia C-837 de 2013.

Ahora bien, el uso de los tributos como instrumento de ordenación pasa por establecer si no existen otras formas de lograr los fines planteados. En otras palabras, es evaluar la necesidad de emplear las exacciones en lugar de otros medios aptos para protección medio ambiental, bajo el entendido de un carácter subsidiario de los tributos de ordenación. Finalmente, en caso de darse la adecuación y la necesidad del uso de la extrafiscalidad ambiental, es necesario realizar una proporcionalidad stricto sensu. Es decir, que "los fines perseguidos tengan, en el caso concreto, un peso más significativo que el del principio de igualdad (y de los demás principios eventualmente afectados)"[44] para superar un juicio de constitucionalidad.

D. Conclusiones

La extrafiscalidad ambiental es un instrumento adecuado para la protección del medio ambiente en relación con la llamada teoría del doble dividendo, que no es otra cosa que obtener ingresos para el fisco y lograr el cambio de conductas. En el sistema constitucional colombiano no se consagra de forma expresa este concepto de extrafiscalidad, es decir los llamados tributos de ordenación. Sin embargo, a partir de una lectura sistemática de la carta política y gracias a las contribuciones de la jurisprudencia y la doctrina se ha construido un concepto sobre este tema a lo largo de los últimos años.

En este sentido, el eje de la argumentación que justifica la posibilidad de emplear los gravámenes con propósitos no financieros se encuentra en el interés general que se avoca a los llamados fines del Estado, que se encuentran consagrados en la Constitución colombiana en su Art. 2.

Ya, en relación con la forma por medio de la cual el sistema tributario se viabiliza para lograr fines extrafiscales en materia de protección medio ambiental, es necesario referirse al Art. 334 que establece a la dirección de la economía en cabeza del Estado, con el objetivo de mejorar la calidad de vida y la preservación de un ambiente sano. De todas formas, existen por lo menos 30 disposiciones de rango constitucional que tejen el sistema que estructura la imposición para la ordenación.

---

[44] *Velloso*, El principio de igualdad tributaria. De la teoría de la igualdad al control de las desigualdades en la imposición, 2010, pp. 348-358.

Así, en términos generales la extrafiscalidad se materializa en dos escenarios: gasto fiscal (tax expenditure) e imposición. Figuras que son antagónicas, por lo menos en sede de la protección medio ambiental, pues el otorgar beneficios, y, por el otro, gravar a quienes reciben dichos tratamientos especiales se genera una contraposición de fuerzas que podrían dar lugar a un fracaso de la política pública.

De todas formas, más allá de las bondades de la extrafiscalidad para la defensa del entorno, se generan tensiones entre principios constitucionales que deben ser superados; claro está, de acuerdo con los casos concretos.

Tributación y sostenibilidad, impuestos verdes en Colombia

Andrea Valbuena Bernal

A. Introducción

El recaudo impositivo representa una de las mayores fuentes de recursos con los que cuenta un Gobierno[1], debido a ello, la tributación es una poderosa herramienta dentro de cualquier política de Estado. Sin embargo, dentro de las funciones que puede cumplir un tributo también se encuentran la de disuadir ciertos comportamientos, promover el impulso de un sector en particular o servir como herramienta dentro de las distintas políticas a las que apuesta un Estado.

En el caso específico de políticas sostenibles, los llamados impuestos verdes o ambientales se han vuelto un instrumento común en los últimos tiempos. Si bien, podemos pensar en primer momento que tienen la ventaja de ser percibidos en forma distinta a como se distingue normalmente un tributo como el de renta o IVA, (pues pueden no percibirse como confiscatorios y con un propósito loable), no siempre ese es el pensamiento común[2].

---

[1] El recaudo impositivo en Colombia en 2017 apenas representó el 18.8% del PIB mientras que el promedio en países miembro de la OCDE es de 34.2%. *OECD, et al.* (2019), Revenue Statistics in Latin America and the Caribbean 2019, https://doi.org/10.1787/25666b8d-en-es.

[2] En el año 2015 los ciudadanos suizos votaron un referendo en donde fueron consultados sobre la posibilidad de reemplazar el IVA por un impuesto verde. El resultado fue un 92% de votación en contra de la iniciativa.
En el estudio *Green Taxes in a post- Paris world: are millions of nays inevitable?*, los autores concluyen que la propuesta no fue aceptada por los ciudadanos suizos dada la percepción de los pocos efectos ambientales que hubiere tenido la medida, la propuesta se enfocó en destacar la neutralidad de la misma en términos de recaudo para el Gobierno. Para los votantes, probablemente la propuesta hubiere sido más atractiva si se hubiere indicado que el recaudo iba a estar destinado a propósitos ambientales. *Carattini/Baranzini/Thalmann/Varone/Vöhringer*, Centre for Climate Change Economics and Policy Working Paper No. 273 Grantham Research Institute on Climate Change and the Environment Working Paper No. 243. http://www.lse.ac.uk/GranthamInstitute/wp-content/uploads/2016/06/Working-Paper-243-Carattini-et-al.pdf.

El presente capítulo analiza tributos que inciden de forma directa en la sostenibilidad ecológica del entorno en Colombia. Concordantemente se organiza su desarrollo en tres partes: Inicialmente se analizará el propósito el tributo (B). A continuación, se estudiarán desde la perspectiva de los impuestos verdes en Colombia el concepto de sostenibilidad y las medidas tributarias ambientales adoptadas (C) y se finaliza con una presentación de conclusiones (D).

B. El propósito del tributo

Antes de entrar en materia es apropiado referirnos a la justificación del deber de contribuir dentro de la política de Estado. Bien sabemos que la Constitución Política de Colombia es la suprema norma jurídica que contiene el catálogo de nuestros derechos fundamentales. Así como recoge derechos también menciona deberes, es así como el artículo 95 de la Constitución señala que el ejercicio de los derechos y libertades reconocidos en ella también implica responsabilidades. De esta forma, el mencionado artículo señala un listado de responsabilidades a las que están sujetos los ciudadanos y en su numeral 9° indica que es deber de los mismos "contribuir al financiamiento de los gastos e inversiones del Estado dentro de conceptos de justicia y equidad".

De allí se parte para justificar el poder impositivo que tiene el Estado sobre sus ciudadanos y nuestro deber de contribuir. Sobre este particular, son múltiples las demandas de inconstitucionalidad que han sido evaluadas por la Corte Constitucional en donde sale a relucir este artículo. Ciudadanos inconformes con variedad de medidas que legislan en materia tributaria encuentran que esta disposición es uno de los argumentos de la Corte para indicar que el poder tributario de un Estado es soberano siempre que el mismo se enmarque en criterios de justicia y equidad y que es deber ineludible del ciudadano contribuir con las cargas del Estado.

La Corte se refirió al anterior punto en los siguientes términos:

En cuanto al deber de la persona y del ciudadano de contribuir al financiamiento de los gastos e inversiones del Estado, éste debe hacerse dentro de conceptos de justicia y equidad tal como lo dispone el numeral 9 del artículo 95 Superior, quedando claro que dicha carga debe ser impuesta consultando las posibilidades económicas de los contribuyentes dado que esta exigencia constitucional tiene por objeto lograr un mayor grado de redistribución de la riqueza existente en nuestro país[3].

Hasta este punto nos hemos referido principalmente a los tributos como un elemento de financiación del Estado y es que en la teoría de la hacienda pública ese es el propósito fundamental que varios autores coinciden en darle al tributo. En el libro *"Classics in the theory of public finance"* editado por uno de los padres de la hacienda pública (Richard Musgrave) se reunieron artículos de 17 autores expertos en esta materia para dejar su contribución literaria. La mayoría coincidió en señalar que el propósito fundamental del tributo es financiar las cargas públicas.

Sin embargo, para el profesor Adolph Wagner[4] el propósito de la tributación va más allá. Reconoce dos propósitos principales, el primero y ya mencionado anteriormente es el objetivo financiero según el cual los tributos son un medio para cubrir las necesidades de presupuesto de los entes públicos, el segundo propósito se encuentra relacionado con el bienestar social y tiene que ver con la posibilidad de que los tributos sean un factor regulador que contribuyan a la distribución del ingreso y riqueza nacional. En su época, este segundo postulado parece ser toda una novedad puesto que el autor critica que por mucho tiempo tan solo se atribuyó como propósito de la tributación el primero de ellos.

Hoy en día es ampliamente aceptado que uno de los fines de la tributación está en la distribución del ingreso de forma equitativa, tal como lo menciona nuestra Corte Constitucional en la sentencia citada anteriormente.

Además de referirse al propósito de la tributación, Wagner indicaba que era labor de la hacienda pública formular principios básicos como estándares para el sistema tributario. Lo interesante de Wagner es que reconoce que estos principios no son absolutos, muchos son relativos en tiempo y espacio ya que dependen de condiciones culturales, técnicas, económicas, de la actualidad de una época y de ideales de justicia y derecho constitucional. Esto nos indica que, si estas condiciones cambian, los principios también tendrán una variación en su entendimiento. Para nuestro estudio nos podemos valer de los principios que Wagner

---

3   Corte Constitucional, sentencia C-261 de 2002.
4   El alemán *Adolph Wagner* (1835-1917) fue uno de los economistas más importantes de su época, que hizo parte de la escuela histórica de la economía.

menciona en su artículo pues claramente pueden ser adaptados y utilizados en nuestros tiempos al analizar el tema que nos ocupa, los impuestos verdes.

Wagner menciona 9 principios[5] que se clasifican a su vez dentro de 4 grupos:

- Principios financieros
  - Rendimientos adecuados
  - Tributación flexible
- Principios económicos
  - Elegir la fuente correcta de tributación
  - Elegir el tipo de tributo
- Principios de justicia o de distribución equitativa de la tributación
  - Universalidad
  - Equidad en la tributación
- Principio de la administración tributaria (o principios de la eficiencia administrativa del sistema tributario)
  - Determinación de la tributación
  - Conveniencia
  - Esfuerzo por asegurar el costo de recaudo más bajo posible.

El autor destaca que la formulación de estos principios es simple, la complejidad se presenta al ponerlos en práctica.

Estos principios nos serán de utilidad más adelante cuando estemos revisando los impuestos verdes de nuestro ordenamiento. Sin ir más allá podemos notar que en la actualidad varios de los citados principios siguen siendo mencionados de forma constante por tratadistas de tributación y por la propia Corte Constitucional al momento de resolver cuestiones relacionadas con la constitucionalidad de distintas medidas tributarias. Así mismo a la hora de proponer un tributo, el ejecutivo[6] debe tener en cuenta estos factores.

---

[5]   *Wagner*, Three Extracts on Public Finance, en *Musgrave/Peacock* (eds.), Classics in the Theory of Public Finance, 1967, p. 11.

[6]   Respecto a los roles en materia de política tributaria debemos tener en cuenta que la iniciativa para la creación de tributos sólo puede provenir de la rama ejecutiva o de la rama legislativa, la creación por medio de ley es una función exclusiva en cabeza del legislativo y la reglamentación le corresponde al ejecutivo. De manera que, al buscar una posible relación entre derecho administrativo y sostenibilidad en el marco de un sistema tributario, el rol del ejecutivo lo podemos estudiar en la iniciativa y posterior reglamentación del tributo.

En este punto podemos concluir que además del propósito de servir como fuente de financiamiento del Estado, dentro de las funciones que pueden cumplir los tributos se encuentran los siguientes:

- Elemento disuasorio de conductas o actividades que buscan restringirse
- Elemento que redistribuye riqueza
- Elemento que impulsa el crecimiento de ciertos sectores y la realización de ciertas actividades o adopción de ciertas conductas.

En la primera función podemos encontrar por ejemplo impuestos a las bebidas alcohólicas, azucaradas o a los cigarrillos los cuales buscan disminuir el consumo de estos productos por los efectos nocivos que los mismos tienen en la salud de los consumidores.

El segundo caso es más complejo de analizar pues se predica de un sistema tributario en su conjunto. Redistribuir riqueza implicaría la creación de impuestos progresivos[7] que graven a la población de mayores ingresos y que se pueda evidenciar que lo recaudado es redistribuido en las poblaciones de bajos ingresos. En este último punto, tenemos como ejemplo a la reciente ley de crecimiento económico 2010 de 2019 que trae como una de sus principales novedades la medida de devolución del IVA para el 20% de la población más vulnerable.[8]

Respecto al impulso de sectores o actividades a partir de medidas tributarias es común encontrar exenciones, deducciones o tarifas preferenciales con el objetivo impulsar un sector particular. Por ejemplo, menores tarifas de impuesto sobre la renta para nuevas empresas en los primeros años de funcionamiento siempre y cuando estas creen un número mínimo de empleos o exención de impuesto de renta para empresas que realicen producciones cinematográficas en el país.

---

[7] Un impuesto progresivo consulta la capacidad económica de un contribuyente (a diferencia de un impuesto regresivo). El impuesto progresivo aumenta a medida que aumenta el ingreso del contribuyente de manera que aquellos agentes que tengan mayor capacidad contributiva tendrán una mayor carga impositiva.

[8] Ley 2010 de 2019, artículo 24. A la fecha en espera de reglamentación por parte del Gobierno Nacional.

En el caso específico de los tributos verdes, en general los mismos son creados bajo la premisa de *"quien contamina paga"*. Este concepto particular tiene su antecedente más relevante en el tratado de economía y bienestar del economista británico Arthur *Pigou*. En su honor, este tipo de tributos también son llamados impuestos piguvianos (*piguvian taxes*).

En su tratado encontramos como propuesta fundamental la posibilidad de que los fallos de mercado producidos por actuaciones de los agentes sean asumidos económicamente por ellos. Su obra menciona varios ejemplos de la necesidad de intervención de parte del Estado por medio de impuestos o subsidios para corregir estas fallas (también conocidas como externalidades negativas). El ejemplo por excelencia es el de la contaminación, una fábrica que contamina produce una externalidad negativa en agentes externos (la población), una forma de corregir este problema según *Pigou* es gravar al agente contaminante con un impuesto.

En su libro *"A study in public finance"* (estudio en hacienda pública), *Pigou* dedica un capítulo a la exposición de lo que denomina *"desajustes"* y la necesidad de introducir impuestos y subsidios para corregirlos. Según *Pigou* la imposición de tributos a estos desajustes generará un resultado optimo pues se incrementará la satisfacción del público por encima del interés particular.

Hay dos causas principales para que se presenten estos desajustes, la primera es que para ciertos servicios y bienes el retorno marginal no es igual al retorno total que la comunidad como un todo recibe. En otras palabras, el valor del producto neto marginal privado es mayor o menor que el valor del producto neto marginal social. La segunda causa, tiene que ver con que, respecto a ciertos bienes y servicios, la relación entre el deseo de las personas y la satisfacción que resulta de cumplir ese deseo es mayor o menor que la que producen otros bienes y servicios.

El valor del producto neto marginal social excede el producto neto privado cuando se presentan rendimientos más allá del producto o servicio que es vendido, en otros productos y servicios de los cuales no se ha cobrado un pago. Por ejemplo, puede ocurrir que un faro de luz sea disfrutado por barcos a los que no se les ha cobrado un peaje. Esta situación puede considerarse un desajuste pues un agente se está beneficiando sin compensar el servicio a quien lo provee. *Pigou* provee más ejemplos de este tipo de desajuste, por ejemplo, en el caso de parques privados que mejoran el aire que respiran las viviendas aledañas o la plantación de bosques en distritos secos que mejoran las condiciones climáticas de las poblaciones vecinas[9].

---

9   *Pigou A.G.*. A Study in Public Finance. Third edition. Macmillan and Company Limited. New York. 1960, (99). https://archive.org/details/in.ernet.dli.2015.81768/page/n5.

El caso contrario se presenta cuando el valor del producto neto social es menor que el valor del producto neto privado. Por ejemplo, cuando el dueño de un terreno en espacio residencial construye una fábrica y destruye las comodidades del vecindario, o cuando construye edificios en una zona concurrida que disminuye espacio para el aire y sitios de esparcimiento en el vecindario, afectando la salud y eficiencia de las familias que viven alrededor. Muchos más ejemplos de la divergencia entre el producto marginal neto privado y social pueden encontrarse en nuestra vida diaria.

La existencia de estas divergencias resulta en desajustes, para *Pigou* siempre es posible corregir estos desajustes mediante la imposición de impuestos y subsidios a las tarifas apropiadas. Hoy en día, su teoría es ampliamente discutida y ha contribuido para justificar la imposición de tributos o subsidios ambientales.

C. Los impuestos verdes en Colombia

I. El concepto de sostenibilidad

Antes de analizar los tributos verdes en nuestro país es importante tener claridad sobre el concepto de sostenibilidad. El estudio que nos ocupa ha surgido del seminario que hemos llevado a cabo en la facultad sobre "avances del derecho administrativo y sostenibilidad". Este concepto en particular fue definido en el año 1987 en el reporte *"nuestro futuro común"* emitido por la Comisión Mundial del Ambiente y Desarrollo según el cual el desarrollo sostenible es aquel que satisface las necesidades del presente sin comprometer la habilidad de generaciones futuras de satisfacer sus propias necesidades.[10] Nuestro ordenamiento adoptó similar definición en el artículo 3° de la ley 99 de 1993, así mismo el artículo 80 de la Constitución Política dejo plasmado dentro de nuestros derechos colectivos y del ambiente el deber del Estado de planificar *el manejo y aprovechamiento de los recursos naturales, para garantizar su desarrollo sostenible, su conservación, restauración o sustitución.*

El mencionado reporte consolida recomendaciones y propuestas para lograr políticas sostenibles, en particular indica que las naciones intervienen en el precio de mercado de la energía por medio de diferentes medidas. Impuestos domésticos a la electricidad, gasolina, petróleo y otros combustibles son

---

[10] *World Commission on Environment and Development*, Our Common Future, 1987, p. 16. https://sustainabledevelopment.un.org/content/documents/5987our-common-future.pdf.

comunes. Reconoce que, aunque los tributos sobre la energía son rara vez impuestos para incentivar la adopción de medidas eficientes, estos pueden tener este resultado si logran que el precio de la energía suba a ciertos niveles, (es importante tener en cuenta que el reporte data del año 1987). Lo mencionado en ese estudio nos hace reflexionar en el hecho de que hace algunos años el objetivo principal de los impuestos a los combustibles no era ambiental. Esta visión ha cambiado en la actualidad y hoy en día, por ejemplo, el impuesto al carbono es una medida por excelencia para combatir el cambio climático.

II. Medidas tributarias ambientales en Colombia

A continuación, se analizarán los tributos que existen en nuestro ordenamiento que inciden de forma directa en la sostenibilidad ecológica del entorno.

Es importante distinguir para efectos de nuestro análisis entre las 3 categorías que componen el género tributo; a saber; los impuestos, las tasas y contribuciones.

Los impuestos son una obligación del contribuyente que no deriva en una contraprestación directa por parte del Estado, las tasas se cancelan en razón de la prestación de un servicio público por parte del Estado a un contribuyente en particular y las contribuciones tienen como hecho imponible la obtención de un beneficio por parte del contribuyente como consecuencia de una obra o actuación realizada por el Gobierno (por ejemplo la valorización de un inmueble particular por la construcción de una obra aledaña por parte del Gobierno).

Sin embargo, es importante tener en cuenta que no solo por medio de la creación de tributos se contribuye con una política sostenible desde el sistema tributario. Además de la imposición de tributos existen otras medidas de tipo fiscal que pueden catalogarse en pro de la sostenibilidad. Así, por ejemplo, son varias las disposiciones del ordenamiento tributario que no necesariamente tienen que ver con la creación de un tributo y que inciden en políticas sostenibles, ejemplos de algunas de ellas son las siguientes:

- No constituyen renta ni ganancia ocasional las indemnizaciones o compensaciones recibidas por concepto de control de plagas, cuando éstas formen parte de programas encaminados a racionalizar o proteger la producción agrícola nacional y dichos pagos se efectúen con recursos de origen público (artículo 46-1 del Estatuto Tributario).
- Los contribuyentes que hagan donaciones a la Unidad Administrativa Especial del Sistema de Parques Nacionales Naturales con el fin de financiar los parques naturales de Colombia y conservar los bosques

naturales, tienen derecho a deducir del impuesto de renta el 30% del valor de las donaciones efectuadas durante el año o período gravable (artículo 126-5 del Estatuto Tributario).

- De acuerdo con lo señalado por el artículo 235-2 del Estatuto Tributario se consideran rentas exentas la venta de energía eléctrica generada con base en energía eólica, biomasa o residuos agrícolas, solar, geotérmica y el aprovechamiento de nuevas plantaciones forestales, incluida la guadua, el caucho y el marañón.

- Dentro de las medidas que ha tomado el Gobierno para la promoción del uso de vehículos eléctricos se encuentra el arancel 0% a la importación de los mismos, IVA reducido (del 5%) y la disposición de que el impuesto sobre vehículos para este tipo de automotores no pueda superar el 1% del valor comercial del mismo.

Son constantes las reformas tributarias que nuestro país ha tenido en los últimos tiempos. Sin embargo, comparada con la cantidad de nuevas normas, son escasas las medidas de tipo tributario de carácter ambientalista y esta ha sido una crítica constante cada vez que se expide una reforma tributaria. A excepción de la ley 1819 de 2016 en donde se introdujo el impuesto al carbono y a las bolsas plásticas, no hemos tenido una reforma tributaria reciente que tenga un hito importante en materia ambiental.

En su reciente estudio económico sobre Colombia, la OCDE concluye que los impuestos ambientales representan en nuestro país apenas el 0,6% del PIB, muy por debajo del promedio de los países miembros de la OCDE (2,2%). De manera que una de las propuestas de esta entidad en su estudio es equilibrar la estructura de los impuestos en Colombia (mediante la reducción del impuesto sobre la renta para las sociedades y eliminación del impuesto a las transacciones financieras) aumentando los impuestos ambientales a la media de los países de la OCDE[11].

En la tabla que se encuentra al final de este documento se analizaran los tributos ambientales que existen en la actualidad en Colombia, es importante tener en cuenta que el estudio de un tributo se facilita si se distinguen y comprenden los elementos esenciales del mismo, a saber; el hecho generador, la base gravable, tarifa, el sujeto activo y sujeto pasivo. Así los definió la Corte Constitucional en sentencia C-333/17:

---

[11]   OCDE, Estudios Económicos de la OCDE: Colombia 2019, 2019, p. 56. https://doi.org/10.1787/805f2a79-es.

- Sujeto activo: Entidad estatal con derecho a exigir el pago del tributo
- Sujeto pasivo: Persona en quien recae la obligación correlativa
- Hecho generador: Situación de hecho indicadora de una capacidad contributiva a la cual la ley confiere la virtualidad de generar la obligación tributaria
- Base gravable y tarifa: Elementos determinantes de la cuantía misma de la obligación.

De los anteriores elementos, el hecho generador es el principal diferenciador de la obligación tributaria pues de este depende que se genere o no de forma efectiva dicha obligación tributaria.

En el estudio realizado hemos detectado claramente que los tributos verdes en Colombia son escasos. En particular, (lo veremos en el cuadro final), el tipo de tributo con más incidencia en el concepto de sostenibilidad es la tasa lo cual tiene su explicación en la naturaleza misma de este tipo de tributo. Como ya lo mencionamos anteriormente la tasa se cobra para recuperar costos que le representan al Estado, directa o indirectamente, prestar una actividad, o autorizar el uso de un bien de dominio público. En particular este tipo de tributo es común en materia ambiental puesto que la retribución que cancela el contribuyente tiene relación directa con los beneficios derivados del servicio que le presta el Estado o el uso de un bien. Así, por ejemplo, la tasa que se cobra por la tala autorizada de bosques guarda relación directa con el beneficio que percibe el contribuyente al realizar esta actividad que le ha sido permitida previamente por una autoridad ambiental.

Regresando a los principios básicos de un tributo (que propone Wagner) podemos concluir que, dentro de los principios económicos, a la hora de elegir el tipo de tributo y determinar la fuente correcta de tributación en el caso particular de las tasas que existen en Colombia es sencillo determinar que la fuente de tributación se deriva del aprovechamiento de recursos naturales.

Otro aspecto llamativo y positivo de los tributos verdes en nuestro país es que en su mayoría cuentan con destinación específica, es decir, el contribuyente puede conocer en que serán invertidos los recursos que se recaudan como consecuencia de la obligación tributaria, que en todos los casos son gastos relacionados con aspectos medioambientales. Como se mencionó al inicio de este escrito, una de las razones por las que los ciudadanos suizos no aprobaron el referendo para reemplazar el IVA con un impuesto verde fue el no tener certeza de que el recaudo del nuevo tributo iba a ser destinado para propósitos ambientales, por tanto, considero positivo el hecho de que en nuestro ordenamiento se ha establecido una destinación específica para los impuestos verdes.

Del listado de tributos verdes los más importantes tanto en materia de recaudo como en la correlación que tienen con una política ambiental son el impuesto al carbono y a las bolsas plásticas. La adopción de estos dos tributos fue una de las medidas que adoptó nuestro país luego de comprometerse en la conferencia de Paris a disminuir nuestras emisiones de gases de efecto invernadero en un 20% para el año 2.030. Si comparamos con otros países de la región podemos concluir de forma satisfactoria que somos pioneros en la región en la implementación de este tipo de tributos.

Respecto a estos dos casos en particular, revisando la exposición de motivos de la ley 1819 de 2016 (en la cual fueron incluidos) podemos notar que la propuesta del Gobierno inicialmente no incluía el impuesto a las bolsas plásticas, sino que el mismo se introdujo dentro de las discusiones que se dieron dentro del legislativo. Por el contrario, el impuesto al carbono si venia en la propuesta inicial del Gobierno quien en la exposición de motivos señaló lo siguiente:

> (…) la adopción de un impuesto pigouvinao que corrija parte de los efectos negativos producidos por las emisiones de carbono, genera al mismo tiempo el cumplimiento de un doble propósito: reducir las emisiones de carbono en línea con los compromisos adquiridos por Colombia en el marco de COP21 mientras que genera una fuente de recursos tributarios al enviar señales de los precios que la sociedad entera efectivamente paga por cada tonelada de carbono en el ambiente.[12]

Vemos claramente que las intenciones del Gobierno al proponer esta medida van en concordancia con algunos de los propósitos del tributo que hemos mencionado a lo largo de este escrito; por un lado, este impuesto se considera una fuente de recursos tributarios (cumpliendo con el propósito de financiar las cargas del estado), por otro lado, busca reducir emisiones de carbono, (es decir, es elemento de disuasión de actividades contaminantes).

---

[12]   *Ministerio de Hacienda y Crédito Público*, Exposición de motivos del proyecto de ley "Por medio del cual se adopta una reforma tributaria estructural, se fortalecen los mecanismos para la lucha contra la evasión y la elusión fiscal, y se dictan otras disposiciones", 2016, p. 29.
https://www2.deloitte.com/content/dam/Deloitte/co/Documents/tax/Exposici%C3%B3n%20de%20Motivos%20Reforma%20Estructural%202016.pdf.

Estos dos impuestos son relativamente jóvenes en nuestro ordenamiento y aún no conocemos estudios sólidos sobre su impacto en nuestro país. Según cifras de la DIAN el recaudo proveniente del impuesto al carbono en el año 2019 fue de 367 mil millones de pesos, mientras que la utilización de bolsas plásticas tuvo una disminución importante a partir de la implementación del impuesto al consumo[13].

Indicamos anteriormente que en su mayoría todos los impuestos verdes tienen destinación específica, lastimosamente no es el caso para el impuesto a las bolsas plásticas. Respecto, al impuesto al carbono si existe dicha destinación pero se encuentra compartida entre gasto para propósitos ambientales y gasto para la puesta en marcha de los acuerdos establecidos en el proceso de paz lo cual ha sido ampliamente criticado[14]. Desde nuestro punto de vista , estos impuestos serán más eficientes en la medida en que su recaudo se destine exclusivamente a propósitos ambientales puesto que las externalidades negativas que busca atacar además de ser penalizadas por medio de la imposición de un tributo serán contrarrestadas a través de inversión ambiental.

En el siguiente cuadro se presenta un resumen de los tributos con incidencia en sostenibilidad en nuestro país abordando su estudio desde los elementos esenciales de la obligación tributaria:

---

[13]　A esta conclusión llega el Departamento de Planeación Nacional luego de haber realizado un estudio ambiental que incluyó encuestas a la población, *DNP*, Estudio de conciencia ambiental: Consumo y cuidado del ambiente, julio de 2018. https://colaboracion.dnp.gov.co/CDT/Sinergia/Documentos/Evaluacion_Conciencia_ambiental_Documento_vf.pdf.

[14]　En particular la Contraloría de la Republica llamo la atención sobre este punto indicando que el 70% del recaudo del impuesto al carbono va a gastos relacionados con el posconflicto mientras que solo el 30% se dirige a gastos relacionados con el medio ambiente. Contraloría de la Republica. Comunicado de prensa 004 de 2019. https://www.contraloria.gov.co/contraloria/sala-de-prensa/boletines-de-prensa/boletines-de-prensa-2019/-/asset_publisher/9IOzepbPkrRW/content/contraloria-cuestiona-uso-de-recursos-recaudados-por-impuestos-al-carbono-y-las-bolsas-plasticas?inheritRedirect=false.

Sin embargo, uno de los argumentos a favor de esta medida es que se pretende que los recaudado por este impuesto se destine a proyectos en zonas rurales que fueron afectadas por el conflicto armado, que, entre otros, provoco deforestación en estas zonas. Con esta medida se lograría articular protección ambiental e implementación del acuerdo de paz.

Tipo	Tasa	Tasa	Tasa	Tasa
Base imponible	Recurso forestal	Recurso hídrico	Efluentes al agua	Recurso Fauna Silvestre
Nombre	Tasa compensatoria por Aprovechamiento Forestal Maderable en Bosque Natural	Tasa por utilización de aguas	Tasa retributiva por vertimientos puntuales	Tasa compensatoria por caza de fauna silvestre
Sujeto pasivo	Quienes realicen tala de árboles para obtener recurso maderable en bosques naturales ubicados en terrenos de dominio público y privado	Personas naturales o jurídicas, que utilicen el recurso hídrico en virtud de una concesión de aguas	Usuarios que realicen vertimientos puntuales directa o indirectamente al recurso hídrico.	Usuarios que cacen fauna silvestre nativa, tanto en virtud de las autorizaciones para ejercer los diferentes tipos de caza (comercial, deportiva, de fomento, científica y de control) como para aquellos usuarios que la ejerzan sin autorización
Sujeto activo	Autoridades Ambientales			
Hecho generador	Aprovechamiento del recurso forestal maderable mediante tala de árboles	Utilización del agua por personas naturales o jurídicas, públicas o privadas	Utilización directa e indirecta del recurso hídrico como receptor de vertimientos puntuales directos o indirectos y sus consecuencias nocivas, originados en actividades antrópicas o propiciadas por el hombre y actividades económicas o de servicios, sean o no lucrativas	Cazar fauna silvestre nativa

Base gravable y Tarifa	Expresión matemática, que expresa el monto a pagar por especie teniendo en cuen-ta una tasa com-pensatoria y volu-men de la especie objeto de cobro	Se cobra por el volumen de agua efectivamente captada, dentro de los límites y condiciones establecidos en la concesión de a-guas	Se cobra un valor por unidad de carga contaminante vertida al recurso hídrico	La tasa compensatoria se cobrará por el número de especímenes en términos de individuos, según la cantidad cazada o recolectada, o la aprobada en el respectivo permiso o licencia
Destinación especifica	Conservación y renovación del bosque remanente, en las áreas que han sido objeto del aprovechamiento forestal	Actividades de protección, recuperación y monitoreo del recurso hídrico	Proyectos de inversión en descontaminación hídrica y en monitoreo de la calidad del agua	Actividades de protección y renovación de la fauna silvestre

Tipo	Impuesto	Impuesto	Sobretasa
Base imponible	Efluentes al agua	Emisión de gases de efecto invernadero	Transporte
Nombre	Impuesto nacional al consumo de bolsas plásticas	Impuesto nacional al carbono	Sobretasa Ambiental sobre los peajes de las vías próximas o situadas en Áreas de Conservación y Protección Municipal
Sujeto pasivo	Persona que opte por recibir bolsas plásticas cuya finalidad sea cargar o llevar los productos adquiridos en establecimientos (incluyendo domicilios)	Quien adquiera los combustibles fósiles, del productor o el importador; el productor o el importador cuando realicen retiros para consumo propio	Conductor del vehículo en transito
Sujeto activo	La Nación	La Nación	Autoridades Ambientales
Hecho generador	Entrega a cualquier título de bolsas plásticas cuya finalidad sea cargar o llevar productos enajenados por establecimientos comerciales que las entreguen	Venta dentro del territorio nacional, retiro, importación para el consumo propio o importación para la venta de combustibles fósiles y se causa en una sola etapa respecto del hecho generador que ocurra primero. Tratándose de gas y de derivados de petróleo, el impuesto se causa en las ventas efectuadas por los productores, en la fecha de emisión de la factura; en los retiros para consumo de los productores, en la fecha del retiro; en las importaciones, en la fecha en que se nacionalice el gas o el derivado de petróleo	Tránsito de vehículo obligado a pagar peaje, por sectores o tramos de las vías del orden nacional que afecten o se sitúen en áreas de conservación y protección municipal, humedales de importancia internacional y reservas de la biosfera

Base gravable y Tarifa	$ 50$ por unidad en 2020, en adelante se actualiza con el Índice de precios al consumidor	$15.000 pesos por cada tonelada de CO2 generada por la quema de los combustibles, según los factores de emisión de CO2 que cada uno de estos tiene	Valor total del peaje a pagar por cada vehículo que transite por la vía. La tarifa a aplicar sobre la base gravable será del cinco por ciento (5%)
Destinación especifica	No establecida	**25%** se destinará al manejo de la erosión costera; la reducción de la deforestación y su monitoreo; la conservación de fuentes hídricas; la conservación de ecosistemas estratégicos, especialmente páramos; acciones en cambio climático y su respectivo monitoreo, reporte y verificación, así como al pago por servicios ambientales. El **5%** se destinará al fortalecimiento del Sistema Nacional de Áreas Protegidas y otras estrategias de conservación. El **70%** se destinará a la implementación del Acuerdo Final para la Terminación del Conflicto Armado	Ejecución de planes, programas y proyectos orientados a la recuperación y conservación de las áreas afectadas por las vías de que trata la ley

Cuadro de elaboración propia con base en las siguientes fuentes: Decreto 1390 de 2018, Decreto 1076 de 2015, Decreto 2667 de 2012, Ley 99 de 1993, Ley 981 de 2005, Ley 1819 de 2016, Decreto 2198 de 2017 y Decreto 926 de 2017.

D. Conclusiones

A manera de conclusión, considero importante destacar que nuestro país no ha sido ajeno a la reciente tendencia y despertar en la población y Gobierno sobre la importancia que tiene la adopción de políticas sostenibles. Durante nuestro análisis nos encontramos con variedad de documentos y estudios que evidencian que en Colombia además de las medidas de índole tributaria se han tomado también otro tipo de disposiciones en pro de la sostenibilidad. En el ámbito que nos ocupa, sin duda adoptar una reforma tributaria ambiental como algunos sectores lo han propuesto es una labor ardua que requiere coordinación entre muchos sectores políticos, por lo cual, pensar en el corto plazo en una ley de este tipo puede resultar ilusorio, incluso teniendo en cuenta la cantidad de reformas tributarias recientes que ha sufrido nuestro país y lo impopular que resultan. En el punto en que nos encontramos, los impuestos al carbono y al consumo de bolsas plásticas son un buen comienzo, a futuro, ojalá muy pronto, un impuesto a las botellas plásticas complemente el paquete de tributos verdes en Colombia. Dicho esto, y volviendo a Wagner y los principios del tributo que enunciamos anteriormente, es fundamental buscar eficiencia administrativa en la administración de este tipo de tributos. Sin embargo, al momento de estudiar en particular el impuesto al carbono y a las bolsas plásticas encontramos que su regulación es compleja lo que hace difícil el entendimiento por parte del contribuyente y la propia autoridad tributaria. Tampoco es alentador que a la fecha de este escrito (junio de 2020) no se haya realizado el traslado de los recursos recaudados por el impuesto al carbono de los años gravables 2017 a 2019 a las entidades ambientales encargadas de su ejecución. En todo caso, los resultados de su implementación los conoceremos en un futuro cuando se conozcan más cifras de recaudo y evidencia sobre los efectos de estos tributos en el comportamiento de los agentes.

Lista alfabética de autores

Milton Chaves García: Consejero de Estado, Sección 4, Consejo de Estado de Colombia, Profesor Universitario, Especialista en Derecho Tributario de la Universidad del Rosario, Abogado de la Universidad Libre. Miembro de Número, Instituto Colombiano de Derecho Tributario.

Eddy De La Guerra Zúñiga: Profesora de planta de tiempo completo del Área de Derecho y Directora General Académica de la Universidad Andina Simón Bolívar, Ecuador, Coordinadora del Curso avanzado de compras públicas en cooperación con la Corporación Imbabura. Doctora en Derecho, Universidad Complutense de Madrid. Magíster en docencia universitaria, Escuela Politécnica del Ejército. Magíster en Derecho mención Derecho tributario, Universidad Andina Simón Bolívar, Sede Ecuador. Doctora en jurisprudencia y abogada de los tribunales y juzgados de la República, Universidad Central del Ecuador. Licenciada en Ciencias Públicas y Sociales, Universidad Central del Ecuador. Miembro del Instituto Ecuatoriano de Derecho Tributario y del Instituto Ecuatoriano de Estudios de Derecho Administrativo y Social.

Santiago Guerrero Sabogal: Semillero de Investigación, semillero en Derecho Financiero, Ambiental y Desarrollo Sostenible, Departamento de Derecho Económico, Facultad de Ciencias Jurídicas, Estudiante de Pregrado en Derecho, Pontificia Universidad Javeriana.

Markus Ludwigs: Titular de la Cátedra (Lehrstuhl) de Derecho Público y Derecho Europeo de la Universidad de Würzburg, Alemania. Habilitación (Venia legendi) de la Universidad de Bonn (2012). Dr. jur. de la Universidad Göttingen (2004). Estudio de Ciencias Jurídicas en Osnabrück, Göttingen Alemania y Viena Austria. Primer y Segundo Examen de Estado en Niedersachsen (2000/2005). Editor del "Handbuch des Verwaltungsrecht" (Manual de Derecho Administrativo, que será publicado por C.F. Müller, junto con W. Kahl, a partir de 2021 y que constistirá de un total de 12 volúmenes), del "Handbuch des EU-Wirtschaftsrechts" (Manual de Derecho Económico de la UE, C.H.Beck), del segundo volumen del "Berliner Kommentar zum Energierecht" (Comentario berlinés sobre el Derecho Energético, dfv Mediengruppe) y del quinto volumen del "Münchener Kommentar Europäisches und Deutsches Wettbewerbsrecht" (Comentario de Munich sobre el Derecho de Competencia Europeo y Alemán, C.H.Beck, a partir de 2021 en la tercera edición).

José Antonio Molina Torres: Profesor Universitario de Cátedra (Universidad Nacional de Colombia y Universidad Externado de Colombia) y Abogado, Ex-Magistrado de la Sección Cuarta del Tribunal Administrativo de Cundinamarca, Maestría en Derecho Económico de la Universidad Externado de Colombia, Especialista en Derecho Administrativo y Docencia Universitaria de la Universidad Santo Tomás, Abogado de la Universidad Nacional de Colombia. Miembro de la Academia Colombiana de Jurisprudencia y del Comité de Vocabulario Técnico de la Academia Colombiana de la Lengua.

José Hernán Muriel Ciceri: Abogado y Especialista en Derecho Administrativo de la Universidad Santo Tomás de Colombia. Dr. jur. magna cum laude y LL.M. Legum Magister (sehr gut) (Prof. Dr. Dr. h.c. Dieter Lorenz) de la Universidad de Konstanz Alemania como becario del KAAD. Profesor Universitario. Ex-Becario del KAAD, Hanns Seidel Stiftung, DAAD, seleccionado en el Leuchtturmprogramm-JUM (2017). Profesor de planta de tiempo completo de la Facultad de Ciencias Jurídicas de la Pontificia Universidad Javeriana. En los años 2018, 2019 investigó y dictó la asignatura en derecho energético ambiental internacional y europeo (internationales und europäisches Energieumweltrecht) (Prof. Dr. Markus Ludwigs) de la Facultad de Derecho de la Universidad de Würzburg. Miembro de la Asociación Americana de Derecho Internacional Privado (ASADIP).

Ramiro de Jesús Pazos Guerrero: Consejero de Estado, Sección 3, Consejo de Estado de Colombia, Ex-Vicepresidente del Consejo de Estado, Profesor Universitario de Cátedra. Doctor en derechos fundamentales de la Universidad Carlos III de Madrid España, Especialista en instituciones jurídicas políticas y derecho público de la Universidad Nacional de Colombia, Abogado de la Universidad de Nariño.

Ruth Yamile Salcedo Younes: Presidente del Instituto Colombiano de Derecho Tributario 2019-2020 y miembro de su Consejo Directivo desde 2004, Especialista en derecho financiero de la Universidad del Rosario, en Tributación de la Universidad de los Andes, Programa de Alta Gerencia Inalde. Abogada de la Universidad del Rosario. Profesora Universitaria de Cátedra.

César Sánchez Muñoz: Profesor de planta de tiempo completo de la Universidad Externado de Colombia, abogado y comunicador social de la misma Universidad. Máster en Estudios Políticos de la Universidad Nacional de Colombia, Máster en Investigación Interdisciplinaria de la Universidad Distrital Francisco José de Caldas, candidato a Doctor de la Universidad Externado de Colombia. Ex Consultor de la Corte Constitucional y asesor tributario. Ex Conjuez del Tribunal Administrativo de Cundinamarca Sección IV.

Sebastián Solarte Caicedo: Profesor Universitario de Cátedra del Departamento de Derecho Económico de la Facultad de Ciencias Jurídicas de la Pontificia Universidad Javeriana, Abogado y Consultor de la División de Energía del Banco Interamericano de Desarrollo. Maestría en Economía Aplicada de la Universidad de los Andes. Abogado de la Pontificia Universidad Javeriana.

Andrea Valbuena Bernal: Profesora de Cátedra de la especialización de derecho tributario y del diplomado en régimen tributario colombiano teoría y práctica de la Facultad de Ciencias Jurídicas de la Pontificia Universidad Javeriana. Abogada y Magíster en Derecho Económico de la Pontificia Universidad Javeriana, Especialista en Tributación de la Universidad de los Andes.